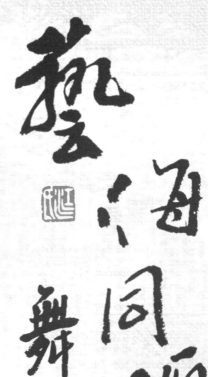

艺海同源

舞诗韵

仇秀莉 著

華藝出版社

HUA YI PUBLISHING HOUSE

图书在版编目（CIP）数据

艺海同源舞诗韵 / 仇秀莉著.—北京：华艺出版社，
2016.5
ISBN 978 - 7 - 80252 - 568 - 9

Ⅰ.①艺…　Ⅱ.①仇…　Ⅲ.①文化－名人－访问记－
台湾省－现代　Ⅳ.①K825.4

中国版本图书馆CIP数据核字（2016）第 089388 号

艺海同源舞诗韵

著　　者：仇秀莉
责任编辑：宋福江
书名题字：江明贤
封面设计：文豪创意设计
版式设计：水晶方设计
出版发行：华艺出版社
社　　址：北京北四环中路 229 号海泰大厦 10 层
邮　　编：100083
电　　话：010 - 82885151 - 222；82885023
E - mail：fujiang_song18@sina.com
印　　刷：北京佳信达欣艺术印刷有限公司
开　　本：710×1000mm　1/16
字　　数：200 千字
印　　张：16.5
版　　次：2016 年 5 月第 1 版第 1 次印刷
书　　号：ISBN 978 - 7 - 80252 - 568 - 9
定　　价：38.00元

/目 录/

◇ 现代版画艺术世界里的"福华人生"

　　——访台湾美术院院长、著名现代版画家廖修平先生 / 001

◇ 上下求索于中国历代名家书画精品中

　　——访中国美术史学家、著名书画鉴评家傅申先生 / 015

◇ 行走海峡两岸画坛 20 余载的使者

　　——访台湾著名国画家江明贤先生 / 032

◇ 父亲的微笑如沐春风铭刻在心

　　——访台湾著名国画家、黄君璧文化艺术协会会长黄湘詅女士 / 046

◇ 让更多的人通过漫画读懂中国哲学

　　——访台湾著名漫画家蔡志忠先生 / 060

◇ 以快乐心态诠释精彩艺术人生

　　——访联新文教基金会董事、上海禾新医院艺术总监陆蓉之女士 / 074

◇ 让木雕之美绽放生命光彩

　　——访台湾南美会理事长、启村雕塑工作室负责人陈启村先生 / 085

◇ 浓墨泼彩显神韵，陶醉宝岛山水间

    ——访台湾著名国画家"泼彩行者"韩训成先生 / 095

◇ 寄情于花鸟墨彩中的台南风韵

    ——访台湾"国立台南大学"师培中心长荣大学美术系教授

    刘蓉莺女士 / 108

◇ 关山月的海峡两岸墨海情缘

    ——访关山月艺术基金会理事长关怡女士 / 121

◇ 琉璃世界演绎出的精彩伉俪人生

    ——访中国现代琉璃艺术奠基人和开拓者杨惠姗、张毅夫妇 / 136

◇ "漂"在北京的台湾当代"根"雕艺术家

    ——访台湾著名当代艺术家范姜明道先生 / 150

◇ "小太阳"点燃海峡两岸儿童梦想

    ——访《国语日报》主编、林良之女林玮女士 / 163

◇ 用精美绘本为少儿开启心灵之窗的"花婆婆"

    ———访台湾著名儿童文学家、两岸阅读推广人方素珍女士 / 180

◇ 孔庙雅乐余音绕梁，儒家文化绵绵悠长

    ——访台南文庙乐局以成书院理事长石荣峰先生 / 195

◇ 天籁之音在海峡两岸尽情放歌

    ——访邓丽君文教基金会董事长邓长富先生 / 210

◇ 让音乐流淌出欢乐的浪花

    ——访台湾流行音乐作曲家古月（原名左宏元）先生 / 224

◇ 台湾词坛泰斗的炽热情怀

    ——访台湾著名词作家庄奴 / 238

◇ 后　记　那山，那海，那人 / 256

现代版画艺术世界里的"福华人生"

——访台湾美术院院长、著名现代版画家廖修平先生

采访札记:

在没有见到台湾当代著名版画家廖修平先生之前,我就听说过他的大名了,台湾现代版画的开拓者之一,被中国版画界称为"现代版画之父"、亚洲现代主义的先驱、具有世界影响力的华人艺术家。他从事版画创作50余载,不仅继承了中国传统的刀法技艺,而且早年还远赴欧洲学习西方版画艺

作者与廖修平合影

术,在国际上获奖无数。尤其是近20年来,他积极做好两岸版画界的交流工作,被誉为"两岸现代版画艺术先驱",在海峡两岸版画交流上扮演着重要角色。

2009年5月,廖修平先生应文化部之邀在中国美术馆办展览,开幕式上,廖教授虽然两鬓染霜,但高大挺拔的身躯精神抖擞,依然透露出昔日的英姿,他在发表感言时,语调温和,让那些曾跟随他学习的大陆学生又

感受到了恩师亲切的教诲。在随后中国美术馆为他举办的研讨会上，我亲耳聆听了与会书画界精英们对他的高度评价。还有一些他培养的学生也从广州深圳等地远道而来，这些昔日年轻稚气的学生也都成为一些美术院校的老师，如今在中国版画界都已成为一支生力军，在发言中，这些学生们纷纷表达了对廖老师当年精心培育的感激之情。在研讨会上，廖老师向大家一一讲解他的新作，也让我这个美术爱好者对版画创作有了新的理解。

会议结束后，廖老师在接受我的访谈时，详细地向我讲述了当初为何选择走版画之路、他到欧美留学时对现代版画创作的理解、如何把台湾风俗在版画中表现，以及在上世纪80年代到大陆办学习班，为提高大陆版画创作所做出的努力。他的话语真挚朴实，没有丝毫的夸张与刻意表现自己，尤其是当我听到他拿出自己的钱奖励学生、并给一些困难学生提供帮助时，让我对他无私的精神深感敬佩。同时，我还在现场采访了几位当年他在南京教的大陆学生，他们如同种子般牢牢扎根在各自家乡的土地上，生根发芽，遍地开花，成为大陆版画界的领军人物，并带出了一批批出色的学生。

我在展厅内，亲眼看到廖修平老师那一幅幅别具浓厚中华特色的作品时，我被深深打动着，真切地感受到了他那种饱蘸着对艺术的激情，更让我看到一位台湾艺术家的博大胸怀，画如其人，质朴、执着、善良，他也向大家展示了一个真实的"我"。

在中国上千年的悠久文化历史长河中，版画也是中国绘画艺术的一种重要表现形式，在中国文化艺术史上具有独立的艺术价值与地位。近年来，两岸版画艺术家通过各自的努力，在吸收传统版画艺术营养的同时积极创新，使中国版画在作品题材、表现形式、艺术风格以及艺术语言等方面取得了很大突破。在创作实践中，蕴含在每一个炎黄子孙血液中的中国传统文化元素成为了两岸艺术家创作中的共同源泉和财富。享誉国际艺坛的台湾当代著名版画家廖修平先生在50年的艺术创作中形成了自己独特东方美术风格，作品中蕴含着浓厚的中华艺术气息与台湾乡土情怀。当记者与这位艺术家面对面交流时，能感受到他的平和与低调，当记者近距离观看"福华人生——廖修平版画油画展"时，更能感受到作品中蕴含着他对版画艺术的深厚情感。

廖修平教授在画展开幕式上发言

创作五十载：首度在中国美术馆办个展

在国际上获奖无数的廖修平，他平生最大愿望就是能在中国美术馆办个展，这个愿望终于在他从事版画创作50年之际，得以实现了。他难以掩饰内心的激动对记者说：来北京办个人展览，一是实现了自己多年的夙望，另一个也是希望借这个机会，与大陆的版画艺术家能有很好的交流。2009年5月27日，廖修平先生应文化部之邀，在中国美术馆首度举办了"福华人生——廖修平版画油画展"，共展出廖先生历年来创作的120件艺术精品，也是汇聚了他从事创作50年来的精品。记者带着对版画艺术的浓厚兴趣也前来观看，没想到第一天开展，就吸引了许多观众的目光。

在展厅内，通过那一件件作品，笔者可以看出廖修平广泛运用了各种媒材的表现手法和不同绘画媒介的特点进行创作。他的作品既注意汲取古代青铜器、陶器瓷器及其它器物上的传统图案元素营养，又采用台湾民间艺术中常用的红、黑、金等色彩元素，同时也融入了台湾民间经衣钱的造型符号，作品匠心独运，形成了具有独特的艺术魅力艺术风格。他除了在版画创作领域收获颇丰之外，他的油画和雕塑创作也同样显现着这样独特的艺术风格。

廖修平为嘉宾讲解自己的作品

廖修平兴致勃勃地向记者介绍了此次展出的艺术作品都出自于他创作半个世纪精选的百余件作品，以"庙饰系列"、"门的记号"、"四季之情与田园风味"、"木头人的礼赞"、"窗与墙的寓意画"、"园中雅聚"、"默象图录＆结系列"、"生活系列"、"梦境系列"等九大主题呈现。观看廖修平的版画，让人们能感受到独特的东方美术风格，他不固执于一种绘画语言，随着生活环境与性情的改变，其艺术的主题和表现的语言也随着变化，这就形成了他艺术历程的九个时期，他不断突破自己、超越自己，在他50多年的艺术历程中不断有创新，终成为具有世界影响力的华人现代版画艺术家。

在参观之余，记者有幸应廖修平先生之邀参加了议题为"版画艺术创作的现况与未来"的研讨会，在会场内，来自两岸著名学者如邵大箴教授、王秀雄教授、黄光男教授、薛永年教授、齐凤阁教授、萧琼瑞教授等艺术家对廖修平版画艺术价值给予了极高的评价。还有的嘉宾曾经是跟随廖修平学习现代版画艺术的学生，他们在研讨会上，既是对廖老师展览的一个祝贺，也是向廖老师汇报这些年在国内外展览中取得的成绩。廖修平在洋溢着众多赞誉美词之下，依然是那样的温和与低调，他希望两岸版画艺术家可以进行更深入地探讨版画油画艺术的创作经验，为今后两岸艺术的蓬勃发展提供有益的借鉴与启示。

从廖修平先生的版画、油画等作品里，不难看出这些都是他的心力之作，他巧妙地将西方艺术与版画技巧融汇在他东方的感性思维中，形塑出具深度与东方旨趣的创作，绽放出璀璨迷人的艺术风采。这位台湾最高文艺奖的得主，艺术生涯走遍了日、法、美，也看尽了形形色色的人。

当他站在中国美术馆的展厅内，记者看到他在热心为前来观展的嘉宾和观众讲解这些版画的制作过程时，他心潮起伏，感慨万千，这次能在中国大陆最高级别的美术馆展出，可以说是对作品作一个艺术生涯的回顾，一个肯定。让他欣慰的是大陆的美术爱好者在欣赏这些作品的时候，提出的问题也都颇具水平，同时，也让他也看到了大陆随着经济的不断增长，大陆版画的市场也都极具潜力。

叛逆少年：在版画世界里寻回真我

廖修平能够在版画艺术与绘画领域里占有一席之地，他最感谢的是母亲的包容，廖修平的父亲早年投身建筑行业，曾主导或协助完成了台湾行政院楼房及日据时期日月潭的建设，也使家业根基颇深。然而，廖修平从小对绘画有兴趣，高中毕业时，没有秉承父亲的训导从事建筑专业的学习，而是把对绘画艺术的浓厚兴趣成为他叛逆的标志，他选择了报考台湾

研讨会上廖教授与大陆艺术家合影

师大艺术系。虽然廖修平的母亲没有高深的学历，但却有超人的耐力和见地，放手让他做自己喜欢做的事。

　　台湾师范大学艺术系，可以说是当时台湾艺术教育的最高学堂，不但是艺术青年的梦寐所求，师资阵容也是全台湾最强的学府。1955年，廖修平摒弃了对物质的追求，成为台湾师范大学艺术系学生。在上世纪60年代的台湾美术界形成了两个潮流的交集，一方面来自大陆的传统国画，正在台湾形成一股复古的风潮；而另一方面，年轻一代正崇拜着欧美风格的豪迈和先进。廖修平从师大毕业后，理应终身从事教育，但他决定奔赴东瀛，于1962年考进了日本国立东京教育大学绘画研究所继续深造，选择了油画之路。

1964年东京造型画廊个展与师母合影

　　在异乡求学的日子里，故乡的一草一木令廖修平梦牵魂绕，他在思乡与对创新的追求中开始思索，或许用版画的技巧较无学院式的拘束，表现故乡的色彩和线条、纯朴的民情风土，来得更为贴切。他试着用在日本学习到的诸多不同的版画制作方式，去表达一些对故乡的思念，果然呈现出了一片新意，而且那种感觉中充份地流露出熟悉的情感，故乡的情丝，飘出浓浓的民族情感。令他自己没有想到，求学东瀛，却在无形之中走向了版画创作之路。1964年，由于他的创新表现，入选了日本最具权威的"日展"，算得上是台湾画家获奖的第一人，旋即又在东京的造型画廊举行画展。这对刚满30岁的他，无疑是最大的殊荣和鼓励。虽然他在日本有了好的开始，但是他觉得还不是自己最好的抉择，他希望能寻找一条自己的路。

1965年，廖修平决定赴法国巴黎深造，并如愿以偿进入著名的法国巴黎国立美术学院。廖修平到巴黎，认真学习西画的派别、画风、思想和技法，用心写生和摹写，但他总觉得还缺少了自己东方人的感觉，更觉得艺术的表达若无民族性，将会有无法解释的遗

1965年17版画工作室外

憾，为了摆脱西方艺术的影响，避免无用的抄袭，他决定一定要找出东方艺术的风格来。他想起了台湾的龙山寺，忆起淡水河边的往日情怀，留在艺术家记忆中的元素被一点点挖掘出来了，一旦深入思维、情感的内心世界，也就有了创作的欲望，他决心为最真情的创作倾注全部精力。

1972年，台湾退出联合国，已有10年没有返乡的廖修平担心未来能否回乡，他在师大前美术系主任袁枢真引荐下，应聘回母校任教。当时，台湾许多人移民国外，而他"反其道而行"的决定，连许多老师都投"反对票"，但他一心想传承自己在外国所学的现代版画技巧，不但在校教学，还巡回全台演讲，无私地向版画爱好者传授知识，成为台湾现代版画的拓荒者，也在版画艺术世界里寻求到真实的"我"。

在上世纪七、八十年代，廖修平极力推动台湾现代版画的发展，鼓励学生筹组"十青版画会"，如今台湾知名现代版画家大多是"十青版画会"的会员。他将现代版画根植台湾，进而开展现代版画的创作，对台湾现代版画的发展有着很多的贡献。他曾荣获法国春季沙龙银牌奖、东京国际版画双年展佳作奖、纽约奥杜庞艺术家展版画首奖、巴西圣保罗国际版画双年展优选奖等世界各国的奖项。在他痴迷于版画世界的50年生涯中，共在台湾及国外举办百余次个展与联展，成功将台湾版画艺术成就引荐到

国际艺术圈，被台湾艺术圈誉为"现代版画之父"。

回归本土，中华的元素融入版画中

1983年第一届国际版画双年展评审团于台北市立美术馆

在台北府城靠南门的一角艋舺，当年称得上是繁华的港都，光复后易名为万华，如今仍是集中商旅的重心枢纽，而附近的龙山寺成为融合了古中原文化和台湾民俗的宗教盛地。对廖修平来说，龙山寺是他艺术生涯的一个重要起点。

幼年时，廖修平家住在龙山寺的对面，让他百看不厌的是寺庙门墙之上的雕刻和画，每逢节日来临，庙前热闹非凡，香烛及金纸，上演着流传千古的民俗活动，无形中把固有的中华文化根脉植根于廖修平的心灵深处。不论他走到哪里，龙山寺、庙宇、庙神、七爷、八爷、杨家将以及属于宗教的颜色，金箔、银箔、宝蓝、赭红、及明黄，还有宏伟壮观、威严无比的庙门，在他的脑海里打下深深的烙印，无形中为他日后的创作储备了取之不尽的绘画素材。

廖修平求学日本，旅居法国，迁居纽约，在创作中，他始终坚持画与自己生活记忆息息相关的东西，经常以台湾乡土民俗宗教做为主轴，然后衍生出不同的造型构图，用色也多是台湾庙宇中的颜色。他画七爷、八爷、画祭祖用的神龛、画剪刀、梳子等日常用品，构图中多采用台湾庙宇建筑中安定对称的概念。他忘不了巴黎艺术学院薛士德教授的忠告："你是来自台湾的东方人，应该有你独自的个性与风格。"当他生活在巴黎这个与东方文化及社会形态完全迥异的环境里，廖修平在不断地思索、反省与探讨中逐渐寻回自己文化的根，同时把大部分时间投注于版画创作。他说："外国学生画希腊神殿，画

1988年北京中央美愿讲演_版画系主任及同仁

巴黎铁塔，因为那是他们从小就接触的东西，所以画得好，我从小在台北万华长大，龙山寺里的风俗活动和寺庙的造型，是我童年里最深刻的记忆，那些才是我能够真正感觉美的东西。"因为版画是经由转印过程而产生的艺术，具有复数性，与油画有所不同，较无学院式的拘束，表现领域更为开拓"，使他渐渐地寻回自己，以"门的记号"系列建立东方人的感觉，廖修平坚持用台湾乡土的审美观念从事创作，逐渐向自己的艺术道路上迈进。他创作的一幅幅具有台湾风格的版画作品，反而在国际上获得极高的肯定，声誉鹊起，受到艺坛的瞩目，与世界最优秀的版画创作平起平坐。

1988年江苏版画家座谈会（江苏省美术馆内）

人生之中总会有一段灰色的日子，

1988年浙江美术学院讲学

2002年，他携手40多年的妻子，在独自外出赏鸟时意外坠崖身亡，廖修平陷入了极度抑郁中，他在半年时间里需要依靠安眠药入眠，夜里常被噩梦里一双双呼救、挣扎的手惊醒。但他凭着顽强的毅力走过了这一关，又全身心投入到版画的创作中。

廖修平在台湾为了配合教学，他认为绢印是更适合新时代表现的版画技巧，他的艺术特质，固然表现在构图的对称，倾向于怀乡的题材，但在细致处理的手法上，他的作品更具深厚感。他经常鼓励年轻人："不要跟流行、不要一味学外国画风，不能光看画册学画画，应该从自己周围熟悉的文化生活环境着眼，要走出去，即使走到国际舞台上，也要坚守本土文化的元素。"

无论身处何方，他时刻关注着海峡对岸的版画创作

中国是木刻的发祥地，华夏祖先曾在这种艺术形式上充分显示过中华民族的艺术才能，至今仍被世界美术

1993年，廖修平先生在四川美术展览馆

史所称颂，启发了世界各国一代代美术家的灵感，然而，现代意义上的版画创作却起源于欧洲。

作为第一个将现代版画艺术带回台湾推动传授的艺术家廖修平，他也

1991年北京台北当代版画展开幕

时刻关注着海峡对岸的版画创作。1988年，他作为旅美的台湾版画家来到浙江美术学院版画系讲学，并考察中国版画发展现状，那次的大陆之行给他留下了深刻的印象。1991年廖修平应邀在南京艺术学院讲学，适逢第四届"三版展"（即铜版、石版、丝网版画展）在南京艺术学院举办，当他看到许多青年艺术家的作品后，遂决定个人出资设立"廖修平版画奖"，以鼓励大陆青年艺术家参与创作"三版"的热情。2009年"三版展"已经走过了近30年的历程，展览承载着李桦先生等老一代艺术家为振兴中国版画事业所做出的努力，让人们看到，年轻的艺术家们不辜负老一代的期望，以更加丰富的艺术语言推进着中国版画事业的发展，各艺术院校的版画教学设备和水平更趋国际化，艺术创作队伍形成规模。为

1991年南京艺术学院现代版画进修班合影

1993年廖修平上海个展十青版画会特展

此，中国美术家协会版画艺术委员会决定，本次展览为"三版展"最后一次举办。中国美术馆对本届"三版展"给予极大的支持和艺术肯定，全力承担展览及相关活动的举办，使得展览能如期顺利举行。

伴随着2009年5月在中国美术馆举办的"第九届全国三版展"、"福华人生——廖修平版画油画展"等版画艺术盛典，中央美术学院版画系与台湾艺术大学美术学院版画艺术研究所联袂举办的"央美台艺——版画风华"艺术展在北京龙艺榜画廊和台湾艺术大学艺术博物馆同期开幕，这是20年来两岸版画交流中两个姊妹学院间首次正式的交流展出。

"央美台艺——版画风华"代表着两岸版画艺术最杰出的成就，反映了迥异的社会与精神风貌，台湾作品体现了在全球艺术浪潮中版画的创新与跨域，大陆艺术家描绘了当代知识分子对时代精神的深深凝视。参展艺术家有台湾的廖修平、钟有辉、林雪卿以及中央美院艺术家谭平、苏新平、王华祥等。此次展览不仅促进两校版画艺术的互动与教育的交流，更是海峡两岸艺术家为中国版画的繁荣而携手同心的见证。

让人感动的是，廖修平先生在展览期间向中国美术馆捐赠了历届"三版展"获奖作品37幅，获奖的作品都是对版画创作有着执着追求的艺术家。他将这些获奖作品捐赠给中国美术馆，展现了一位台湾艺术家的博大胸怀，也让这些优秀艺术作品回归社会。

当廖修平向记者提起当年在南艺教学的情景时，眼里充满了丝丝柔情，他说："那时，我看到许多来自全国各地的版画老师学习很热情，有的人坐了三天三夜的火车从内蒙赶来听课，我很感动，不像现在条件好了，坐飞机很快就能到，所以我只能极尽全力教他们现代版画的创作技巧。因为我过去经常参加国际上的大型版画展览，几乎看不到来自大陆的作品，那时我就希望尽自己的力，来推动大陆版画家走向国际。"

来自广州美术学院的版画教师靳保平在接受记者采访时满怀激动地说："我那时在西安美院任老师，当时廖老师向各地美术院校发函举办培训班，我们都知道他在西欧的影响，知名度很高，因此很渴望去学习。廖老师传授许多现代铜版丝网技法，大陆正处在改革开放之初，学校的条件较差，廖老师自费给我们买制作版画的一些设备颜料等，有时为节省材料，比如凸凹用铜版印，他拿针扎一些点，颜色上去后，效果特别好，那时大陆还没有这种教法，因此这个方法一下就在大陆传开了，特别是铜版丝网影响很大。那时我们的生活还不富裕，每月的工资相当于50美金，有时他掏钱招待我们吃饭，当得知给我们获奖时，还把他自己卖画所得1万美金拿出来成立廖氏基金会，协助三版之发展，以

2010年于台湾师范大学版画工作室示范教学

利息400美金作为奖金，相当于当时一个老师一年的生活费了，可以让这些优秀的老师全身心地投入到版画教学与创作中，并鼓励我们不仅在国内获奖，还要到国际上拿奖。"

廖修平正是有着博大的胸怀和无私的传授，推动了大陆版画艺术家在创作上不断取得进展，让他备感欣慰的是，后来他带的这批大陆学生中有的去国外发展，有的在国际上屡获大奖。回首20年过去了，廖修平无论身在何方，都要与大陆的这些学生们及时通信联系，交流版画创作经验，鼓励他们要走出去，在文化市场上再寻新发展。

2008年在廖修平的牵线下，靳保平等曾经是廖老师的学生们带着自己的作品来到台湾中山纪念堂举办版画展览，随后廖老师还领他们参观了自己的画室。在台湾的日子里，廖修平把他在台湾的学生与大陆的学生聚在一起举办座谈会，给他们创造畅谈两岸版画创作的感受，靳保平开心地说，通过这次办展览，也结交了不少台湾的好朋友。

漫漫艺术路，绢绢赤子情，廖修平先生犹如一粒种子，不仅凭着自己的努力在世界版画艺术的殿堂里占有一席之地，而且他还无私的将自己的技艺传授给海峡两岸的艺术家们，积极传播现代版画理念，推进铜版、石版、丝网版画（三版）的发展，他在南京开设的研习班吸引了全国艺术院校的骨干，滋养了大陆版画从传统水印木刻到全方位、多版种的成长，至今让人难忘。

上下求索于中国历代名家书画精品中

——访中国美术史学家、著名书画鉴评家傅申先生

采访札记：

中国美术史学家、著名书画鉴评家傅申先生的大名在海峡两岸很响亮，他在书法、国画、篆刻领域也都有着极高的艺术造诣，被业界人士称为"三冠王"，以他对艺术执着的追求，尽情书写着一生的传奇故事！远在台湾年近八旬高龄的傅申，对我这个非常喜爱中国书画

作者与傅申合影

的人来说，想与他谋面的机会应该是微乎其微了，一睹傅老风采简直是个梦想。不过有梦想的人就有希望。2012年我在北京采访傅申的夫人陆蓉之时，让我格外惊喜的是，她给我讲了一些傅老先生的事，他们都经历了不幸的婚姻后，在跨越了20岁年龄之差的情况下，有情人终成眷属。我脑海里始终想象着，当年陆蓉之对风华正茂才华横溢的傅申一片深情，凭借热烈大胆的情感开创了当代"女追男、老夫少妻"的先河，演绎了一幕精彩剧，自然也让我对傅老爷子的才华及魅力产生了无限想象。

　　2013年11月15日，一位圈内友人告诉我：傅申先生于11月16日将在北京国家博物馆举办他人生中第一次个人展览，这个消息让我格外惊喜。第二天一大早我匆匆赶往国博。离开幕式还有三个小时，我来到三层"傅申学艺展"展厅门外，门口站着十多位服装整齐的工作人员，由于没正式开展，无进厅证件一律禁止入内，足以看出国博对此次展览的重视。我看见在展厅外宽敞的走廊内，摆放着数百个凳子，还有的工作人员在开幕式现场做准备，有的嘉宾已陆续就座。我发现展厅门口接待嘉宾的长椅上，有一位身穿深蓝色普通西服，身材瘦削戴近视镜头花白头发的老年男子，正坐在那里，端着盒饭低头匆忙吃着，似乎与现场有些不协调。我很纳闷，这是谁呀？怎么在这里吃饭？当老人抬头瞬间，我内心一阵狂喜，这不正是我正要找的傅老吗？毕竟我见过傅申的照片，当我从工作人员那里得到证实时，我快步向前跟傅老打招呼，他很快将盒饭吃完，迅速收拾好，对我点点头以示友好，近视镜片后闪现着一双睿智的目光，在我还没反应过来的时候，他已站起身，精神抖擞地走进展厅看布展情况了，傅老腰板挺直，步履稳健，全然不像年近八旬的老人。

　　由于我没有出入展厅的证件，只能在外面等了。随着开幕式的临近，陆续有许多嘉宾来到开幕式现场就座，很快，就连走廊也站满了观众。我的眼前顿时一亮，哇！今天真是大腕云集啊，有中国著名艺术史论家、书画鉴赏家薛永年、著名国画家潘公凯、书法家欧阳中石、李可染夫人邹佩珠等等，还有从台湾专程赶来的新党主席郁慕明以及台湾知名画家等，当然，傅申的夫人陆蓉之衣着时尚一头红发满面笑容地紧随其后。隆重的开幕式上，嘉宾们的发言都对展览给予了极高的评价，当傅老发言时，他的话语不多谦虚低调，讲完后向大家深深鞠了一躬，并真诚地说：请各位多多提批评。他的一言一行没有丝毫的做作，令场内嘉宾及观众发出阵阵热烈的掌声。

　　隆重的开幕式后，我也随众人步入展厅，那一幅幅妙笔天成般精湛的国画，一幅幅苍劲有力实验性的书法，一个个陶瓷上的书法，让我看得心旷神怡，愈发对傅老充满了好奇与敬佩。

黄子是全程负责此次展览的年轻女孩，个头不高，两眼机敏有神，说话办事大方得体干脆利落。在她的安排下，我于开幕后的第三天晚上，如约来到傅申老师下塌的宾馆进行专访。傅老师才思敏捷，打开话闸子也很健谈，按着我的采访思路，从他最初学艺经历到赴美国读书以及在台北故宫博物院的经历，还有他的三次传奇式婚姻。讲到动情之处，傅老竟然像个天真的孩子，声情并茂，不时的用手比划着。

据黄子讲，开幕式后，她陪同傅老去了河北冀县参观，因为他早年曾去过多次，对那里有了感情，所以这次借办展之际，再次去现场写生，寻找当年留下的足迹。傅老到北京这些天很少休息，然而在我们这三个多小时的访谈中，他只喝过三次矿泉水，丝毫看不出傅老疲惫，反而精神气十足，令我与黄子两个晚辈赞叹不已。

夜已深，谈兴仍浓。突然，坐在一旁的黄子惊喜地脱口说："快看！今晚的月亮真圆真亮啊！"我和傅老同时向窗外看去，果然，一轮鹅黄色的圆月不知何时缓缓挂在高空，柔美的月光静静洒向京城的每个角落，在这尘世的喧嚣中显得格外宁静，澄净着心灵的净土，那种神秘静谧祥和的感觉，立刻在我心中氤氲着。心存美好，世界也就美好，此时的傅申老师慈祥的脸上露出纯净的微笑，静静看着那轮圆月。我想：这位老人内心的世界犹如一座丰富的宝藏，需要足够的精力去挖掘，又恰似一坛陈酿的老酒，需要时间去慢慢品味……

曾长期旅美的台湾现代传奇艺术家鉴定家、中国美术史学家傅申先生，早年毕业于台湾师范大学美术系，曾担任台湾大学艺研所教授、台北故宫博物院研究员，主要研究领域是中国古代美术史，在书画、篆刻领域有着极高的艺术造诣，被业界人士称为"三冠王"。他在海内外以学术成就为艺术史学界、书画鉴定界所熟知。1968年傅申考入美国普林斯顿大学艺术与考古系，攻读中国历史专业，获硕士及博士学位，先后任普林

傅申个人照片

斯顿大学研究员、副教授等职，1979年出任美国国立佛利尔美术馆中国艺术部主任。著有《Studies in Connoisseurship》、《海外书迹研究》、《张大千的世界》、《书法鉴定·兼怀素自序帖临床研究》、《书史与书迹——傅申书法论文集（一）》等，这些专著对于中国书画研究及鉴定有着深远的影响。正如中国著名艺术史论家、书画鉴赏家薛永年先生对傅申学艺历程曾这样评价：傅申先是艺术家，然后去做艺术史家，成为艺术史家，而不懈艺术之追求。

"傅申学艺展"亮相国博，彰显低调谦逊学者风范

2013年11月16日下午，中国国家博物馆为中国台湾著名的中国美术史学家、书画鉴评家傅申先生举办了一场隆重的开幕式，来自海峡两岸书画界知名人士纷纷从各地赶到北京，云集一堂，前来祝贺，气氛热烈，被业界称为两岸文化交流中的一大盛事。这次傅申个人展览不仅在北京是首次，也是他有生以来的第一次。

著名的艺术史论家、书画鉴赏家薛永年先生称之为傅申的"余事三绝"，是以这三项为学术研究之外的"余事"而言，中国国家博物馆的副馆长陈履生亲自为傅申画册作序，他对傅申的书法给予高度的评价："书法方面完全连接了他在书学研究方面的成就。这种学问反哺创作，使得他的书法创作呈现出一种新的境界，它们的背后潜藏着书家在艺术史和书

画鉴定方面的学术成就。"

台湾新党主席郁慕明特意从台北赶来道贺，他接受记者采访时说："'傅申学艺展'在国博展出，不仅是他本人的一件大事，也是两岸文化交流的一个盛事，也说明了从过去两岸分隔到现在频繁的交流，书画交流起了桥梁作用，希望今后的交流越来越广，越来越深！"

隆重的开幕式结束后，傅申先生陪同潘公凯、欧阳中石及李可梁夫邹佩珠等嘉宾在展厅内参观，在展出的220余件作品中，涵盖了傅申从青年时代至今的书法、绘画、印刻及书法刻瓷作品。其中一类属于临古，几乎都是长卷，诸如《临董源溪山雪霁图》、《临夏圭溪山清远图》、《临王石谷江山胜览图》和《临王石谷仿沈周雪景山水图》。这些作品形神兼备，笔精墨妙，不仅让众多嘉宾啧啧称奇，就连普通观众也看得入神。

我在观赏展出的40多件刻瓷书法作品时，也被那美轮美奂富有生命力的诗书画刻作的瓷器作品所震撼着，嘉宾们纷纷这些都是傅申先生平常书画展览中难得一见的佳作！一直坐轮椅的李可梁夫人邹佩珠看到厅中央最为醒目的创新书法《钓鱼岛》三个苍劲有力的大字时，她不顾身边陪同人员的劝说，执意站起来激动地拉着傅申的双手，连声称好！并站在那幅书法前和傅申合影留念。我也将这一感人场面及时摄入镜头中。

傅申先生为此次展览取名为"傅申学艺展"，尽管他一贯采取低调谦逊的学者风范，但难以抵御观众们如潮的热情，尤其是傅申面对每一位观众都以谦逊态度对待，从不以名扬海内外的知名学者而自居。当一位爱好美术的小朋友提出想和傅申合影时，他开心地笑了，弯

傅申夫妇与台湾新党主席郁慕明（中）在开幕上

傅申先生为著名书法家欧阳中石先生讲解作品

下腰慈爱地将小朋友抱起来，面对镜头，孩子的家长兴奋地举起相机，把这一感人的瞬间定格在永久的记忆中。观众在敬佩孩子的勇气之余，也调动了与傅老合影的热情，很快傅老成为大家追逐的"明星"，而傅申站在巨幅画前——满足着大家的要求，如果不是工作人员极力劝说，真不知这场络绎不绝的"合影"过程要持续多久。

三天后，当我采访傅申老师时，请他谈谈对这些观众的看法，他坦然地笑着说："能让书画界的专业人士认可，那是应该的，能让普通观众也认可，那是件幸福的事！怎么会感觉到累呢？"

长久以来，傅申先生在国内以学术成就为艺术史学界、书画鉴定界所熟知，但他所展示的艺术家才华，始终被淹没在学术成就里，在这次展览中，让人们又看到了身兼学者身份和书画艺术家的傅申。在开幕式那天，我看见傅申始终忙碌着为观众讲解自己对作品的理解，虽然他已年近八旬，但他精神抖擞，步履坚定，言语中透露出难以遮掩的智慧，不难想象他年轻时对艺术执着追求的风采。在他艺术传奇一生的背后，又有着怎么样的人生轨迹呢？带着许多问号，在三天后的专访中，我从傅申先生不加任何修饰的叙述中，从他对人对事的态度中得到了答案，也让我看到了一个真实的傅申，我想那种发自内心的敬佩是许多与傅申先生打过交道的人所共有的。

与书画结缘，在书画大师们的点拨下初露锋芒

1936年12月傅申于上海出生不久，抗日战争爆发了，父母把刚出生两个礼拜的傅申放在浦东乡下祖父母家里抚养。傅申的祖父爱好风雅，家中挂有不少字画，也成为傅申走上艺术道路最早的启蒙。他在八岁那年成为小镇学校的学生，爱好书法的小学校长亲自指导学生上书法课。那时大家生活不富裕，傅申看到校长每次在纸上写满了毛笔字，直到无法再写时，又用水在黑纸上练习，那种勤练书法的精神让年幼的傅申既好奇又敬佩，时常也跟着练几笔，并且还代表班里多次参加竞赛。那时的中医都用毛笔写药方，傅申回到家，又看到祖父每天让当中医的叔叔练书法，于是他也在一旁磨墨练字。日久天长，在这种艺术氛围中成长的傅申对书画艺术产生了浓厚的兴趣。

1945年台湾光复后需要教员，傅申的父亲应聘到南部屏东师范教地理和国文，并任教务主任。1948年，母亲回上海把傅申接到台湾读书。1955年，傅申和小自己一岁的弟弟同时考大学，傅申想考美术系而弟弟喜欢哲学，但是父亲希望他们都报考与经济有关的学科，认为毕业后能有好的生活保障。听话的弟弟改报了金融系，而执拗的傅申还是考上当时台湾唯一有美术系且名师云集的台湾师范大学美术系。

谈到这里时，傅申开心地笑着说："一个人能从事自己喜欢的职业是很幸福的事，况且台湾师范大学美术系是公费的学校，毕业后还有工作。我对中国的书法、笔墨画、刻图章感

傅申与著名国画家李可染夫人邹佩珠在作品前留影

兴趣，也许是我学习勤奋，还有一点点小天分的原因吧，在美术系毕业展时，我获得台湾师大书、画、印三项艺术展第一名，被学校老师和同学们誉为'三冠王'。"

傅申谦虚的言谈中，让我想象到他能取得成就的背后与付出的辛勤努力分不开的。命运之神总是青睐有头脑的人。那时候台湾师范大学美术系的师资基本上是大陆书画界最强的班底，名师云集，传统功力深厚，基本上采用在大陆中央大学的教学方式。因此，以国画大师黄君璧、溥心畬、黄君璧先生等一代画师为代表的教授们培养了刘国松、傅申、何怀硕、江明贤等一大批至今仍活跃在台湾画坛上的佼佼者，他们为传承中国书画艺术起着关键作用。

据傅申回忆，在师大学习的四年里，给他影响最深的要数溥心畬、黄君璧等国画界大师级的老师，这期间，他临习了很多溥老师的画作，风格与其师溥心畬如出一辙，就连《临溥心畬山水镜片》上面的书法也有板有眼地临了下来，若不是仔细观看钤印，还真是难辩真伪。傅申跟随黄君璧学习山水画时，也临摹了很多黄老的画，如今看到的一幅《临黄君璧山水图小轴》，犹如从黄君璧画作中脱胎而来，大量的临摹古今名画，为傅申的绘画艺术打下了坚实的基础。在傅申读大二时在校外先后认识了两位大师，一位是1949年赴台的傅狷夫先生，他开创了"点渍法"、"裂罅皴"等画法，是开拓台湾水墨新境的导师之一，他将传统的中国画法，活用在台湾的自然山水上，在画史的传承上有着特殊地位。善动脑爱学习的傅申有幸认识并正式师从傅狷夫先生学画，那时，傅狷夫每周抽出一个晚上单独教他，从此傅申的绘画技艺有了更全面的提高。另一位则是著名篆刻家、书法家王壮为先生，王先生主动邀请傅申每个礼拜到家中学习书法、篆刻，这让傅申在书法篆刻上有了突飞猛进的提高，至今观看傅申的篆刻作品，仍能看出部分作品受到老师的影响，在这些名家指点下，傅申毕业时成为"三冠王"也是当之无愧的。

傅申大学期间的艺术才华锋芒毕露，师大附中校长看了他的毕业展览作品后，当即表示等他服役回来就在学校教书，在傅申当老师期间，始终有着当职业画家的梦想，于是，他又考取了中国文化研究所（文化大学前身）修读硕士学位。在傅申读研究所期间，他的书画创作最为旺盛，不仅数量最多，而且精品迭出。

对于上世纪60年代的台湾人来说，出国是件很难得的事，而傅申在读研究所期间，有幸获选为青年赴非文化访问团成员，他在非洲巡访的100天里，负责举办台湾的书画展览，在展览现场示范用毛笔为非洲国家总统画肖像画，也有面对普通观众作画，一幅幅精彩的肖像画引来一片赞叹声。那是傅申第一次出国，因为到非洲要经过欧洲，所以访问团在进入非洲前被安排在巴黎、罗马、雅典三大城市停留几天，这让年仅28岁的傅申非常兴奋，在亲身感受异国文化的同时，也更加坚定了当画家的梦想。

然而，命运却跟傅申开了个大玩笑，临将研究所毕业的时候，在著名的书画家、收藏家叶公超先生多次举荐下，1965年，傅申先生欣然答应到新落成的台北"故宫博物院"书画处工作，他觉得在这里能亲眼饱览历代名家字画，也是人生一大幸事！从1965年到1968年，傅申和江兆申"二申"在台北故宫面对面做了同事，当时台北故宫书画处处长那志良把鉴定工作交给"二申"。每天上午，傅申和江兆申从库房里推出一车子书画，仔细研究，这些画看了三年，还没看完。傅申自认那是一生中最丰收、最愉快的日子。

自此，进入台北故宫博物馆工作成为傅申艺术生命的重要转折点，从那时开始，傅申把研习重点转移至书画研究方面，渐渐淡化了书画创作，也逐渐从一个才情初绽的"艺术家"转变成"史学家、鉴评家"，从博士论文《黄庭坚研究》开始，渐渐围绕书画鉴评著书立说，而且研究的成果越来越大、越来越多。

赴美留学，潜心研究中国书画发展史

由于傅申年轻时家境不好，上学期间只能靠去教堂打零工赚些零用钱，充当生活费以及买宣纸、毛笔、书籍等费用，学习条件比较艰苦。自从到台北故宫博物馆工作后，条件有所改善，每天都能看到历代名家字画，大饱眼福，如鱼得水一般地快乐，他以为自己的生活就这样了，他连去国外留学的念头都没有。

也许上天注定让傅申在研究中国书画领域里大放光彩，机会很幸运巧合悄然来临。1966年美国普林斯顿大学艺术史教授方闻到故宫来做研究，书画处派傅申协助，方闻教授经常跟他一起讨论画作，傅申所展露的才华以及对古画的理解让方闻很是欣赏，并邀请傅申赴美国读书。而那时的傅申认为自己能在故宫工作已经很满足了，也觉得自己喜欢中国书画，而到国外就会中断自己喜欢研究的领域，于是婉言谢绝了方闻教授的好意。

傅申在从事做鉴定研究过程中，了解到从60年代至70年代，全世界包括海峡两岸都在整理博物馆的收藏品，鉴定工作相对重要，当时大陆一流的学者常在学术杂志发表有关国家收藏品鉴定的文章。傅申很想看大陆出版物，如《文物》和徐邦达先生的文章等，但在海峡两岸隔绝的年代里，大陆的出版物在台湾属于禁书，他只能冒着被"没收"的风险，请香港的同学私下帮他从美国买，这对研究非常不方便，但那时没有足够的资金很难出国，生活清贫的傅申也打消了赴美进修的梦想。

没想到，一年后，方闻教授的女学生到台北故宫见习，与傅申坐在同一个办公室，那位女生是夏威夷第四代华侨，不熟悉讲中文，但对中国书画艺术他们有着许多共同的语言，日久天长，年轻貌美的女生竟然爱上了英俊潇洒才华横溢的傅申，一年后，两人喜结连理。

傅申的夫人在台湾故宫学习一年后，要回美国普林斯顿大学继续完成学业，并希望傅申一同前往，于是，傅申试探着给方闻教授写了希望赴美留学的信，很快就得到同意的答复。

1968年，傅申考入普林斯顿大学艺术考古研究所，攻读中国艺术史专业，获硕士及博士学位。根据奖学金约定，三年后，傅申又回到台北故宫。台北故宫院长蒋复璁表示想提拔傅申做副院长，劝他不必再回美国。这事被台北故宫一些年龄大的研究员知道后非常不满意，并扬言："傅申做副院长，那我们做什么？"傅申听到这些话后，感觉自己才三十多岁，既没有行政经验，也没有行政兴趣，于是决定再回普林斯顿大学，随方闻教授读博士学位。

在傅申写普林斯顿大学博士论文期间，耶鲁大学请他去演讲，演讲结束后，主办方告知傅申：经耶鲁大学的教授会议研究通过，想聘请傅申为耶鲁大学中国美术史老师，而这场演讲便是面试。1975年傅申于耶鲁大学任教4年，随后，他于1979年又出任美国国立佛利尔美术馆中国艺术部主任14年。

弗利尔美术馆中国艺术部是国家级的博物馆，也是美国收藏中国艺术品最好的博物馆之一，傅申惊讶发现在波士顿博物馆、大都会艺术博物馆和堪萨斯城纳尔逊艺术博物馆都收藏着丰富的中国字画文物。从1979年到1994年，傅申在华盛顿国立佛利尔美术馆负责中国部门的艺术展览、研究馆藏、征购藏品，有时也协助美术馆鉴定他们有意购买的中国画。

当谈到流失到海外的中国文物时，傅申先生心情很是沉重，他说："中国文物能传到西方各国，在历史上始于汉代的丝绸之路，唐宋时，日本很多留学生来中国学习佛教，回国时都带走大量文物，在宋、元时有整船的瓷器运往日本、朝鲜、菲律宾和东南亚。19世纪中后期开始，外流文物中有一批是圆明园的，那时1860年火烧圆明园之英、法军人就掠走了很多。在美国的中国文物，大部分是早年的美国学者、传教士从中国收购而来，还有相当一部分是从欧洲及日本等亚洲国家转买而来。当年蒋夫人宋美龄女士曾问我，能否把这些文物收回来，但这些文物有的是通过几道商人手中转卖的，有的是战争时期被掠夺的，我觉得需要的程序也很繁琐，要想收回来难度很大。"

　　傅申在美国从事研究中国文物多年来发现，自20世纪以来，尤其在二次世界大战之后，美国成了中国文物的最大市场，藏品质量激增，远远超过欧洲，这些藏品分为地方博物馆收藏和大学美术馆收藏两部分。谈起来这些文物来傅申如数家珍，他认为：中国文物在美国受到重视，与大学研究机构对中国文史研究日趋精深有关。

　　在谈到中国书法的研究时，傅申情绪激昂地说："二战期间中国国力不强，遭受日本侵略，曾一度中断对书法的研究，而日本在二战中，本土没有受到什么战争影响，他们对中国书法的研究相对更多，所以欧洲、美国学者都到日本去取经。在上世纪八十年代，我赴中国大陆参加国际书法研讨会时，告诉参会的书法家们：研究中国书法将来一定要靠中国人，自己的文化比较容易学习。可喜的是，现在国际间研究书法的学者九成以上都是中国人了，日本人已经赶不上了。"

　　傅申在美国期间，在学习西方艺术史论与艺术鉴赏方法的同时，始终没有中断研究中国书画，并为弘扬中国书画艺术做出了积极贡献。针对西方国家对中国书法并不了解的情况，1977年他和耶鲁大学美术馆合办了

傅申先生为北京艺校学生讲解自己的作品

国际性"中国书法大展"，这是国际上以中国书法为主题最重要的展览。他从各博物馆和私人收藏借展，依年代系统性地"以展品来写中国书法史"。那次展览很轰动，后来又移师美国西海岸继续展出，抢手的展览图录更成了欧美学术界的中国书法教科书。1980年，这本图录再被译成中文在中国大陆出版，引起中国书法界的重视，中国人也了解到欧美国家收藏了中国哪些年代的重要书法作品。那次展览的同时，还举办了三天国际学术研讨会，1980年中国大陆举办的国际研讨会，就是受了这次研讨会的影响，因为大陆也意识到应该争取中国书法研究的主导权。

傅申无论在台湾还是在国外，他把精力和时间完全投入到中国艺术史研究里，在中国书学和画史研究方面卓然成家，他举办的许多大型国际性"鉴别展览"、"中国书法大展"和研讨会，也让国际上更多地了解了源远流长的中国文化。

品鉴古今佳作，今生与故宫文化结缘

人生的目标总是随着时间环境的改变而改变，也是人的能力所无法掌控的，从小就立志当画家的傅申，只因他年轻时能到故宫工作，从此改变了他的人生志向，也因为进了故宫后，才有机会出国留学。无论他在台湾还是在国外学习、研究和工作的20多年里，他一生的事业跟台北故宫都有着难以割舍的关系。

当傅申先生谈到由书画家成功向鉴定家转型的过程时，他真诚地笑着说："当年我在故宫工作时主要负责办展览，办展览时选件比较方便，但必须先了解故宫众多的收藏品，每天埋头研究真假问题，这让我对鉴定越来越有概念。在研究古画的过程中，我发现很多古画的技巧非常精妙，好得让我无法临摹，所以放弃了当画家，而是对书画鉴定产生了浓厚兴趣。"

傅申上大学的时候，就在书画印方面有着出色的表现，因此在故宫鉴定工作实践中能深刻体悟到前辈们画中细微的笔墨变化，这种素质也决定了研究成果中认识的深浅，在一定程度上也决定了艺术史研究和书画鉴定的成就高低。那时台北故宫书画处处长那志良的专长是器物，但他对书画也有兴趣，加上书法专家庄严副院长和李霖灿先生也常到书画处聊天、讨论，经常传授傅申许多掌故和鉴定方面的知识。有一次，李霖灿先生拿出三张照片，都是元代画家王蒙《花溪渔隐》三胞本的局部照片，让傅申判别真伪，他从中挑了一张自认是真的照片，结果和老师研究的结论一致。

傅申在研究中国历代古画时，发现中国历代都有假画，要鉴定真伪相对较容易，但要鉴定出谁造的假就不那么容易了，恰恰在这一点上，傅申做了很大的努力，并卓有成效，他搞书画鉴定有一套独特方法。张大千是20世纪中国画坛最具传奇色彩最负盛名的画坛巨匠，无论是绘画、书法、篆刻、诗词他都无所不通。许多收藏家为了能拥有一幅张大千的画而引以自豪，许多人能为一睹大千的真迹而心醉不已。

对于从事鉴定工作的傅申来讲，不论是石涛、巨然或八大山人，常常遇到"张大千"，傅申在美国研究时，也接触到张大千不少仿古的作品。傅申萌生了一个念头，就是趁张大千还在世，趁张大千的作品在世界上流传很广的时候，甚至有机会可以当面求证的时候，应该尽快对张大千一生的作品进行研究，同时对大千一生模仿过哪些古人都要做一个综合的了解，对研究结果更有把握。

傅申在研究张大千字画领域里，可谓是最具权威的鉴定家，早在台湾师范大学艺术系就读时，他就十分仰慕张大千仿古和写景风格清新俊逸的成就。1965年傅申进台北故宫，在研究巨然的过程中发现两幅张大千的伪作，并于1967年在《故宫季刊》发表《巨然存世画迹之比较研究》。1968年傅申赴美攻取博士，学习期间适逢普林斯顿大学艺术博物馆买进黄庭坚《赠张大同卷》，方闻教授建议他以此为博士论文，而这卷作品也是张大千旧藏。1972年傅申在研究石涛时也遇到张大千，而后写成《Studies in Connoisseurship（鉴别研究）》，让傅申惊奇的是只要研究鉴定，总能寻

到张大千的影子

为更深入地研究张大千，傅申曾于1989年3月开始，用了10年时间，遍访张大千曾去过的地方：阿根廷的住所与巴西八德园、敦煌、瑞士、印度的北方大吉岭、日本等等。傅申沿着张大千所走过的足迹环游世界，也更了解到大千的世界。傅申粗略估算过张大千一生有三万张作品，他在研究的过程中，收集的资料已经有一千多件，还有张大千的信札、书法等30余件。

傅申说张大千至少投入了最精华的30余年岁月，用于学习中国古人的悠久传统上，他从近代的画家，一路溯源，经历清明元宋，直追唐、隋至北魏，不断向古代大师临摹，然后再创造自己的作品。可以说张大千是历代画家中，学习古名家数量最多、最博的画家，全能研究古画的画家，在笔墨技法的训练上，他也是得古法精华最多最好的画家。他在中国绘画传统上跨出的划时代一大步，大千先生所尝试或开创出的画风，几乎涵盖了自5世纪以降的一部中国绘画史。傅申感慨地说："我希望那些有志钻研中国绘画史的朋友应从张大千入手，当你真正了解张大千一生画作的时候，你对中国绘画史也基本上掌握了。"

傅申与张大千有两面之缘，第一次是1962年台北书画界的大聚会，第二次是在1972年他到故宫来看画，每次见面都留下了极深刻的印象，尤其是张大千虽然个子不高，但气场强大，走到哪里，总是人气很旺，这一点不佩服不行！

多年来，傅申总结的鉴定经验是，先掌握每个时代书画家风格，然后确认个人风格的幅度和进展，再以题跋、印章、著录、收藏史来左证真伪，纸绢的时代也需要检视。傅申用了一个形象的比喻，假如瞎子摸象般，摸到粗粗的腿就说大象就是一条跟柱子一样的粗腿，这样就不能全面了解大象的特征。傅申在彻底研究张大千10年后，已经到了不管他仿哪一位古代的画家，不论他变成什么，只要掌握他的DNA，大多可以破解并准确辨认！傅申凭着严谨的治学、认真的态度，成为研究、甄别张大千最具权威的专家之一。

弘扬中华文化，在书画创新中成就自我

1994年傅申先生回台湾后，担任台北故宫博物院的委员，不久，他又重返美国从事研究工作。2004年，傅申再次从美国回到台湾任教，住在风景秀丽的碧潭。他是国际知名的学者和中国古书画鉴定权威。因为专注于书画鉴定，傅申先生一度中断了书画创作，又开始了书画创作。因着他在艺术史和书画鉴定方面的学术成就，他在书法上，已达到炉火纯青的地步。他把研究与创作当作自己人生的一大乐趣。

傅申认为，书法要走向现代，一定要有创新。在2013年11月由国家博物馆举办的"傅申学艺展"中，他的实验性书法作品"以德报怨，以怨报德"、"钓鱼岛"、"林来风"等都是针对现实的即兴之作，且题材多为表现强烈的现实关怀，也表现出他对国家的关注和情感。展出的书法作品，无论是行、楷、草、篆、隶，各种字体挥洒自如，引得大陆书画知名人士一片赞叹声，也被称为海峡两岸书画交流的一大盛事。

能与大陆同仁共同交流探讨，是傅申早年的一大愿望，他记得早在上世纪60年代，海峡两岸尽管因政治原因导致沟通不畅，但书画界的鉴赏家们都在做着同样的事：整理研究各大博物馆历代古画收藏。那时的傅申就渴望能早一天共同研究。

1977年中国和美国刚开始交流，双方先互派学者访问，当时中美文化交流协会举办了中国画访问团，傅申也在名单中。但当时海峡两岸处于政治对立状态，台北故宫蒋院长知道后，立刻写信提醒傅申不要去大陆，以免影响他返台后的前程。但对傅申来讲，那是一次非常难得的机会，可以到中国大陆最重要的博物馆观看收藏品，他是无论如何都不想放弃的。

那次的大陆之行，访问团先后参观了北京故宫、辽宁、西安、天津、上海、苏州、南京、浙江等中国大陆重要的博物馆，在一个多月时间里，

饱览馆藏精品，让傅申不虚此行，尤其是很多只在图录上看到的重要作品，都能近距离亲眼见到真迹，而且终于有机会和中国大陆书画鉴赏大家徐邦达、谢稚柳、杨仁恺、刘九庵等先生进行交流，对藏品做了深入的讨论。

第一次的大陆之行，给傅申留下了难忘的记忆，他激动兴奋地说："因为机会太难得，我们每人一台相机，看到藏品就拼命照相、拼命记笔记，忙碌得很。其中一位团员高居翰把众人的资料整理成册，提供给全世界各大博物馆做教学用。这套幻灯片成了80年代至90年代欧美研究中国博物馆非常重要的教学资料。也因为这次的交流，我和中国博物馆界建立了联系，后来我自行前往大陆参访10多次，对中国的收藏有更多的了解。"

这些年来，傅申经常赴美国、台湾和大陆等世界各地研究、讲学，为弘扬祖国传统文化而奔波着，他的传奇经历，铸就了他在业界的辉煌。他为人谦和低调，在整个采访中，只要我提出问题，他总是毫无遮掩地回答，心胸坦荡磊落。当我问到他的婚姻情况时，他讲了自己曾经历过的两次失败的婚姻，终于与陆蓉之拥有了一份真挚的爱情。

写到这里，我不由得又想到那位时尚前卫，敢说敢干敢爱敢恨染着一头红发的陆蓉之老师，正是她给予傅申炽热的爱，才让不敢再踏入婚姻殿堂的傅老先生又品尝到了爱情的甘甜，也让他在事业上稳健地走好每一步。

傅申老师传奇的一生，需要写的内容还很多很多，因篇幅所限，只能就此搁笔，我只能从内心真挚祝愿傅老师健康长寿，愿他的那些实验性创新的书法给人们带来许多启迪，愿他对事业执着追求的精神激励更多的人，不断进取！

行走海峡两岸画坛 20 余载的使者

——访台湾著名国画家江明贤先生

采访札记:

经历过严冬的人，都渴望着春天的到来，面对寒冰锁路，人们总是满怀希望经过艰难的破冰之旅到达彼岸。因着政治环境的原因，横隔在两岸的那条浅浅的海湾如同雷池般，让两岸人难以愈越，只能隔海相望，同根同祖同文的艺术界人们只能想方设法通过各种渠道，才能了解彼此。上世纪80年代末，在海峡两岸仍处隔绝状态之时，台湾著名国画

作者与江明贤合影

家江明贤先生应大陆文化部门热情邀请，冲破重重阻力，几经周折，赴北京上海等美术馆办画展，成为两岸隔绝近40年后第一位亲赴大陆举办个展的台湾本土画家，此举成为上世纪80年代震惊中国画坛热议的话题，也引起众多媒体争相报道。

当巡回画展结束后，江明贤先生第一次登上让他梦牵魂绕的黄山，他与"十上黄山"的国画大师刘海粟先生在黄山相识相遇了，两岸画家携手

挥毫泼墨，兴奋之情溢于言表。然而，当他回到台湾后，却受到很严重的处分，被当局以"触犯相关法律"严禁出境两年，任职的大学也让他解职回家。

我在中国美术馆与江明贤先生谈到那时的情形时，曾问他是否后悔当时的举动时，他坦然地笑着说："怎么会后悔呢？两岸都是中国人不能总那样冷下去，从我来大陆办画展之后，有越来越多的台湾艺术家到大陆寻根办展，两岸的文化交流也日渐升温，如今我经常往返于台湾与大陆之间，这也是两岸和平发展的一种趋势。"江先生虽年过七旬，但他双目炯炯有神，性格开朗，他那温和的话语中，也道出了众多台湾艺术家的心声。

去年，当我打通了江先生在台北的电话时，跟他讲我把给他写的专访编入我书中一事，他听后很高兴，至今还记得当年曾接受我采访的情景，他说这些年，先后多次到大陆其它城市办画展、跟大陆画家作交流。是啊，从他开心的语气中，我能感受到这位最早勇敢到大陆办画展，20 余载行走于海峡两岸艺坛的使者，始终保持着一颗年轻的心！

被誉为台湾中生代画家中最具代表性和最杰出画家之一的水墨画家江明贤先生在1988年7月，他不顾朋友劝阻，打破海峡两岸艺术分隔僵局，先后在北京和上海美术馆举行巡回个展，成为两岸隔绝

江明贤应大陆文化部中华文化联谊会邀请在中国美术馆举行个展开幕时致词(1988.7)

近40年后首位亲赴大陆举办个展的台湾本土画家，此举引起海峡两岸画坛的震撼及各大媒体的强烈反响，成为开启两岸文化艺术交流的破冰先锋。

在随后的20多年里，江明贤先生行走于海峡两岸，通过办展览、学术论坛、开讲座等一系列活动，让海峡两岸书画艺术家在绘画上不断交流了解，也增进了他们之间的友谊。2012年8月底，他又一次应邀在中国国家博物馆举办了"历史与美学——江明贤的墨彩河山个展"，回想这么多年的创作历程，他饱蘸深情对前来观展的嘉宾、观众以及媒体记者朋友们说，这是他艺术生命中很重要的一次展览，场面之情真意切，让许多人无不为之动容。

冲破阻隔，创海峡两岸画界交流先河

江明贤(右)于北京拜访李可染大师(1988.7)

1988年7月，成为江明贤艺术生涯中的一个重要转折年。

那时，海峡两岸开放台湾老兵赴大陆探亲之外其它领域的交流仍被严格限制着，江明贤在香港新华社的推荐下，应文化部的邀请赴大陆访问。因此，江明贤作为一名土生土长的台湾画家到大陆最高艺术殿堂中国美术馆举办个展，并赴上海美术馆办巡展，此举无疑成为第一个敢"吃螃蟹"的大胆之举，填补了自两岸隔绝以来文化交流的空白，成了国内外众多报纸的头条新闻，让江明贤在两岸声名鹊起。当然也给他带来了不小的麻烦，由于当时岛内特殊的历史背景，江明贤回到台湾后，被当局以"触犯相关法律"严禁他出境两年，还被任教的大学解职。

　　尽管江明贤先生为此付出了两个大的代价，但他谈到第一次来大陆办展览的情景时，依然兴致很高，他说从不为自己当初的决定而感到后悔。他说："第一次来北京办展览，我很兴奋，刚下飞机，一踏上北京的土地时，感觉这是一个既陌生又熟悉的地方，毕竟过去只在书本或画册里看过大陆方面的资讯，如今却真实地呈现在眼前，所以在记者会上，我很激动讲了很多感想，当天媒体报道也非常的多。"当记者问江明贤先生当时是否后悔曾为此付出的这两个代价时，他坦然地笑了笑说："尽管那时候我闲在家中，但我仍然可以搞创作，因

1961 年，年少的江明贤在自己作品《暗香浮動》前留影

为我的大陆之行收获很多，那时的大陆改革开放刚刚起步，经济上百废待兴，思想上还较为封闭。但是可以感受到人们对艺术的渴求以及对台湾画家的尊重。后来，台湾的艺术风气十分蓬勃，所以那几年我就一直在台湾画画，做专业画家，当两岸文化交流频繁后，大陆各大城市举办的重要展览都邀请我参加，我也感到非常欣慰，我为付出的代价始终无悔。"

　　1942 年，出生于台湾台中县的江明贤是一位地道的台湾人，从小就喜欢画画，他的朋友通过香港转道带给他一些大陆的画册，江明贤感觉很稀奇，提笔喜欢临摹一番，那时他就很向往大陆的山水之美，梦想着有朝一日一定去那里好好看看。他从台湾师范大学美术系毕业后，又赴西班牙国立马德里圣·斐南度美术学院深造，也曾旅居纽约并在圣若望大学教授水墨画课程。返台后，江明贤把自己从西方美学及绘画的形式、技法里获得的启迪，融入传统中国美术特别是水墨画的研究、创作乃至教学中，形成

了独特的个人风格，取得了很好的效果和成就。

江明贤痴迷于国画艺术，擅长水墨画创作，并屡获殊荣，从青年时代的"青年学艺竞赛国画"第一名、"师大美术系系展国画"第一名到被画坛誉为"台湾中生代最富盛名的代表性水墨画家"、"跨越海峡两岸的艺坛使者"、"在大陆举办台湾画家个展第一人"等诸多称誉，他的作品融贯中西，唯美上乘。成名几十年来，他始终对中国水墨画执着的追求热情不减。

2002年8月，江明贤接掌台湾师范大学美术系主任暨美术研究所所长，他创立了台湾独一无二之美术创作、美术行政与管理、美术评论三个博士班，引起台湾文化艺术界与美术教育界广泛注意与讨论。2005年7月，在文化部规划"台湾巨匠系列"邀请下，江明贤教授再度赴中国美术馆、上海美术馆、广东美术馆等举行巡回个展。中国美术馆为他主办了"江明贤作品学术研讨会"，共有中、日、美、法及台湾地区的专家学者和艺评家参加了研讨会。迄今为止，江明贤在大陆、欧洲、美国、日本等国家及香港、澳门、台湾地区举办"个展"60多次，"重要联展"达100多次。

江明贤的作品融会了中西美学精神，"中学为体，西学为用"，将中国水墨画的意境气韵和传统笔墨技法结合西洋绘画的形式、构图、色彩、透视以及现代绘画理念等，创造出甚俱特色的个人艺术风格，为中国水墨画辟出一条崭新的道路。

"我被祖国的大好河山深深震撼"

中国画犹如艺坛中的一朵奇葩，以其独特的魅力，令古往今来的中外文人所赞叹，无数的文人墨客以笔墨纸砚寄情于山水之间，将风光秀美的名山大川以中国水墨画的形式栩栩如生地展现在人们眼前。那种气势磅礴的壮观景象，那种如诗如画的意境，给观赏者带来无尽的遐思，直到今日，它仍以特有的魅力，成为沟通人们交流的桥梁。

要画好大陆秀美的山水风光，除了实地写生体悟，还必须多读好的游记，才能下笔如有神，江明贤深知这一点，他对笔者说："这些年，我去过世界五大洲许多国家的不少地方，觉得最美的山水还是在中国大陆，

江明贤(左)，于黄山散花精舍与刘海粟大师(右)合绘黄岳雄姿，并接受北京中央电视台访问(1988.7)

上苍对我们中国人太厚待了，把这么好的江山送给中国人，我们要珍惜大自然对中国人的恩赐"。他每次来大陆采风、写生、办画展或是交流，都给他留下了很深刻的印象，尤其是在1988年第一次在中国美术馆办完画展后，首次登黄山的那一刻，让他至今难忘。黄山石林的粗犷雄浑、苍松流云的美景，那种慑人心魄的震撼力，在江明贤的内心深处打下烙印，江先生没有马上提笔作画，而是坐下心来，静静地体会这山川灵秀，做几个深呼吸，冥想一下，感觉他与大自然合二为一后，才开始慢慢动笔作画。

也就是这次的黄山之行，江明贤有幸遇到了"十上黄山"的国画大师刘海粟先生，刘海粟告诉他，天下名山，黄山最美，雄奇无匹，希望他能多来走走，用手中的画笔描绘祖国大陆美好的河山，他们在高兴之余合作了一张画，成为后来画坛的一段佳话。江明贤回到台湾后，以黄山为景，创作了"千岩竞秀"这幅巨画，长1155公分，高182公分，被众多人喜爱，曾长时间悬挂在台北来来大饭店中。

大陆的名山大川固然是江明贤所钟情，能令人"发思古之悠情"的平遥古城，苏州水巷也是他所爱，对他来说，那些积淀着"古"味的地方充满了历史、民族、文化和生命的张力，同样也充满了创作激情。在此后的20多年里，江明贤的足迹遍及大半个中国，置身大陆的山水之间，他身为

华夏儿女而感到骄傲与自豪，用他那"融西润中，突破前人"的独特绘画风格先后到大陆的西藏布达拉宫、恒山、中岳嵩山、泰山、黄山、杭州、上海、张家界等名胜古迹写生，把黄山烟云、万里长城、桂林山水、乐山大佛、布达拉宫等景点融入笔端，那种激情在心中激荡着，他希望用手中的画笔去描绘祖国大陆壮美的河山。

一路走来，江明贤创作出了大量令人称奇的作品，当这些作品在台湾办展时，一次次都能引起不小的轰动，也让更多的台湾人通过他的作品了解了大陆雄奇秀美的景色，也勾起了远离大陆隔海相望的台胞们对大陆的回忆与向往。同时他也多次把反映台湾风土民情的水墨画带到大陆，让大陆的人们通过作品更多的了解台湾。

将现代化的元素融入到中国传统绘画之中

在上个世纪中国绘画史上，有着浓墨重彩的篇章，台湾则是其中一段特

由中央美院主办之两岸博士生五月看山写生与创作研讨会。江明贤所长(右6)与美院院长潘公凯(右7)、台师大校长黄生(右8)等师生合影(2005.10)

殊的篇章，这不仅因为台湾有着特殊的地缘文化，更重要的是因为它有着特别的历史文化背景，台湾在经历了近代政治风雨的洗礼之后，这一时期成长起来的画家，在接受西方文化方面教育后，表现出了两种截然不同的态度。

江明贤的文化背景与那些由大陆迁台、在台湾成长的画家不同，他作为台湾本土的画家，一方面受到中国传统文化的熏陶，接受着师大艺术系所秉承的来自大陆的艺术传统教育，另一方面，他又有着70年代初留学西班牙以及定居美国的经历。他基于对乡土的情感，很长一段时间以来，他把自己表现的对象集中在台湾的古迹风情之上，倾情研究和探索，形成了一套属于自己的语言体系，并成为他最具有代表性和最具特色的题材，他将自己的笔墨语言定位在"融西润中"之上，也就决定了他的艺术走向进入到一个"突破前人"的境界。

在中国20世纪的绘画发展史上，社会上许多新的变化进入了画家的视野，现实中新的建筑和公用设施以及新的交通工具等，都成了画家表现的对象，不仅在技法上有所创新，而且也给观众带来了审美上的变化。江明贤以其先见之明，他笔墨描绘的范围也越加广泛，把乡土文化与都市情怀的双重感受呈现于画面，画中所表现出的现代化的建筑中的各种细部，都是他绘画中的可圈可点之处，也是他与一般画家的不同之处。国画大师李可染曾评论江明贤的画作："款题独到，作品浑厚开阔，表现甚具新意，水墨与色彩配合得恰到好处"。刘海粟也称赞他的画作："气势磅礴，构图极佳，突破前人"。

用中国传统水墨表现建筑之美是江明贤艺术的一大特色，尤其是江明贤在表现现代建筑方面，更为他开拓了一个被其他画家视为畏途的新的方向，他的《省立博物馆》，和傅抱石的外国写生作品中的一些现代化建筑的画法以及所营造的现代氛围，竟然有着异曲同工的美妙。江明贤的《新竹北门大街》，与黎雄才《武汉防汛图》（中国美术馆藏）中的那种典型的岭南画风中的建筑的画法，也血脉相连。而《南投原住民部落》与关山月《山村跃进图》（深圳关山月美术馆藏）所表现出的对当代田园的感受，同样表现出了岭南山水风格中的特色。这种比照说明了江明贤的艺术处在中国绘画发展的一个过程中，是承前启后的一个阶段，与大陆的著名画家都有着心有灵犀的沟通，这种水墨的现代化表现形式不仅发展了传统的中国画艺术，而且，为当代水墨画增添了许多新的审美内容。

纵观江明贤的作品，如《北京故宫》、《台北五城门》、《中正纪念堂》、《台北101远眺》、《台北故宫》等等作品，他对于建筑的执着表现以及高产，都可以说是超常的，由此人们不得不对他的勤奋表现出由衷的敬佩。

江明贤认为："如果世界美术史没有中国画这一章，它就不会完整，中国美术史如果没有台湾这一节，也就不完整。中国画发展到现在，有两大流派，一派在大陆，以北京为中心；一派在海外，以台湾为中心，两者合而为一才算完整， 当世界那些主要的美术馆兴起收藏中国画的热潮时，中国画将变得更为辉煌。"

他相信这一天很快就会到来。

"乐为两岸艺术交流当快乐的使者"

随着两岸文化交流的逐渐开放和日趋频繁，江明贤往来海峡两岸其间，越发"如鱼得水"起来。从第一次"登陆"至今，他已经数不清自己到大陆写生和交流的次数了，在大陆的山山水水之间也都留下了他的足迹。江明贤爱大陆，也爱台湾，在过去的20多年里，他几乎把台北的龙山寺、三峡的祖师庙，画高雄港，画淡水河，画玉山，画八仙山等等台湾的"古迹"全画完了，他要把那些浸透着传统文化的历史印记，用具中国特色的水墨画表现出来。

江明贤除了采风创作之外，多年来他还为推动中国水墨艺术的发展、促进两岸艺术交流做出了很大贡献。他希望通过不断的交流，来加深两岸艺术家们的感情。过去他常把反映台湾的风土民情、建筑古迹方面的作品带到大陆办画展，后来，又把描绘大陆的秀美风光作品带回台湾，让更多的台湾同胞了解大陆，认识大陆，喜爱大陆。

谈及两岸文化交流，作为两岸文化交流先行者，江明贤感触良多。他是台湾美术院创始人之一，作为由台湾美术学界教授和画坛具有杰出成就与影响力的画家组成的重要美术创作与研究机构，江明贤希望台湾美术院将为推动台湾美术发展及两岸、国际的交流作出不懈努力，将邀请大陆专家、学者来台湾讲学，邀请美术院校的博士生们赴台交流，两岸画家各有各的优势和缺点，应该实现互补和资源共享，若想让中国人的艺术走向世界，就要让两岸艺术家有更多沟通学习的机会。

江明贤在接受笔者采访时说："海峡两岸在艺术上交流的20多年期间，对我在题材表现上影响很大，我突破了地域限制，画了很多的大陆人文风光，进而影响到创作表现手法和风格上。更让我高兴的是通过交流，

历史与美学—江明贤墨彩河山个展"于中国国家博物馆举行左起：陈履生、唐勇力、汪家明、梁国扬、刘健、江明贤、朱维群、刘勃舒、宋雨桂、张道兴、何家英、王平、黄世桢(2012.8)

还结识了大陆各省许多知名画家。2011年起应中国国家画院之聘担任院务委员和研究员,这对我的创作产生了很大冲击。两岸同文同种,这种互相影响和吸收,对两岸艺术家的影响绝对起正面作用。"

江明贤先生希望通过两岸文化交流,共同推动中国文化走向世界,他认为,中国的崛起不只是体现在经济上,应该体现在文化上。一个文化大国的崛起,会赢得全世界景仰,我相信,中国人做得到,因为有五千年的深厚文化积淀。

这些年来,让江明贤先生最为开心的事,是每次来大陆参加艺术方面的交流时,都能见到许多老朋友,那种感觉就像在台北的家里一样,通过这样的交流能使两岸艺术家们的感情也日渐加深了。江明贤先生今年已有70多岁了,但他依然双目有神,保持着旺盛的精力,他说,只要是参加两岸艺术界的交流,像展览、讲座、研讨会、采风、写生等,他都要积极参加。他希望通过举办这些活动,能大大增加两岸同胞的民族自豪感和认同感,毕竟,两岸都是中国人的事实是任何人都无法否定的,他对两岸之间的亲情以及未来两岸的文化交流充满了希望与期待。

在两岸隔绝时期,江明贤凭借想象,曾提笔画过"神游长江"、"神游黄山"、"神游万里长城"之类的画,以此表现梦中的大好河山。两岸交流和缓之初,他从最初赴大陆办画展至今的20多年里,亲历祖国山山水水,凡游历之处必留下痕迹。江明贤近年自台湾师大退休后,全力投人创作,并致力两岸之文化艺术交流和参与。2012年4月,人民美术出版社出版了"中国近现代名家画集——江明贤",除了渡海三家张大千、溥心畬、黄君壁外,这是首次出版台湾具成就画家之"大红袍"作品集,也是美术界对他艺术成就的肯定。

江明贤与宋雨桂合绘"新富春山居图"

2010年3月14日,国务院温家宝总理在全国人大第三次会议记者会上谈及两岸分离就像元代大画家黄公望的"富春山居图"长卷，因火毁成两段，各分藏于台北故宫博物院与浙江博物馆，并言"画是如此，人何以堪"。希望两画能尽早合一之愿望。在两岸有心人士之大力推动下，因而促成此两段分开之作品，终于在2011年6月初在台北故宫博物院隆重展出。

江明贤（右）与宋雨桂合绘"新富春山居图"长卷(2011.2)

为配合此次展出，大陆国务院参事室早在2010年夏天，开始策划"两岸画家合绘富春江"之壮举。特别邀请两岸著名画家江明贤和宋雨桂为主笔共同绘制"新富春山居图"长卷。两位画家与相关领导特地走访了三趟富春江。由杭州、富阳、桐庐、建德等县市到千岛湖，沿途实地观察写生，甚至搭乘直升机，沿途深入了解富春山水之环境、自然生态、人文景观之特色等。

历时一年，作品完成后，国务院温家宝总理在长卷引首题上"新富春山居图"。两岸三地知名书画家在作品卷尾题跋。

2011年9月，"新富春山居图"在中国国家博物馆隆重而盛大之展出，预展时，温家宝总理特别约见两岸主笔画家江明贤与宋雨桂。在两岸画家共同陪同与解说下，温总理仔细观赏了此幅甚具时代性与特殊意义的长卷。

"这次画展是我艺术生命中最重要的一次展览"

在江明贤年逾七旬之际，2012年9月，他携60多幅表现两岸风光题材

两岸画家笔会左起：中国美协副主席吴长江、国家画院史国良、中央美院中国画学院院长唐勇力、台湾美术院副院长江明贤（右三）、中国美协主席刘大为、海协会副会长王富卿（2012.12）

的水墨画，在中国国家博物馆举办了"历史与美学——江明贤的墨彩河山个展"，他称这次展览是他艺术生命中最重要的一次展览。

继2011年江明贤与宋雨桂代表两岸主笔合绘《新富春山居图》60公分×6600公分后，江明贤又费时一年个人独力完成了另一幅60公分×3600公分之《新富春山居图》，此长卷亦在此次个展中同时展出，吸引了众多观众与媒体之瞩目。全卷分春夏秋冬之时序，起自千岛湖，贯穿新叶古村、建德大桥、三江会合处、七里滩小三峡、严子陵钓台、江南龙门湾、桐君山、黄公望故居、富春画舫、六和塔，以迄钱塘大桥止，呈现出今日富春江的新景象和新面貌。

当江明贤谈到对这幅画的感受时说："当年黄公望由于受时空条件所限，主要采用传统的披麻皴技法只画了富春江的一段，但我们现在一天就可以走上百里，乘直升机鸟瞰，《新富春山居图》在内容及创作手法上与黄公望作品有许多不同之处，我主要表现富春江的新景象和社会的新面貌上。水墨当随时代行，在新作中，富春江两岸的现代建筑、铁桥、公路、水坝、游轮等景物全部入画，突显了时代特色，在画法上，新作融合多种技法，呈现了较多色彩，且综合传统国画和西洋画法以及空中鸟瞰视角，构图上变化较多。"

在展览现场，笔者发现许多作品在表现历史人文景观上，打破中国画以墨为主、略施淡彩的传统，大胆使用属于中国、东方的红色和朱砂，展示出特别的浓烈和壮美。让江明贤较为得意之作当属延安那幅画，他指着自己的作品微笑着向前来的观众介绍说："我对延安有着非常深刻的印象，我把延安风光、毛主席住的窑洞和宝塔组合在画中。"观其画作，让人感觉既洋溢鲜明的民族气韵，又张扬独特个性。

24年，虽然在浩瀚的历史长河中只是短暂的瞬间，但却成为江明贤见证海峡两岸美术界由冷到热不断交流的重要历程，通过交流不仅成就了他及和其他有同样到大陆写生、亲眼饱览祖国秀美山河的台湾画家的梦想，而且也加深了两岸艺术家之间的感情。正如江明贤常说的那句话："文化交流最重要的就是交心，透过文化交流才能真正地达到血浓于水。"

愿这位行走于海峡两岸的艺坛使者创作出更好的作品来，让观者大饱眼福。

父亲的微笑如沐春风铭刻在心

——访台湾著名国画家、黄君壁文化艺术协会会长黄湘詅女士

采访札记：

我读师专学国画时，久闻黄君壁先生的大名，那时我每当看到他画中山涧飞瀑峡谷白云时，让我羡慕不已，曾临摹过黄老先生的许多大作，无奈自己功力太浅，临摹的画不敢示人，只能把儿时当画家的梦想留在记忆里了。当我在工作中，有幸结识了许多台湾的画家，每当他们提起台湾的国画艺术

作者与黄湘詅合影

发展时，总是会提到黄君壁先生在台湾画界的巨大影响，让我的心一次次被吸引着，震撼着，渴望着能有一天看到黄老的真迹。

2012年11月初，台湾好友萧又平女士给我传来喜讯：上海将举办黄君壁及其女儿黄湘詅大型画展。此消息让我兴奋不已，正当我整装待发时，却因事无法前行，只能抱憾留京。热心的萧又平女士听说后，仍为我牵线搭桥，让我通过电波与远在上海举办画展的黄湘詅女士联系。由于这次画

展规格高，盛况空前，各界知名人士纷纷参加了开幕式等活动，黄湘詅女士在百忙之中还是欣然接受我的电话专访，她的声音轻柔、质朴，通过她对本次画展的感想及对父亲的追思，展现了她对海峡两岸画界交流的愿望。当黄湘詅女士知道我也喜欢国画时，认真记下了我的地址，并说要给我寄来一套此次画展的画册。没隔几天，我竟然真的收到画册了，我迫不及待一页页认真看着画册，感受着黄湘詅这些年来秉承父亲遗愿，坚持在传承国画之路上走着，这套画册我视为珍宝，精心品读，那一幅幅精美的作品让我神往，令我难忘。

那次电话访谈，虽未谋面，但黄湘詅女士亲切柔美的台湾口音给我留下深刻印象，正为没能与她见面而感到遗憾时，真是有缘人转身即相见，事隔一年后，在台湾著名国画鉴赏家傅申学艺画展开幕式上，黄湘詅作为被邀嘉宾也来参加。那天，因为嘉宾和观众很多，几乎挤满了展览厅外的开幕现场。当主持人介绍道贺嘉宾时，我惊喜地听到黄湘詅的名字，我急忙在坐满嘉宾的座位处寻找着，没想到大家的目光竟然向我所站立的方向注视着。我回身一看，差点乐出声来，原来她就站我身后。因为来宾太多的缘故，也许是她晚来一步的原因，她没坐在嘉宾位置上，而是很谦虚地站在普通观众的人群里，只见黄湘詅挥手向大家致意着。有工作人员感到不妥当，欲给她找个嘉宾座位，她笑着连连摆手，说："不用费心了，我站着挺好！"

我及时抓拍了几张现场照片之后，跟黄湘詅女士提起一年前在上海办画展时，曾电话采访她的事，她听后立刻想了起来，连声言谢，因为开幕式还在进行中，为不影响别人，我们穿出人群，从现场挤出来，到另一个展厅里作简短采访。当黄湘詅的女助理过来时，对她说："有几位朋友正在找你呢。"黄湘詅给我留下一个微笑，随助理向参加开幕式的人群里走去。我看着刚才和她拍的合影照心里很是高兴，毕竟亲眼见到了让我敬佩已久中国国画大师黄君璧的女儿黄湘詅。

黄湘詅与父亲黄君璧合影

黄君璧是享誉中国画坛的一代宗师，他有着深厚的传统功力和对民族文化的深情，与张大千、溥心畬三位大师并称为"渡海三家"，是名扬国际的艺术大师组合。从20世纪20年代起，活跃于中国画坛的黄君璧先后在广州美专、中央大学、国立艺专等知名高校教中国画。1948年黄君璧到台湾后担任台湾师范大学美术系主任长达22年，为宝岛台湾培养了大批美术师资和新一代深谙中华文化的美术家，开创了台湾中国画的繁荣期，被誉为"画坛宗师"、"多士之师"。宋美龄曾师从黄君璧研习过国画。1991年黄君璧带着人们的无限敬佩与爱戴在台北阒然离世。2007年黄君璧文化艺术协会成立，自黄君璧大师的幼女黄湘詅担任会长以来，频繁到大陆访问、写生创作，并把父亲黄君璧的作品带到各地巡展。在两岸交流呈良好态势的当下，举办两岸颇负盛名的黄君璧先生与其女画作，对两岸艺术交流来说是很重要的一段美好回忆，也有利于研究中国画在两岸的发展历程，为两岸的文化交流锦上添花。

渡海白云贯古今，父女同献赤子心

第十四届中国上海国际艺术节展览项目之一的"渡海白云贯古今——黄君璧黄湘詅父女作品展"于2012年11月10日上午在上海美术馆一楼大厅举行开幕式。海协会副会长黄富卿、台湾知名人士郝柏村以及海峡两岸知名艺术家和各界名流60多位贵宾前来参加"渡海白云贯古今——黄君璧黄湘詅父女作品展"开幕仪式，规模之大，人数之大，可谓盛况空前。此次展览，除了展出黄君璧各个时期的佳作50余幅外，还展出了黄湘詅创作的以黄山、九寨风光为题材的山水和憨态可掬的熊猫作品。

"渡海白云贯古今——黄君璧.黄湘詅父女作品展"在上海美术馆展出

作为中国画坛的一代宗师黄君璧，曾于1946年10月在上海"中国画苑"举行过大型个展，展示他8年抗战期间在重庆的作品，表达对抗战胜利的喜悦，这是黄君璧当年离开大陆时的最后一次大型个展。时隔66年，黄君璧幼女、台湾黄君璧艺术协会会长黄湘詅携其父作品50余幅再次来到沪上展出，同时由黄湘詅自己创作的水墨画20余幅画也一同亮相。如果说故地重游举办画展是黄湘詅对父亲最好的告慰，那么父女画作同场展出则让观众欣赏到的是中国绘画人文传统的传承与出新。

黄湘詅女士接受记者采访时，充满深情谈起她的父亲黄君璧，她说："父亲毕生致力于艺术教育，到台湾之后，担任台湾师范大学美术系主任，在长达22年的教学研究过程中，他全面推行了艺专的教育体系和教学传统，是他把当时那个阶段的艺术教育理念和方法完整地移到了台湾，坚守这个传统并在台湾将其发扬光大。这一过程，使得刚刚经历了半个世纪日本殖民地教育体系的台湾，能够回归到中华传统文化教学，可以说具有一个跨时代的意义，更是中国的民族正义和文化自信的表现，伴随于此的也正是父亲数十年的热血与辛劳。"

1991年，在台北以94高龄去世的著名画家黄君璧，他参与和见证了中国画的历史变化，成为20世纪中国艺术史上不可或缺的一位重要画家和美术教育家。他生于清末，长于民初，经常游于名山大川，壮年后又环游世界。他经历了民族的变动与再生，经历了中西文化的碰撞，以及新旧交替的变格与融通，成就了他独特的大师风格。

台湾著名画家江明贤多次讲过，如果没有黄君璧就没有台湾的水墨发展，就没有台湾的美术，之所以这样说是因为在国民党去台湾之前，台湾被日本殖民，那时台湾唯一的美术就是日本的东洋画。直到1949年黄君璧赴台湾应聘担任台湾师范大学艺术学系主任后，台湾的美术教育才慢慢恢复升腾，黄老先后召集吸纳了很多人才骨干加入教学中，在教学中他主张学生创新，以探寻国画的发展。

这次在上海举办的"渡海白云贯古今——黄君璧黄湘詅父女作品展"从筹备期开始，就得到了海峡两岸的联手支持，包括海峡两岸关系协会会长陈云林在内的多位大陆相关人士，均对展览的举办高度重视。

黄湘詅激动的对记者说："作为黄君璧的女儿，能举办这样的展览非常感动和感激，父亲有一颗赤子之心，他最喜欢'和'字，常常说要海纳百川，以和为贵。在他看来，所有的景色都是美好的，所有的事物也都是美好的，他的性情始终是恬淡快乐的。这种恬淡快乐的性情不仅影响着他的艺术创作，也一直感染着我，不知不觉间猛然发现，这份赤子之心竟是父亲留给我最珍贵的礼物。在我心里，父亲的画就像他的人一样和蔼亲切，画面所传达的精神就像他的笑容一样让人感到温暖和舒服，如沐春风。"

黄湘詅看父亲作画

国画薪火跨海峡，教育创新桃李天下

黄君璧一辈子致力于中国画教学上，在美术教育上也开创现代国画教育先河，桃李满天下，他曾是宋美龄、陈香梅及刘墉的老师，还是台湾师范大学美术系创办人，对台湾美术教育具有独一无二的贡献。

黄湘詅女士清楚地记得，在她父亲退休后因为体力的原因，不能每天都到学校去上课，但依然有很多的学生到家里来，不论是博士班还是硕士班，只要黄君璧有一点点力气和精神，就不愿意放弃和这些学生们在一起的时间。黄君璧常问女儿关于师范大学学生的状况如何，是不是应该再设立一些奖学金来帮助那些生活清苦的学生等等，他花在学生身上的精神和气力非常之多。黄君璧一生执着追求国画艺术及教学上的严谨，留给黄湘詅记忆深处的那一幕幕情景，犹如昨天，对她来讲是那样清晰可现。

黄湘詅很敬佩父亲，从小就听父亲讲述学画的经历，那点点滴滴都印在心底。黄君璧出生于广东南海的一个普通家庭，从少年时就开始临摹珍贵名画，也正是在一次次临摹中打下了扎实的绘画基本功、领悟了国画的精髓，又有幸在当时的国画名家李瑶屏门下习画。李瑶屏教学不拘一格，提倡吸收融会西方绘画手法，比如写实、透视、色彩的层层叠加等，这对于传统的强调写意，习惯于闭门造车的国画教育来说，开阔了黄老更广的视野，让他在后来的创作中开始应用西画的一些技巧。

从20世纪20年代起，黄君璧就活跃在中国画坛上，先后在广州美专、中央大学、国立艺专等著名高等院校任职传习中国画，并与张大千、黄宾虹、徐悲鸿等共事、结友，在长期从事中国画教学和创作中，博采众长，形成了一套固本强基、完整系统地继承发扬中国画优秀传统的教学方法。1926年，年仅30岁的黄君璧，第一次为宣传"广东中国画研究会"到上海而来，他结识了黄宾虹、郑午昌、马公愚等一批文化艺术名宿，这一年由黄宾虹等主持的"神州国光社"还专门为黄君璧出版了《仿古人物画山水花鸟画集》。

　　1937年，抗日战争爆发了，黄君璧辗转到了重庆，在重庆中央学院任美术教授。那时候，他在重庆嘉陵山买了一个小房子，经常与徐悲鸿、张大千等人聚在一起写生、切磋画技。1946年，黄君璧任教于南京中央大学，几乎每个周末都要到上海与张大千畅叙论画，交换彼此作画的心得。1948年黄君璧到台湾后，在长达22年台湾师范大学美术主任的教学中，他坚持以中国文化艺术为正脉，驱逐殖民文化，特别是系统地引入了国立艺专的教育体系和一批艺专的著名教授、校友，为台湾培养了大批中小学美术师资和新一代深谙中华文化的美术家。

　　黄湘詅讲到父亲退休后的生活时，语调轻柔许多："我父亲在生活中是个极为开朗的人，身边的朋友都很喜欢他，因为和他在一起乐趣无穷。自从父亲寓居台湾之后，日月潭、阿里山、太鲁阁、阳明山等一些名胜开始进入到他的画面之中，在不断的游览以及在带学生写生的过程中，他努力将传统的笔墨与台湾的山水结合起来，使他的长处得到了发挥，同时也一改往日台湾水墨画界岭南画法的旧观。"

　　在黄湘詅小时候记忆中的宋美龄学国画时，在黄君璧的指导下宋美龄学画很认真，也很谦虚，并和蒋介石夫妇一同外游写生。常常与蒋介石宋美龄外出写生、作画，几乎没有停过课。黄君璧赞誉宋美龄画作豪迈而具个性，不似一般闺秀柔腻，称她的松针和湍流画得最好。上世纪70年代后台湾省邮政总局先后3次将宋美龄的山水作品搬上邮票，其中《双松图》邮票在1975年台岛《邮票选美》中被选为最佳邮票，她的绘画艺术水准之高可窥一斑。黄君璧曾是宋美龄习画20年的老师，因此成为台湾首位被誉以"国师"美称的画家。

　　回忆黄君璧晚年的艺术生涯时，黄湘詅说："父亲那时不顾年高体弱，频频到欧美讲学，并示范中国画的创作过程，荣膺世界各国多个大学的荣誉学位，他为中华文化在国际间的传播做出了突出贡献。"黄君璧晚年不断在欧美各地举办画展，宣慰侨胞，弘扬中国文化书画艺术，他对中华民族的传统书画艺术充满着激情和自信。他所到之处，都是大力宣讲弘扬中华民族艺术，各地的艺术机构也都给予他极大热情和高度的评价。他先后获第一届中华文艺奖金美术部门首奖、纽约圣若望大学(又译为圣约翰大学)金质奖章、韩国庆熙大学最高荣誉大学奖章，被巴西国家美术学院聘为院士衔，他还获得过韩国弘益大学的博士学位等。

黄君璧自1948年去台湾后至1991年在他高寿94岁时故去，与张大千、溥心畲三位大师一样怀着永久的遗憾，都未能实现回大陆故乡的愿望，但却留给了20世纪

2010年9月 于南京江苏省美术馆黄君璧白云忆故里纪念特展，黄湘詝与江苏省相关部门负责人合影

中国美术史上一段特殊的篇章。值得欣慰是，大陆的艺术界从来没有忘记他们，相反，各种美术史的记述中都记录了他们为中国水墨画艺术在台湾的发展做出的积极贡献。黄湘詝带着父亲的作品在大陆各地举办巡展，既可弥补黄老先生生前的缺憾，也为大陆公众了解这位享誉台湾画坛的当代大师创造了难得的机会，他的书画展无疑已成为两岸交流的一大亮点，为中国画的传承，开启了新的篇章，人民美术出版社专门出版了由著名史论家郎绍君作序的《中国近现代名家画集——黄君璧》。

黄湘詝说，她父亲在台湾是家喻户晓的画家、教育家、慈善家，他除了在台湾教学美术，还不顾自己年岁已高，奔走于世界各地进行对外交流、宣讲中国画技艺，每次看到父亲在国外宣讲时，总是现场挥笔泼墨，用最直接的方式来展现中国画的画法并讲解其中的神韵深意。让黄湘詝敬

佩的是，已至耄耋之年的父亲依然还在为美术教育事业做着自己的最大贡献，并热诚参与到公益事业中，这些年来，父亲的展览在海峡两岸文化交流上可以说留下了具有重要意义的浓重一笔。

记忆中的温馨岁月，汇成娟娟细流永存心底

"在我的印象里，父亲脸上永远挂着和蔼可亲的笑容，这笑容不是笑给旁人看的，而是他内心真正的快乐在荡漾，这一抹笑容，一路伴随我直到今天，人世间的纷争、学艺路上的孤独，在这一抹笑容前，早就如同青烟般散尽，所留下的只是我对父亲无穷尽的怀念和随着岁月更迭对父亲更加深刻的理解和认知。"黄湘詅难忘父亲的音容笑貌，挥毫作画的情景，犹如发生在昨天，是那样清晰可见，给她温暖，给她力量，让她最终也选择了传承中国画的道路。

在黄湘詅的眼中，父亲黄君璧是一个伟大的美术教育家，对学生的创作要求非常严格，但对她却非常宽容，她是在父亲的宠爱中长大的，成长在人文浓郁的"白云堂"，从书香到墨香，从棋琴到书画，那种幸福是无可言喻的。

在记者看来，身为黄君璧的幼女，父亲对女儿一定格外珍爱，尤其是在教她学画的过程中，更是能得到真传，然而，黄湘詅听了我的问话却笑着说："那时，父亲从不给我压力，可能我和他相差60岁的缘故，老来得女格外疼爱吧，小时候我在父亲旁边就是玩，帮他磨墨，帮他拉纸，陪他聊天。他给来家里学画的学生要求很严格，教的也很认真，却从来不教我怎么画，随便我怎么画，我每天画一张画给他看，他都说画得好，到了第二天我再画一张，他会说：这张比昨天画得更好，你画的真的很好！你真的是有天分的！他给我最多的是鼓励。"对于黄君璧是否有过女承父业的期望，黄湘詅坦言："父亲并不希望我成为一个画家，在他看来，画家的创作状态是寂寞的，甚至是痛苦的，他希望我能从事更快乐的工作。"

黄湘詅1975年至1984年随父亲习画，1981年毕业于台湾省复兴美术工艺学校，1991年黄君璧去世后的十几年里，黄湘詅很少作画，而是专注于公益事业，在台湾做义工20多年，直至2007年黄湘詅促成父亲百幅遗作渡海于深圳关山月美术馆举办"白云飞瀑——黄君璧一百一十岁回归故里纪念大展"，让她的人生有了重大的改变。

一切都是因缘际会，在画展期间，黄湘詅应邀去深圳画院作画，她好像感受到了父亲与她在一起，虽然没有人再在旁边指导，但是她能感觉得到父亲的影子在旁边告诉她：这棵树应该在多画一些叶子，这个山再远一点等等。此时，黄湘詅才深深醒悟到自己对父亲及白云堂肩负着传承与发扬的重要使命。

2007年秋天，黄湘詅与艺文界前辈及好友一起到九寨沟观赏美丽的秋天风光，沉醉在大自然鬼斧神工所造之角色美景中，她深深被吸引和感动。九寨特殊自然景致日夜澎湃于心，久久不能让自已心静。回到深圳画院后，按捺不住内心的激动，画出了心目中魂牵梦系的"九寨秋景"。直至此刻，"树在水中生，水在林中流"的情景仍深深震撼着她，古木参天、枯树老藤，处处激生灵感，倒影交错的西洋写生意境，虽在父亲画作中及少见到，却流动在我的心中，心绪有如万马奔腾，与整个风景相互呼应，四姑娘山头的壮观雪景，也悠然自得地珍藏在记忆中。

九寨沟一游，让黄湘詅难忘的还有憨态可掬的熊猫，她不由从心中升起莫名的激动，因此，除了画传统水墨之外，可爱的熊猫也跃然于她的笔墨之间，让她在绘画领域里有了新的尝试与突破。欣赏黄湘詅的作品《熊猫图》，除了一般人熟知的憨厚可爱、亲近感之外，在眉宇之间的表情中还多了一份思念之情，她巧妙将内心之中至情至性的怀古柔情投射于笔下熊猫之身，如此这般倾注情感之独特画风，赋予了作品无尽的生命力。

替父实现生前凤愿，难忘大陆故乡情怀

2011年11月　于江苏省宜兴美术馆墨香寻源–黄君璧.黄湘詅父女书画联展,黄湘詅会长与廖静文女士合影

由于上世纪40年代末，海峡两岸因着政治环境的原因，居台后的黄君璧再也没能回到大陆。他晚年思乡，时常怀念青少年时代的生活场景，于是南海故乡、江南烟雨和巴蜀景色，纷纷进入他的画中，借画抒情。黄老生前最大的遗憾和愿望就是希望能回到大陆举行一个详尽的画作交流展，近几年，作为他的幼女黄湘詅一直奔波于两岸，想替父亲实现生前的凤愿。

自2008年3月台湾黄君璧文化艺术协会成立以来，作为黄君璧文化艺术协会会长的黄湘詅女士频繁到大陆访问、写生创作，并把父亲黄君璧的作品带到各地巡展，让大陆同胞有机会真正看到中国画坛一代宗师画作的风采。她告诉记者，每次来到大陆，走进这些父亲画作中的真山真水时，徜徉此间的是挥洒不去的血肉亲情，是源源不断的写意情怀，眼前总是浮现着父亲的笑容和挥毫不息作画的身影。

2009年8月8日，台湾著名画家、美术教育家黄君璧先生的"白云怀古国"画展开幕式在中国美术馆举行，更巧合的是，这一天是今年的父亲节（8月8日），这份礼物情寄着女儿的深爱，更铭记着黄老的乡思。提起那次画展，她说："虽然父亲在有生之年并没有能够回到他魂牵梦萦的故土，但今天能够在北京举行父亲的画展，相信也能够告慰父亲的在天之灵。"

黄老生前交友甚广，这与他和蔼亲善、开朗活跃的性格有关系。除了

画艺界的朋友外，黄老在政界、商界的朋友也很多，但都是因为爱画而走到了一起。在"白云怀古国"开幕式上，90岁高龄的前中国国民党副主席郝柏村冒着台风的危险特意从台湾飞抵北京，来参加黄老的展览开幕，郝柏村和黄君璧一家友情很深。郝柏村在开幕会上说，他从台湾出发时很担心台风"莫拉克"会影响飞机起飞，怕会错过黄老的画展开幕会。但仿佛是老天被黄老女儿黄湘詅为父亲筹办在大陆画展的良苦用心所打动，"台风绕了个弯，飞机能够正常起飞了"，用郝柏村的话说这是孝感动天。

黄湘詅还精心挑选了三幅表达黄君璧对祖国山河怀念和人文传统尊崇的作品，将《云山浩荡》、《云岩观瀑》、《松岭归樵》三件代表作捐赠给中国美术馆永久收藏，因为北京曾在她父亲的记忆里留下了很深的印象，这次算是带着她父亲作品的回家，也是中华文化的一种传承。

近年来，黄君璧作品展览相继在北京、南京、深圳等地展出，当个展在中国书画重镇浙江杭州举办时，黄湘詅相当感慨，亲自为已故父亲的展览取名为"白云映富春"。她说："父亲当年就非常喜欢黄公望的《富春山居图》，不仅自己临摹，也教育他的学生临摹，如今《富春山居图》在台北合璧，我也终于让父亲的白云飘到了杭州。"黄君璧最后的绝笔之作《满载而归》等都是第一次在两岸展出。

纵情挥洒笔墨间，两岸传承到永远

黄湘詅作为享誉中国画坛的一代宗师的名门之后，她的孝心在业界为同道所赞赏，随着海峡两岸文化交流的不断升温，黄湘詅来大陆的次数也多了起来，尤其是黄君璧先生在大陆的每一次画展，都会掀起一股两岸艺术交流的热潮，正是因为有着黄湘詅的努力，由此带动的包括政界人士的交往，亦有益于两岸的互动。

让她印象最深的是，2011年11月，她作为中国文联第九届台湾特邀嘉宾出席文联大会，她看到来自全国各地近3千名代表欢聚一堂，畅所欲言，亲身感受到了大陆在繁荣文化方面的强大力量，两岸艺术家都有责任将中华文化更好传承与发扬下去。

黄湘詥从不以名门之后自居，天资聪慧的她出手即有黄君璧先生的画风，她沿袭了父亲的题材和笔墨，表现出了白云堂的代表风格，但她没有满足于已有的成熟风格，而是在不断地探求，以另辟蹊径获得她自己的艺术地位。2004年，她在台北设立个人画室，开笔写画，以此来化解思念父亲的苦楚，也藉此找寻与父亲心灵沟通的管道。2007年，好被深圳画院聘为客座画家后，她作画的心态发生了很大的变化，给自己增加了无形的压力，如果不能画出好的作品来，似乎对不起那些关心她期待她的至亲好友。

家学渊源，黄湘詥流露出一种与生俱来的不凡气韵，从作品的选题，构图的处理到表现手法都突破旧传统，展现新意境，画出自己所喜爱的景与物，情之所至，以真性情入画，自然率真的意趣无处不展现于笔峰。纵情挥洒笔墨间，走入黄湘詥的彩笔泼墨世界中，观者能体会到山水画醇厚

黄君璧书画艺术研讨会暨黄君璧奖学金签约仪式

空灵，写九寨沟风光，恬静抒情，既有别传统的画风，又大胆吸取西洋画的光色技巧，增强了国画的时代感，笔墨和布局雄浑深秀，通过对比、渲染和节奏的变化，精细地刻划出自然界的声色动静。

黄湘詅一旦决心追随父亲的绘画之路，就必须加倍努力淬炼出自己新水墨风格，才能展现名家后代的新造诣及坚守父亲创立的"白云堂"的精神，如今，她的作品逐渐形成自己的风格。她开心地说："2011年在中国美术学院许江院长的大力支持下，在父亲生前曾任教的中国美术学院设立了'黄君璧奖学金'，使我感到父亲似乎又回到了他钟爱的教学岗位上，希望让更多大陆同胞认识了解黄君璧的国画，中华文化的传承需要年轻人，需要下一代不断地坚持，去揣摩、学习、发扬光大。"

童年时期的黄湘詅经常守在父亲的画案前，受到耳濡目染影响的一幕幕情景铭记在心，父亲从年轻画到白发，一直到94岁高龄从未停歇过一日，他绘画时的那种老练与沉稳，毅力与用功，时刻激励着她。结束采访之时，她认真地说："只有用感情去画，用心、用爱去画，才能在丹青生涯中坚定走下去，才不会辜负父亲的那片爱心。"

让更多的人通过漫画读懂中国哲学

——访台湾著名漫画家蔡志忠先生

采访札记:

20年前,我在北京西单图书大厦买到一套由三联出版社为台湾著名漫画家蔡志忠先生出版的漫画册,立刻被他那线条简洁、生动有趣的一幅幅漫画所吸引,很是惊喜,它所表达的内容竟然是让我过去最为难懂的"庄子"、"老子"等国学内容,我毫不犹豫掏钱买了一套书。许多年过去了,尽管我多次搬家,但蔡志忠的这套漫画始终守在身边,他书中那些富有哲理的内涵让我豁然开朗,时常被他超乎常人的大脑以及神奇的双手所折服,尤其是画家本人富有传奇的经

作者与蔡志忠合影

历更是让我感到好奇,真希望有缘与这位漫画大师谋面。

有时缘分真是说来就来,2013年6月3日这天下午,我陪朋友到王府井书店购书时,猛然被店外台阶右侧的大柱子上醒目的广告贴画惊住了,上面赫然写着:6月1日蔡志忠在书店举办签售会。我顿时喜出望外!立刻向

书店工作人员打听蔡志忠的信息，无奈无人知晓，我遗憾自己来迟一步。回到家中，我迅速动用各种朋友关系查找负责出版蔡老师新作的联系人，功夫不负有心人，终于找到了出版社的负责人，并表明想采访蔡志忠老师的意愿，很快得到回复是：立刻帮我联系！只因蔡老师在北京行程安排较紧，3日晚上已经回台北了。如此绝好机会，却与我擦肩而过，还好，我得到了蔡老师的台湾联系方式，当通过跨海的电波采访家住台北的蔡志忠老师时，突然感觉他像位老大哥一样跟我谈他的创作经历，刹那间，这个令我敬佩很久的著名漫画家，很快拉近彼此的距离，内心愉悦，让我久久回味。

没隔多久，当我听说蔡老师6月底到杭州办事时，我带着崇敬与欣喜立刻赶赴杭州，正值梅雨季节，我冒着雨赶到蔡志忠工作室。看到蔡志忠的瞬间，竟然没有一丝的陌生感，他面带微笑，削瘦的身材，穿着普通的衣褂，微微稍卷的短长发散在肩头，我们的访谈伴随着窗外淅淅沥沥的雨声进行着，感觉格外的清爽……

蔡志忠，一位天才早慧、无师自通，完全凭借自己的兴趣和努力在漫画界独树一帜的漫画大师。15岁他就成为一名职业漫画家，1971年底进入光启社任美术设计，并自学卡通绘制技术。1976年成立龙卡通公司，拍摄了《老夫子》、《乌龙院》等长篇动画电影，曾获1981年金马奖最佳卡通片奖。1983年蔡志忠开始创作四格漫画，常年致力于研读中国古籍和佛书，创作出脍炙人口的《庄子

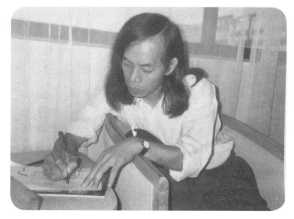

抓紧时间画画

说》、《老子说》等中国经典诸子百家思想漫画，其作品在45个国家和地区以多种语种版本出版，销量超过4000万册。1985年获选台湾十大杰出青年。1999年12月8日获得荷兰克劳斯王子基金会颁奖，表彰他"通过漫画将中国传统哲学与文学做出了史无前例的再创造"。从1989年开始，蔡志忠的《老子说》、《庄子说》、《孔子说》、《孟子说》、《西游记》、《三国志》等近百部中国古籍系列漫画陆续进入大陆市场，成为大陆读者中最具影响力的华人漫画家。

　　这位著名的台湾漫画家，用线条演绎着深刻的哲学和幽默，用画笔描绘出他强大的心灵世界，用漫画的方式诠释了让人们感觉生硬难懂的哲学，让更多的外国人从中了解到历史悠久的中国文化。

少小立志，只要饿不死就画一辈子

　　"天生我才必有用，千金散尽还复来。"这句话用在蔡志忠身上，再合适不过了。他出身于台湾乡下一般家庭，但他后来拥有的却是常人难以企及的"财富"，他乐于与世人分享这笔"财富"，并在其中找到了更高的人生乐趣。

　　坐在蔡志忠地处杭州的宽大整洁的工作室内，他向我谈到当年走上漫画之路纯属冥冥之中的偶然："我们乡下的穷孩子都很吃苦，很早就帮父母干农活，大多数人对未来没什么理想，许多同伴只上高职，就是跟师傅学一门手艺。有的孩子小学毕业后，早早就外出当学徒，有的学木匠、泥瓦工、做面包等，所以乡下人的父母认为孩子只要会写自己的名字，认识几个字，再学一个专业能混口饭吃就行了，因为穷孩子必须有手艺，才能养家糊口。"

　　1948年生于台湾彰化的蔡志忠，1岁起就跟父母去附近的教堂听圣经故事，教堂里有许多圣经题材的彩色绘画，他很快就被那一幅幅用线条构成的故事吸引了，有时捡根小木棍就在地上临摹，画画成为他幼时最喜欢做的事，3岁时就梦想着自己将来成为一名画家。4岁半那年，蔡志忠的爸爸看他很喜欢画画，就给他做了个简易的小黑板，从此他在那个小黑板上找到了人生的最爱。6岁半蔡志忠上学后，学习成绩很好，但他还是更爱画画。

9岁那年，台湾出现了漫画，初识漫画的蔡志忠第一次萌生了当漫画家的念头，但那时画漫画被认为是不务正业，蔡志忠的画也遭到过身边人们的质疑。可少年蔡志忠清瘦的外表下包裹着一颗倔强的心，那时的他做了一个决定，只要不饿死，一辈子就这样画下去。因为漫画是讲内容、讲故事的，所以蔡志忠在9岁起就开始自己编故事。上初中二年级时，他把自己的画投给台北一家出版社，很快得到赏识，出版社的老板事先并不知道他的年龄，邀请他去台北当职业漫画家。

年仅15岁的蔡志忠拿着聘用通知只身来到台北，凭着对漫画的热爱，感动了出版社老板。从此，蔡志忠在这家出版社工作了5年，并成为一名畅销的漫画家，从15岁到20岁，他先后画了200本漫画书并出版。在这段日子里，蔡志忠的青春生活完全被画漫画主宰，至今那一幕幕日夜作画的情景仍令他历历在目。那时，他每天至少画15页，睡觉时就把椅子放在画画的桌子下面当床，起来便可继续画画。他的作品创意新颖，赚的钱也比别人多。从15岁开始画的武侠漫画，8本一套每本152页，20岁那一年就赚了8000多元台币，是一般台湾公务员的6倍。

到了当兵的年龄，20岁的蔡志忠入伍，但他没有放下画笔，而是毛遂自荐找到长官，提出在军营发挥自己的画画特长。当兵前的漫画成就得到了上级的肯定，长官让他把枯

新书出版后的喜悦

燥的枪械知识转为漫画形式，先后共画了三本各印一千册，下发到部队，成为新兵们的教课书。3年后，蔡志忠退役了，那时社会上仍不接受漫画这个职业，但他没有气馁，一直在等待时机，开始自学大专院校里所有关于美术方面的知识，同时也寻找工作机会，在参加光启社的招聘时，没有文凭的他，凭着超强的实力，从29名应征大学毕业生中脱颖而出，谋得光启社的职位。

谈起这些岁月，蔡志忠脸上呈现出自豪的表情，他感慨地说："中国有句古语说的好，行行出状元，对于当今的孩子来讲，有文凭并不代表有水平，但读书学习则是非常重要的事，书能让人智慧。我读书的速度很快，读了近2万本书。"

在简陋的画室内作画

对蔡志忠来说漫画是表现和传播他思想的工具，他以漫画艺术形式来表述自己对东方思想的理解，作为一名漫画家，不仅会看故事，还得学会讲故事，他记得自己3岁半的时候，大脑里已经有100到1000个动人的故事，里面有50到100个很特殊的人物，经常讲给妈妈听。通过讲故事，他养成了用画面记忆，用画面思考的习惯。

如今的漫画作家如雨后春笋般涌现，蔡志忠认为要想成为一名出色的畅销漫画作家，需要掌握很多学问，甚至代数、几何、解析几何、向量统计、排列组合、微积分等数学方面的思考，漫画中都会有。还要观察生活、走近生活，先成为爱看书的读者，才知道什么书是好书，什么书有故事性、有趣味性，才能做时代风潮的领跑者。

狂野梦想，用漫画给各类题材赋予新生命

在蔡志忠看来，漫画不仅仅只是画故事，而应该像文字一样，是一种语言，是一种表达手法，就像文字可以写成诗，可以写成杂文，可以写成各种各样的小说。同样，漫画可以画武侠、画诸子百家，可以画哲学，也可以画数学物理。蔡志忠曾阅读无数科普读物，当读到台湾大学校长李嗣涔提出的十大物理问题时，引发了蔡志忠探索宇宙世界的兴趣，他师从台湾大学数学系蔡聪明教授学习微积分，神奇地把上课笔记与感想绘成漫画。

1998年9月3日，蔡志忠突然停止一切日常工作，消失在大众的视线中，闭关家中专心研究物理，他相信自己的研究成果将超越一般漫画作品，成为他此生最大的成就。他在闭关研究物理、数学期间，每天凌晨一点起床，站在窗口聆听来自遥远宇宙的细微低语，感悟宇宙的奥妙与神奇。第一年，他将所学到的物理知识在脑海里融会贯通，发挥所有的奇思妙想；第二年，他努力钻研牛顿与爱因斯坦的大量学术原著；第三年，他选择学习数学，终于实现了将数学变成漫画的梦想。他把读到的所有物理理论、方程式全部自己验算过，确认它们的真伪，他观察周遭的现象，试着用微积分来描述它们的变化。最后，他竟开始自己思索空间、质量以及时间的定义这样艰深而重大的基础物理学理论问题。

本以为用3年就可完成的事，却让蔡志忠花费了整整6年的时间，最终书稿得以出版。这期间，他共画了16万张物理、数学画稿，自学了堆积如山的物理书籍，涉猎科学史所做的笔记有好几书柜，研究心得超过1400万字。蔡志忠把文科学生认为枯燥的物理、数学变成有趣的漫画书《东方宇宙四部曲》：《东方宇宙》、《时间之歌》、《物理天问》、《宇宙公式》。突破了以往的漫画表现手法，尝试用东方思想来阐述西方物理学理论，以漫画家的特殊身份而研读物理，与读者分享着物理数学的无限乐趣。

当我问蔡志忠如何萌发这些奇思妙想时，他笑着说："我有很多兴趣爱好，觉得要画的东西实在太多了，如果有人问我什么样的东西可以拿来画漫画，我会反问他，什么东西不可以画漫画呢？我喜欢亲力亲为，不像现在的一些高产漫画家，在出书时，他的背后有个合作的团队。但我身边没有什么漫画团队，从画中的每一个人物造型到书中每一颗扣子都是我亲自画的。"

当然，对于这位充满各种奇思妙论和狂野梦想的奇才而言，把漫画与物理、宇宙等联接在一起并不奇怪。蔡志忠坦言：凡是在智力上富于挑战和趣味的思想和知识，都对他有着强烈的吸引力，思考于他如空气般须臾不可缺少，他每天就连洗澡、上厕所、吃饭的时间都在思考。将物理、外语、药理、数码、时尚、心理、生理、宗教、历史、哲学等各类题材以漫画的形式赋予新生命，并给广大读者带来无限的乐趣，启发人们去思考，是蔡志忠最喜爱做的事。

开启先河，让中国古籍经典漫画深受人心

蔡志忠谙熟几乎所有的东方哲学思想，包括佛学、禅宗的知识，他很早就认为，宇宙的本质非常像2500年以来的东方思想，《东方宇宙四部曲》成为他集一生思想精粹的作品。他尝试用"有无相生，万物反复循环，色即是空、空即是色，万法归一、一法纳一切法"等东方哲学思想阐释西方物理理论，用独到的东方哲学观探索神秘的未知领域，这也成为他这一书系的一大特点。正如蔡志忠所说："我并不是在老之将至时，还为了取得什么个人成就，而只是为了求证东方世界无论在哲学思想还是宇宙物理领域，都并不落后于西方世界。"

蔡志忠所绘的武侠漫画，深受读者喜爱，最后一套是古龙的《绝代双骄》，成了他的武侠封笔之作。他在经历了画武侠漫画、开动画公司、拍动画片等生涯阶段之后，36岁再次启航，开始了诸子百家的巨大工程创

作。他在动笔之前，就已经熟读了超过800本国学书籍。一些青年读者在阅读《庄子》、《论语》、《老子》、《孟子》等经典国学书籍时，感觉枯涩难懂，但蔡志忠通过漫画，生动浅显地画出了它的精髓，他的这一创新模式得到了众多读者的喜爱。

当我问他为什么选择画诸子百家时，蔡志忠说："我第一次接触这些文化思想时，就觉得很新奇，内容博大精深。长大后，发现周围许多人认为这些哲学书很艰涩、很难懂，我就想何不把这些国学方面的书籍画成漫画，让更多的人看呢？我希望通过轻松的漫画形式，让大家了解到哲学也是如此有趣又好看的学科。"

20多年来，蔡志忠创作的《老子说》、《庄子说》、《孔子说》、《孟子说》、《西游记》、《三国志》、《禅说》、《大学》、《韩非子说》、《六朝怪谈》、《论语》、《唐诗说》、《六祖坛经》、《菜根谭》、《中庸》等系列经典，已达300本，他的漫画作品创下了发行41个国家和地区、总发行量逾4000万册的惊人记录，至今仍在众多华人心中留下深刻的印象。这期间，他还创办公司经营漫画，做导演拍动漫，进行了很多尝试，有着丰富的创作积累。在他的作品里集中表现了诸子百家、唐诗宋词、古典名著、佛经禅语等中国古籍经典，用简洁生动的线条和有趣的故事深入浅出地普及传统文化。

当我问蔡志忠，在创作的这些作品里有哪些感觉难度大时，他不假思索地说："《易经》是我最难画的内容，1990年我只画了一半，就搁笔了，不过，历经多年的沉淀积累，我感觉自己有信心能把《易经》画好，同样让人们在画里感悟其中的奥妙。"谈到这里，蔡志忠笑着说："我智商184.8，所以我对很深的知识，都很容易领会，就像我学日文只花3个月，学微积分花3天，对我来说只要肯下功夫就没有什么难画的内容。"1999年12月8日，荷兰克劳斯王子基金会为蔡志忠颁奖，表彰他"通过漫画将中国传统哲学与文学做出了史无前例的再创造"。

也许富有天才的大师都是相似的，与蔡志忠交谈，总能感受到他充满

在杭州工作室创作

童心的一面，他笑称小时候的梦想是：教室像电影院，课本像漫画书，那该有多趣！为实现这一梦想，他联手漫友文化推出了授权的惟一彩色版本漫画"学生必读国学漫画"系列。令人可喜可贺的是，这套中小学生必读国学漫画，2013年已列入中小学"学习图书推荐"名单。翻看书中内容，只见简洁生动的文字，清新飘逸的画面，别致地诠释着中华先贤的智慧和人生哲理，把经典古籍漫画化、现代化、大众化，并加以现代诠释，兼具中国文化底蕴与时代精神，让读者能在没有负担的情况下吸收前人智慧，轻松学习古籍经典。

结缘杭州，西子湖畔静心打造高水平动漫作品

曾画过白蛇传、白居易、苏东坡的蔡志忠，在谈到他初到杭州的缘分时，让他记忆最深的是，过去只在字里行间感受被誉为"人间天堂"的惊艳绝美之地，当突然呈现于眼前时，让他连声惊呼："杭州历史悠久，文化碎片散落在城市的各个角落，比温哥华、东京更漂亮！"

早在参加第五届杭州国际动漫节期间，蔡志忠就感受到了来自杭州的独特魅力与热情，也领略到了杭州独特的文化创意产业发展环境。在第七届、第八届杭州国际动漫节上，蔡志忠更是与主办方亲密合作，推出了"动漫大师论坛"、"漫画大师三人行"主题日等一系列活动，为动漫节增添光彩，更为杭州动漫产业发展出谋划策。在当地政府的大力支持下，2012年6月5日，蔡志忠工作室以及由该工作室等机构联合注册成立的商务

印书馆（杭州）有限公司，在西溪创意产业园揭牌。

在大陆各地游走多年，人们向蔡志忠提到最多的"问题"，就是请他为国产原创漫画"把脉"——如何让中国的动漫走向世界？他认真而又轻松地说："只要有自成一体、独树一帜风格的艺术家涌现，就可以吸引读者，更何况我们是拥有着13亿人口的大市场呢。"现在，蔡志忠大概有40%的时间在大陆，赴大学讲课、与动漫爱好者共同探讨创作，在上千平米的工作室内，他把大部分时间窝在仅有几平米的小工作间里，专心画画，继续通过漫画、动漫等形式大力推广中国传统文化。

也许在众人眼里，蔡志忠是位著名的漫画家，却很少有人知道他还是擅长做动画的导演，他说："我第一次拍动画片，就很轰动，就像九把刀，也是我们彰化人，第一个电影作品，就打破了纪录。"29岁那年，蔡志忠成立了远东卡通公司、龙卡通公司，8年内拍了4部动画电影，其中《老夫子》获得台湾金马奖最佳卡通电影长片奖，曾多年保持台湾最高票房纪录。在杭州落户后，蔡志忠决心重拾这项特长，计划拍13部西洋美术史动画和一部3D动画，并希望在未来两年内拿出一部可以媲美好莱坞水准的中国动画作品。

蔡志忠曾看过大陆的一些动漫，当时感觉挺现代的，技术水平也不差，尤其《牧笛》、《三个和尚》、《小蝌蚪找妈妈》、《大闹天宫》等都可以拿世界大奖，但当时没有考虑市场问题。如今，在走向市场化的今天，中国漫画家很多都要靠自己养活自己，拍

作者与蔡志忠在杭州工作室合影

蔡志忠签售会

片也是在可以收回成本的前提下进行。他在接受访谈时，一再强调：当今和未来一定是文化创意产业的时代，所有人都有机会通过创意使文化变成产业，要有市场就先要选对平台，了解消费者需求，有收视率、目光要长远，全世界的目光几乎都聚焦中国市场，其市场潜力很大，还有待于中国的漫画家去挖掘。

在大陆，蔡志忠感受到了人们对于中国动漫发展的热切渴盼，看到了中国动漫的美好前景，也收获了人们对他的赞誉和推崇。2008年1月19日，蔡志忠走上中国动漫星光大道，获颁大陆动漫最高奖项"金龙奖·漫画终生成就奖"。回忆当天的情景时，蔡志忠高兴地说："那是我生平第一次走红地毯，两侧站着许多漫画读者，在他们热烈的欢呼中，我羞涩地进入会场，我觉得漫画家的地位得到政府和媒体各界的重视，是我之前难以想象的，这说明我们中国的漫画已经崛起，以一种锐不可挡的势头向前发展着。"

2013年5月底，在北京大学百周年纪念讲堂首次举办的"动漫文化高端讲座"中，蔡志忠、敖幼祥两位大师轮番登场，以漫画创作为切入，为北大学子启迪人生，与他们分享智慧。谈及那次北京之行，蔡志忠感触颇深地说："站在北大高等学府的讲堂上，看着应邀的嘉宾，我感受到的不仅是校长及中央美院教授们对我的尊重，而是对中国动漫发展有着极高的重视，只因交流时间短，一些学生还有许多问题没能提出，只能以后有机会再和他们交流了。"

回忆20多年前，海峡两岸关系刚刚走出紧张对峙状态，蔡志忠第一次受邀来北京王府井书店举办签售会，他说："1988年香港三联出版社跟我联系在大陆出版事宜，此事很快达成一致，我于1989年2月从香港转道东京再直飞北京，在王府井书店签售了2万1千余本，有很多媒体采访我，经各大媒体报道后，许多人从此也了解我的国学漫画。毕竟两岸同是中国人，都有着深厚的历史文化积淀。我的这套书能在台湾很'火爆'，相信在大陆肯定也会热卖。"果然，如他所料，"蔡氏漫画"进入大陆20年来，拥有了一大批忠实的"粉丝"，当然其中也包括我。

修身养性，一笔一划绘出精彩人生

朴素的衣着、简单的起居，惯有的洒脱和超然中蕴含着魅力，在与蔡志忠的交谈中，他给我留下的印象是轻声细语、谈吐儒雅而富有自信，虽然他没考入过高等院校，但他却是许多高等院校的座上宾；他没有名片、手机、手表、信用卡，没有钻戒以及奢侈的生活用品，但他却在世界各地拥有许多的支持者和广泛的影响力。

蔡志忠始终认为生为中国人，如果不关心孔子、孟子，就很愧对祖先，因此，他经常鼓励青少年要关注自己的文化传统，并想做成两件事情：将自己的诸子百家漫画电子书免费推广到中小学校，成为"第二课堂"；在中国多个景点立碑，雕刻上李清照、陆游等名家的诗词，搭配上他的漫画与一个二维码，手机扫描后可以看到对诗人更详细的介绍。蔡志忠真诚地说："我从2008年开始做电子书，至今还没什么收入，做这些不是为了赚钱，我也不会为五斗米折腰，没有谁能用钱来引诱我去做任何我不想做的事情。"

蔡志忠把大量时间用于创作中，休闲娱乐的时间很少，就连衣食住行也与常人不同，他把节衣缩食当成一种享受。早年，他照着药王孙思邈的"四少养生诀"（口中言少、心中事少、腹中食少、自然睡少）保持饥饿和清醒。在闭关研究物理期间，有时他每天只吃一个馒头。当我不解地问他，饥饿时是什么感觉？他笑言道："如果要获得最大的精神自由，就必须要最少的物质需求。其实冷不冷、饿不饿，很多时候只是心理状态，不是你生理上真的很需要。"至今蔡志忠还清楚的记得，小时候炎热的夏天，他爸爸用积攒的钱买了个不会摇头的小电风扇，供全家人纳凉，但没有电风扇的日子照样过来了，并没有什么不妥！

来大陆久了，蔡志忠自然也拥有了很多的好朋友，而在他结识的大陆画家中，让他记忆最深的是著名画家韩美林，至今蔡志忠竟然还能准确地说出他们三次见面的场景，第一次是1989年2月15日，在北京饭店206室；第二次是2000年11月21日，在杭州韩美林美术馆见面；第三次是2003年4月19日，他们在一起聊天、谈画、品茶，很是开心。过去蔡志忠认为自己平常画一本速度已经很快了，没想到，韩美林比他画的还快，让他很是敬佩。

对于教育孩子，蔡志忠也有自己的看法，"如今有的家长把孩子上什么名牌大学，上什么热门专业看的很重要。其实，这样会扼杀一些孩子的特长，其实念书就是要学自己喜欢的以及与将来从事的职业有关的，文凭不是决定一个人能力的关键，我就没上过什么名牌大学，但我先后担任北京电影学院荣誉教授、中国美院客座教授，在杭州还指导了四个硕士生。"

当年，蔡志忠就曾闭关聚焦教育，针对文凭与能力的话题，以原创漫画的形式表达他的成才和育才理念，一举推出

在书店里，蔡志忠看到自己的书得到读者喜爱很开心

《漫画天才计划》等7部新作。他的这套系列作品有迥然不同的风格，涉及社会教育、学校教育、家庭教育、自我教育等多个话题。其中，《猫科宣言》宣告了"21世纪是追求独立自主的猫科时代!"；《漫画天才巧克力》是专为那些望子成龙父母写的"育儿经"，为世间每一个天才小孩请命；《无耳空空学习日记》则回到学校本身，讨论学习技巧，传授记忆妙招。

走近蔡志忠，才会发现他的强大的内心世界里有着丰富的精神矿藏，他游历诸国、涉猎极广，不仅在漫画领域让人们敬佩，同时他还是打桥牌的高手。在蔡志忠工作室墙边的书桌子上，那里摆放着大小不一的奖杯，见我的目光惊奇地盯着这些奖杯，他风趣地跟我介绍说："我从1986年至今共获得125个桥牌冠亚军，不过这都是我的业余爱好，我还是喜欢漫画。"

以快乐心态诠释精彩艺术人生

——访联新文教基金会董事、上海禾新医院艺术总监陆蓉之女士

采访札记：

多年前，我在中国美术馆参加台湾著名雕塑家李真的展览时，在开幕式上，一位头染红色亮气短发、脚穿高跟鞋、大胆搭配服饰的中年女士在众多嘉宾中很是惹眼，也正是那一次让我知道了这位名叫陆蓉之的女士头顶上竟然有着比那红色头发更亮眼的无数光环。凭经验，我猜测着她背后的故事一定很多，只因时间匆匆，那次初相见，没来得及和她细谈，也成为我多年的遗憾。

作者与陆蓉之合影

然而，2012年8月上旬，当我听说陆蓉之将来北京时，我立刻跟她提出采访意愿，没想到，她回答的很干脆，并跟我约定好时间和地点。14日那天，我如约来到望京的一个小区，当年过六旬的陆蓉之再一次映入我的眼帘时，竟然发现她风采依旧，焕发着青春的活力，和第一次见面时并无两样。她在接受我采访时，跟我聊起来了她在台湾童年时的辉煌、青少年

时期在国外留学时的时尚以及她成功举办各类展览中的出色表现。当然，她谈到她的婚姻时，也毫不避讳，并坦言当年对著名鉴赏家傅申的大胆追求，也铸就了一段"老少配"的传奇故事。

采访结束时，陆蓉之送给我一本新近出版《艺术工蜂—ViKi LuLu遇见未来》的书，书中记录了她对策展艺术执着的追求，对人生的快乐心态，封面上设计精巧滑稽陆蓉之本人的卡通造型，让读者看了忍俊不止的同时，也被她不老的童心所打动。她说虽然退休了，但人老心不能老，要始终与新潮同步，不能被时代所淘汰，她每天都要抽时间刷新微博、与朋友玩飞信、聊微信，熟练程度一点也不比80、90后的孩子逊色。她说话神态快乐得像个刚步入社会的孩子，觉得还有许多事要做，还要尽自己的力继续抒写精彩的人生，我不得不再一次被她对艺术的痴迷和对生活的激情所感染，我相信和她在一起共事的人，即使是年龄大的人，心态一定也会年轻许多。

一头火红色的短发，是她独一无二的LOGO；一身奇异服饰在她身上奇妙搭配，时尚潮人的特点在她身上显现；一双真皮黑色的大高跟鞋，衬托着她自信的身姿。远远注视着她，你会立刻被陆蓉之流露出来的率真和新潮所吸引，如果事先不知道她的真实年龄，一定会被她的外表所迷惑，还以为她很年轻，最多也只有40岁呢。上世纪80年代初，陆蓉之在家里来回走了两个晚上，经过认真思索，终于为台湾引进第一个有"Curator"的国际展想出了"策展人"这个中文词。

Victoria Lu at Stage One

后来，她说自己做梦也没想到策展人会在中国成为如此泛滥的行业。

2012年初秋的一天，记者在北京望京的一所宅院内，如约登门，当陆蓉之神采奕奕坐在记者面前接受采访时，发现她白皙光泽的脸颊及眼角埋伏着几条皱纹，在侃侃而谈中，诠释着一位年逾六旬女人的精彩艺术人生，才会把她与中国最早的女性艺术评论家、华人当代艺术圈内第一位女性策展人、台湾新党主席郁慕明的外甥女、朋克一族等等词汇联系在一起。

"天才儿童"造就率性的艺术人生

陆蓉之谈及自己如何走上艺术道路时，她强调家族对自己有着很深的影响。她出生在台北，祖籍为上海，她母亲出身于上海有名的郁氏大家族，在外婆的十七个孩子中排行十一，而台湾新党主席郁慕明则排行十七。小时候，陆蓉之受到了良好的家庭教育，为她今后的艺术生涯打下了很好的基础。陆蓉之在很小的时候就开始背诵《四书》、《五经》，那时，她虽然不太懂什么意思，但也都能背下来了，如今，每逢各种演讲场合，她不用写稿，就能出口成章，这都得益于当年理论对传统文化的背诵学习打下了牢固基础。

陆蓉之开心地对记者说："外公一辈子都想成为艺术家的老派诗人，他不经意间却将一生的梦想寄托在我的身上了，还特意为我起名：玉芙蓉之。拆成了一半，前者为我的号，学画以后的工作室称为'芙蓉馆'，后半才是我的名字陆'蓉之'。小时候，我被家人当作天才儿童，经常当众挥毫，我不断在大人的世界里'表演'他们所赞美的'才华'。9岁那年，外公安排我向画家刘雅农学习山水画，第二年又在外公的引导下，拜'三吴一冯'其中一位吴子深的门下。不久，又被外公带去拜见国画大师张大千，经过三跪九叩首的大礼后，张大千收下拜贴，将我交给他的弟子匡时（仲英）来负责教导。"

让陆蓉之记忆最深的是在13岁那年，时任台北中央图书馆馆长的蒋复璁帮助她举办了人生中第一个水墨画个展，一时间，报纸、电台、杂志和电视台都报道她为天才儿童，她一下子也成了名人。在17岁那年，由她独自构思完成的40米水墨画被台北故宫博物院收藏，并以"天才儿童"的名义被推荐至比利时布鲁塞尔皇家艺术学院留学。在她学画的道路上，一路走来，从内心深处就埋入一粒奋力向上的好胜种子。

20岁那年，陆蓉之只身去欧洲留学，1970年初陆蓉之又到了美国，当时美国开始搞行为艺术，正在推动女性主义运动，她也跟着潮流走，跟老师同学去街头抗议为什么美术馆、画廊没有女性艺术家，跟着同学一道去搞行为艺术，对她来说，作行为就是时髦，就是流行。

刚到欧洲的时候，虽然对欧洲生活充满了惊喜和新鲜感，但陆蓉之并没有感到落差和自卑，"我从小就在达官显要身边长大，我不觉得谁比谁了不起，而且到国外后，我的生活也没有太大落差，所以我没有觉得我比别人差，而且我受中国教育影响很深，我一直觉得我到西方学习是一种补充，而并不会觉得我是去西方朝拜。"

陆蓉之在比利时求学不到三年时间，却奠定了她对西方文化的认知与吸引的基本模式，不是在学校而是在旅游中的自我教育。那时，她经常搭火车旅游，用学生票的优惠条件无目的到处漫游，以步行的方式参观那些教堂与当地的美术馆、博物馆，不分古今，逢馆必入，她通过这种方式，感受历史的魅力，感受当下即是历史的延伸，让她开阔了视野，对她以后所从事的工作赚足了艺术养份。

青春的萌动定格在艺术领域

陆蓉之希望自己在生活中是一个温柔的小女人，但在事业上她则是一个十足的女强人，美国加州国际艺术基金会亚洲地区策展人、台北实践大学时尚与媒体研究所专任教授……看看的她长长的工作经历、成就介绍以

独特的造型

及20余本著作清单，就知道她是一个对事业充满热情的人。

从1970年开始，她辗转在台北、比利时和美国求学，之后从事过地产、艺术等方面的工作，最终她的热情定格在艺术上。1980年台湾著名国画家黄光男出任台北市立美术馆馆长，并委托陆蓉之接洽洛杉矶市立画廊进行展览的交流活动，由玛莉阿尔夸斯策划了《美国南加州现代美术展》，在专辑出版过程中，她注意到了"现代艺术"与"当代艺术"在中文翻译上的混淆，并且玛莉阿尔夸斯的头衔，在字典中根本找不到对应的翻译，她思索出"策展人"的名词，来取代字典中的"馆长"或美术馆内所称的"研究员"，那是台湾美术馆界第一次发生馆对馆的国际交流活动，第一次接触到策展的概念，也第一次对"策展人"这个身份有了认识。

之后，她受邀担任洛杉矶市立画廊管理委员会委员，1988年台湾省立美术馆开幕时，她再度担任文化交流的联系工作，接洽了南加州国际基金会主席林恩 金霍芘，邀请资深策展人约辛安古——史塔雷尔斯和优贝《中国文化影响下之美国西海岸当代艺术展》作为开馆展。这两个展览都是台湾与美国西海岸的南加州之间的交流。在1990年中期，她多半时间留在台湾。1999年由位于高雄的山基金会赞助，她和谢素贞策划了《复数元的视野》台湾当代艺术的75人大展，到北京的中国美术馆展出。集结了40多位艺术家、艺评家、策展人到访北京，至今仍是两岸交流最大规模的台湾当代艺术展。

那时，她就预言，在2000年前，台湾的当代艺术比大陆更多元，媒材的使用也比较前卫，但是在2000年以后，大陆的艺术家必定引领风骚，十多年过去了，当初的预言显然成真了。而她也做出重大的决定，于2003年回到她父母的故乡上海去发展。

浓重的"中国底色"仍然在心头

在陆蓉之的身上，中国的传统被藏在最深的底层，而美式的热情和开朗，在她的身上如夏日阳光般清朗、热烈、奔放。尽管她在国外生活多年，但是当拨开覆盖在陆蓉之外表光怪陆离的各种色彩时，却发现她骨子里非常浓重的"中国底色"。

2002年，陆蓉之带着对中国当代艺术的崇敬和向往，离开台湾，来到了祖国大陆。几年间，她先后去了重庆、四川、陕西、云南等地参观游览，她被大陆近些年的经济发展以及中国当代艺术的蓬勃发展深深感染了。她发现，中国当代艺术的沃土在大陆，中国当代艺术发展的机会也潜藏在这片交融着传统与现代、宁静与悸动、沉思与激情的土地上。她惊讶于中国的当代艺术正处在一个非凡的年代，这里有一批了不起的艺术家，这在世界上任何一个地方都无法遇到的。她预测中国的艺术发展将是无可限量的，有一支强大的后备人才力量，也成为中国当代艺术必将振兴和走向世界的有力保证。面对着眼前这片艺术新世界，陆蓉之心潮

飞翔的陆蓉之

澎湃起来，她要在这里找寻寄托她艺术理想的最好载体。

经过考虑，陆蓉之把上海作为她在大陆的驻足之地，心里升腾一份强烈的文化使命感和强烈的文化使命感，她坦言说："因为家世渊源使我对上海有着特殊的亲切感，上海郁氏大家族的亲戚多达200多人。走在上海街头，听着四周地道的沪上方言，就让我想起了外公生前最爱念的上海话版本《三字经》"。

当然让她最看重的还有骨子里是一个注重亲情的人，亲情的感召力让她不容抗拒，况且上海有着广博的中西文化并容的胸怀，有着足够宽广的舞台，让每个怀有梦想的人都可以去尽情施展才华。

机遇来临，迅速触摸艺术气息

陆蓉之总觉得自己是个幸运的人，因为在上海她总是遇到对艺术有共同追求的人，张瑷玲小姐就是其中一位。上海"外滩18号"是台商张忠伦先生及其女儿张瑷玲斥资1500万美元投资开发的上海时尚新地标。陆蓉之喜爱"外滩18号"，不仅由于她有一颗永远年轻的心，更重要的是她在这里遇到了艺术上的伯乐，同样来自台湾世家的背景和对中国艺术的执着追求，张氏企业正式聘请陆蓉之担任上海"外滩18号"创意中心艺术总监。

在担任上海"外滩18号"创意中心艺术总监的同时，陆蓉之还有一个头衔——上海当代艺术馆创意总监。陆蓉之每当回想起当年与上海结缘时，心生一份感动，她说："我和上海的当代艺术真的很有缘分，我能在一项非凡的艺术构想萌芽时与主宰者相逢并相知。"2005年，陆蓉之结识了正在建造中的上海当代艺术馆馆长龚明光。当她得知上海当代艺术馆将是上海首座非盈利性的民营艺术博物馆，是由龚明光先生的个人基金会出资建造，深谙其道的陆蓉之不禁直言相告：做当代艺术，不是那么简单的事情。如果要做一个纯粹的当代艺术馆，或许需要借助政府的力量或某个财团的资力，否则就会赔很多钱。龚明光听取她的建议后，提出邀请她担任新馆创意总监，她欣然接受了，与其说是龚馆长的艺术精神打动了她，不如说是她找到了展示中国当代艺术的乐土，从此，她又多了一份"义工"的工作。

谈到她做6年"义工"生涯的原因，陆蓉之向我解释说："因为我在台北的实践大学是全职教授，合约注明了是不能兼任何副业的，但没有条款禁止担任义工，所以我坚持不接受工资，更重要的是，我无比欣喜终于回到了父母的故乡，必须实现自己的诺言，履行对外公的承诺，延续家族的传统：一个良心世家。

2006年1月7日，在上海当代艺术馆和上海"外滩18号"同时揭幕的"虚拟的爱——当代新艺术国际巡展"开幕了！"动漫艺术新美学"是此次展览的核心主题，来自15个国家和地区的80多位杰出艺术家参展，也展示了陆蓉之大手笔之作。"虚拟的爱"布展中挑战传统美术馆的"白盒子"哲学，将所有艺术品挂在墙上，用灯光照射着，观众必须安静地、虔诚地、保持距离地欣赏画。

作为策展人，陆蓉之说："动画和漫画美学是我目前研究和策展的方向，它会很活泼，适合大众。更重要的是，它带着鲜明的亚洲美学立场，中国在上世纪30年代初曾有过非常棒的漫画形式，我希望大家能回头到自己的文化中去，寻找自己的美学根基。"她自豪地说，这次展览本身从创意到展示，在全球范围内都是最先进的，上海的艺术领域，也因为她的出现而增添了一份别样的精彩。

她说来北京月亮河艺术馆当馆长纯属意外。2007年10月，她来北京办事，刚下飞机就被动漫美学的先驱人物张晓东博士接到月亮河度假酒店，当她踏上月亮河度假村的那一刻，发现月亮河度假村是一个人杰地灵的地方，更是一个艺术地产的典范，整个度假村的风景很好，很适合搞艺术。当然，风景好只是一方面原因，真正让她留在月亮河的是投资方东润集团总经理戚春生的话："你来帮我做月亮河艺术馆，月亮河有了艺术馆，就有了灵魂"。这句话让陆蓉之尤为感动，她决定留下来，帮助东润集团把月亮河度假村打造成一个艺术地产的圣地。她提议，在当代艺术馆的基础上再建造一个艺术酒店，为来参加艺术馆举办的各种艺术活动的艺术家和艺术爱好者服务。

陆蓉之曾经从2001至2004年担任台北当代艺术馆的创馆董事，月亮河当代艺术馆已是她努力打造的第三家当代艺术馆。陆蓉之在月亮河的新职位，这个包含了艺术会所酒店、温泉酒店、画廊、国际艺术交流中心、著名中国当代艺术家工作室在内的月亮河文化创意产业园区，继续她在中国身为前锋者的角色。在陆蓉之的主持下，馆藏品将以亚洲当代艺术为主，而以国际展作为月亮河和外面世界的桥梁。当代艺术馆将以立足亚洲、链接国际的方式，形成泛亚洲的最新艺术与创意设计的展演平台。

陆蓉之笑称自己是一个感性的老太太，每逢机遇来临就能迅速触摸到艺术的气息。

告别策展，人生依旧快乐

陆蓉之投身艺海，痴迷于自己喜爱的事业，从她有记忆以来，就如影相随伴她走过童年少年青年中年，步入老年之际，她依然在艺术中执着追求。她没能实现当伟大艺术家的梦想，却成就了她为华人杰出的女策展人，角色的变化，让她帮助了许多爱好艺术的人们成就了梦想。

陆蓉之在甲子年之际，借2011年的威尼斯双年展，给自己策划了一个庞大的展览，当她在2011年12月31日主持完自己的最后一次策展《未来通行证——从亚洲到全球》后，彻底告别了伴随了她32年 "策展人"的生涯。陆蓉之宣布退出策展界，她在微博中写道："今天的策展环境太混乱了。我给了'策展人'的命名，收不回了，只有自己退出，作为我沉默和退缩的回应。"她认为："由西方人引路的策展人时代已走到了尽头。"

陆蓉之欣慰地说："我希望为自己而生活，不管是工作还是婚姻，我对女人这个身份的尊严不能妥协，所以我在婚姻里遇到困难时不会用委曲求全的方式去维持一个虚假的表现现象，我选择解决，而不是拖延，因为这样，我结婚两次，离婚两次，第3次婚姻是我很努力追求来的。"她的三次婚姻彰显着她的个性，生活中的柴米油盐、爱情婚姻的酸甜苦辣，她也一样有过，只是大部分人选择的是默默承受，而她比较敢说敢做。

陆蓉之现任丈夫傅申是台湾大学艺术史研究所教授、著名书画鉴定家，当年在美国普林斯顿大学获得艺术与考古系硕士及博士，也是当年陆蓉之家的常客，当她还是一个小姑娘的时候，就很仰慕他的学识。那年，她45岁，他61岁，两人都刚经历一段失败的婚姻，当她听说傅申很快认识了一个女友，并打算结婚时，陆蓉之情急之下，选择了一种最勇敢的方式，她直接找到傅申表白说："在你没和任何人结婚之前，一定要给我机会与你交往，否则你会后悔一辈子。"然后，她就把工作从台中换到了台北，还搬到他家楼下，给他当司机、秘书和管家，做所有的事，整整3年里，她打败了5个竞争对手，才把傅申追到。

谈及婚姻生活，陆蓉之与傅申的婚姻安稳而美满，他们在追求一种更加稳定的、恒久不变的亲情。因为两人都在忙，每次见面都有着仪式般快乐的感觉，陆蓉之的每一声"老爷"里，都包含了对丈夫傅申的崇敬与热爱，而傅申老师对妻子陆蓉之也是充满了关爱和包容。

直观生命，人生在世有许多种活法，陆蓉之如今61岁了，她

陆蓉之、傅申夫妇与著名国画家李可染夫人邹佩珠在作品前留影

陆蓉之正接受作者采访

不怕老，退休后想做的事情很多，希望把今后的日子奉献给家人和有意义的事。

在即将结束采访之时，她爽朗地对记者笑着说："我很想做的一件事，就是在剧中饰演一个能让众多观众开心一笑的丑角。2011年，我有过一次演出舞台剧的机会，竟然是白先勇的剧本，并能够和京昆剧顶尖的名角魏海敏、钱熠同台，演员都是戏剧影视界的明星徐桂樱等等，初次登台，有着过去演讲的经验，所以我那次的舞台表现还算平稳称职。演戏是我从小的梦想，尤其是演丑角，我想把欢乐带给我周围的人，特别是同龄的老太太，希望和她们疯疯癫癫的一起变老。"

正如她所说：艺术的世界就像任何其他的领域一样，势利善变，不会为拥有少女般纯情的一位老太太而停止运转。

让木雕之美绽放生命光彩

——访台湾南美会理事长、启村雕塑工作室负责人陈启村先生

采访札记：

台湾南美会作为南台湾最大、历史最为悠久的艺术团体，自成立60年以来，于2012年5月13日首次来到北京，在台湾会馆举办了"台湾南美会六十年北京特展"。当我听到这个消息后，立刻赶到展览现场，一进展厅，看到已经有许多人在观看国

作者与陈启村合影

画、油画及雕刻作品了，还有的画家在为观众讲解创作作品时的感受，台南人语音中略带普通话与地道的京腔融在一起，大家热烈地交流着，我也在这种氛围中感染着。慢慢走近一幅幅充满浓郁台南风味的国画前欣赏着，和我过去在北京的一些美术馆曾观看的画展一样，有花鸟、山水、人物，也有油画和雕刻作品，但这些作品最大的区别，是来自海峡对岸的台湾。

在现场，我与看展的一位老者交谈时，他动情地对我说："我退休前是大学美术老师，这么多年来，我看过许多台湾的画展览，而来自台南的

作品还是第一次，这些反映台南风貌的作品很独特，值得一看。"

刚聊完，开幕式在主持人精彩的开场白中拉开了帷幕，时任中华全国台湾同胞联谊会原会长梁国扬在致辞中，对本次展览给予了充分的肯定与赞誉，京城美术界的一些知名人士也到场祝贺。台湾南美会理事长陈启村中等身材，一双近视镜片后闪烁着喜悦的目光，他在发言中既对此次承办展览的会馆及嘉宾表示感谢，也说出了台南艺术家想多次到大陆办展的心声。看上去他很年轻，也很有朝气，与我想象中具有此身份人的年龄出入较大。在热烈而又简朴的开幕式后，来自海峡两岸的书画家们在一张约8米的长方形桌上，挥毫泼墨合作巨幅国画。梁国扬先生在现场提笔写贺词，恭贺此次特展成功举办。我在现场也抢拍了许多照片。

我看到陈启村忙碌完，跟他说明采访事，他听后欣然接受我的采访。我们来到会馆大厅，坐在厚实的沙发上，展开了首次与台南画家的访谈。只要一提起他所挚爱的木雕艺术，他的兴致顿时高了起来，并向我讲述了他30多年的创作生涯，他从一名普通的木雕工作者，到屡获无数大奖的知名艺术家，这条路走的艰辛也很执着，从他不同时期的一件件作品中，我能感受到他对木雕艺术的喜爱，对大自然的热爱以及对现在身肩重任的那份责任心，感受到这位来自台南艺术家对艺术的执著追求以及对故土的眷恋之情。

陈启村是台湾南美会成立以来最年轻的理事长，温文儒雅，才华横溢，正是凭着他的魄力与胆识，带领南美会的会员们第一次走出台湾，第一次来到大陆，带着南美会会员精心创作反映台南风情的一组组作品在北京台湾会馆展出时，吸引了大批的观众。这对于南美会的老会员们来讲，第一次到大陆北京举办画展，无疑是一个巨大的震撼。陈启村在接受记者采访时动情地说："60年前，曾在北京生活过12年的著名画家郭柏川先生在台湾创立了南美会，多年来，他最大的心愿就是在有生之年能回北京办展。这个愿望直到甲子年这个特殊的纪念年份得以实现，此举也算是告慰郭老先生的在天之灵了。"

少年学艺，雕出刹那间的感动

在台湾，从台北到台南一路走来，让人感触最深的是台湾寺庙之多，有着"三步一小庙，五步一大寺"说法，数量居全世界之冠，据相关部门统计，台湾庙宇数量已超万座。在台湾，人们有了钱以后，要做的第一件事就是翻修或重建庙宇，所以台湾庙宇虽多，但很少看到旧的，他们虔诚地拿出钱来加固和翻修，让旧的寺庙焕然一新。由此，也衍生了一批以此为生计、从事修建寺庙相关职业的艺人，有的人年复一年重复着手中的工作，但有的人却在工作中不断寻求自己的追求，终将走出一条自己的路。陈启村就是其中的一个，他从一个穷困的家庭中走上木雕之路，并在自己的艺术生涯中创造了一个个辉煌，并在台南艺术界声名鹤起，成为自南美会成立以来最年轻的理事长。

出生于台南盐村的陈启村，父母从事晒盐工作，毕竟做盐工没有多大的收益，由于家境贫困，他的三个哥哥，三个姐姐长大后都要自找谋生之路。陈启村在家是老小，"国小"毕业那年，当他看到伯父为找不到佛像雕刻的人感到头痛时，于是自告奋勇，立志学习寺庙佛像雕刻手艺。毕竟自幼喜欢画画常常用泥巴捏塑像玩，他也常常看到家乡修建寺庙时，那些借一手雕佛像的手艺就能有饭吃故。经由伯父推荐，他从14岁师承福州派雕刻林光华老师光华佛店学习传统神像木雕。

"我好像天生就是要来做这个事情的。"陈启村面对木料和手中的刻刀，他浑身充满了激情。他在师傅的店里学徒过程中，白天主要负责接待客人，晚上就看着一尊尊佛像暗自琢磨着如何雕刻，偷偷瞄着师兄如何先在木料上勾线条，如何用刀法，看的久了，自己抽空也开始拿着刻刀在木料上练手了。

挫折难撼少年梦。陈启村学艺的过程并不是一帆风顺的，让他记忆

陈启村雕塑创作（作品：英雄）

最深的是，在学徒第三年头时，青春期的逆反性格险些让他止步不前。那次，他根据修建附近妈祖庙的情况，拌了一大桶漆，被师傅看到后，不由分说把他训了一通，说他拌的漆太多造成不必要的浪费，好像花别人的钱不心疼等等。陈启村听后感觉很委屈，跑回房间大哭一场，一想到来店学艺快四年了，自己勤劳工作，从不敢有丝毫怠慢，却被师傅训成这样。一怒之下，他真想立刻回家，再也不学了。但他一想到父亲早逝，家境不好，如果这样半途而废，必然会被邻居笑话，更何况再坚持一年等自己出徒后，就能自食其力了。想到这些，陈启村擦擦眼泪继续留在店里，也让他坚定了学艺的决心，凭着吃苦的学习精神，四年后，他如愿以偿拿到毕业证书了。

常言说：艺无止境。出徒后的陈启村好像海绵一样遇到水就吸，他工作后的第一件事就是拿着积攒的两万块台币买了一架尼康牌照相机，每逢周末，他骑着摩托车奔波于各大寺庙里，希望把那些精美的佛雕拍照以便给自己学习用，但对于寺院里的工作人员来说，拍佛像那是对佛的不恭敬，尽管陈启村一再解释，但还是被寺庙的工作人员把他当作顽皮小子撵出来。于是，他多次冒险偷拍，有一次被发现后，尽管他拼命地向外跑，但还是被工作人员追上，抢走他手中的相机准备摔在地上，那一刻陈启村急了，想尽办法极力说服他们，经一再恳求，他的相机才算躲过一劫。正是凭着这种执着的学习精神，那些年，他在大小寺庙里拍摄了许多精美的佛雕艺术品，为他以后的木雕创作打下了坚实的基础。

终成大器，荣誉满身仍怀揣梦想

据陈启村介绍说："台湾早期木雕家都来自于传统，这种技艺主要由福州和泉州两个派传到台湾的，那时台湾的学校里没有这个专业，学习的渠道大多是去佛雕店。我在店里学习佛像雕刻时，正巧雕刻店对面是社教馆，时常举办名家作品展览，让我心生向往，心中暗想，希望有朝一日自己的作品也能进入如此神圣的艺术殿堂。"

正是他怀揣着这个神圣的梦想，从14岁开始从事佛雕传统艺术工作，到如今已有35年历史。他在创作中也遇到许

陈启村木雕创作（作品：修行者）

多困难，都能想办法克服，把全部精力用在创作中，让每件作品都赋予其生命的特质。基于对艺术的向往，陈启村在不断摸索中学习，除了东方的艺术文化之外，他对西方美学有相当大的兴趣，他向艺术家曾培尧先生学习素描，向艺术家陈英杰先生学习雕塑，奠定了以后创作基础。他将所学的西画美学和现代雕塑技法融入传统的东方雕刻中，将东西方美学融合，成为他不断创作的原动力。

艺术来源于生活。着力于佛像雕刻、人物塑造30余年的陈启村，不喜墨守成规，其作品充满生命力，坚持雕刻符合时代精神的作品，因此每件作品皆兼具传统与现代感。视每一件作品都是艺术创作的陈启村，并没有受到商业利润的影响，而这份坚持也让他创作出属于自己心灵的木雕艺术。他的作品力争与众不同，坚持做出自己的味道，他常对周围的朋友讲，一件好的作品要感动别人之前要先感动作者自己，他就会透过这样去想去了解，去创作。

一天，陈启村看到五岁的女儿穿着太太刚为她买的花裙子，她那种发自孩童的纯真与可爱立刻触动他创作的灵感，即兴为女儿创作了《新衣》的作品。那时，他没有做市场的考量，完全出于自由发挥创作，不想让什么人左右他的艺术想法，后来他一有空就叫女儿来当模特，想用别样方式为女儿的成长做记录。

正是由于陈启村对生活的热爱和对艺术的执着追求，他从事神佛雕刻，却能跳脱传统的窠臼，转化为现代木雕艺术创作，其作品题材大多取自现实生活中取材，藉由欢乐童颜肢体百态，呈现纯真可爱、细腻丰富情感；而传统佛像系列则技法流畅、法相庄严，神态栩栩如生，每件作品皆透露出沉稳与朴实特质。

陈启村在30多年的创作生涯中，逐渐走出个人创作风格，他的作品在现代艺术雕塑及传统艺术界皆获肯定，并屡获大奖，他从20多岁就获得第36届南美展雕塑类第一名、1989年第一届奇美艺术奖、1995年第一届台南美展雕塑首奖、1999年府城民间传统工艺第一名和府城十大杰出青年等殊荣。全省美展、南美展、奇美艺术人才培训奖、大墩工艺师奖等，2008年入选"台湾工艺之家"，2010年荣获第十六届"全国中华文化艺术薪传奖"，深获艺坛前辈赞赏。近年来他受聘担任台南市立文化中心评审委员、高雄市立美术馆及文建会研习营讲师等，也显示了他在台南的新生代艺术家中备受重视。

台南市赖清德市长莅临启村雕塑工作室参观

由陈启村经营的启村雕塑工作室，展览室摆设着多年来创作的雕刻作品，美不胜收，他致力于推广传统艺术，因此，他于2006年获选为府城传统艺术学会第一届理事长，全力拓展传统工艺的发展，他积极参与全国重要艺文活动及示范教学，为推广雕刻艺术的活动做出许多努力，意义影响深远。

前辈因缘"牵线"，领台南画家赴北京办展

勤学苦练，才华横溢以及他凭着处事不惊的风格和一个个令人羡慕的光环，让陈启村赢得了南美会会员的普遍赞扬，去年他被南美会推举为理事长后，更觉得重任在肩。自"台湾南美会"成立59年来，还从未到外面办过展览，为此陈启村打算当第一个敢吃"螃蟹"的人，那时他不仅搞创作，还要带大家去募款，组织会员对南美会未来发展做一些规划。

如何让南美会会员们走出台南？走到大陆？如何让更多的艺术家被人们所知？成为"台湾南美会"最年轻的理事长陈启村上任以来思考的头等大事。遥想当年，1945年台湾光复后，一大批知名文人有的回到家乡，有的去了大陆，有的留在台湾，美术大师郭柏川回到台湾后，于1952年创办了"台南美术研究会"，"台湾南美会"的前身是由美术大师成功大学教授郭柏川同几位追求真善美的同行好友，于1952年创办"台南美术研究会"。由于两岸多年的阻隔，郭柏川在离世之前也没能重回北京，也成为郭老今生最大的遗憾。为进一步拓展空间，经历届理事会的不断完善，于2008年改名为"台湾南美会"，由于台南文化气息一直居全台鳌首，而台湾南美会是南台湾历史悠久的绘画艺术团体。如今，陈启村很想借南美会成立60周年之际规划以巡回展的形式让大陆的同仁及海外华人了解南美会，他最大的愿望就是把展览的首站选在北京，也是因为创会理事长郭柏川于上世纪三四十年代在这里生活过12年，与北京结下了不解之缘。

当他把去北京办展览的想法跟一些前辈们说时，有的人表示赞成，也有的人不理解，并说他这是以艺术交流方式带台南的艺术家帮大陆搞促统。面对此种情况，陈启村陷入了两难境地。

正当陈启村左右为难之时，2011年底，他赴福建莆田参加一个工艺博

台湾南美会60届北京特展赠礼全国台联

览会，当前来参加活动的全国台联梁国扬会长听了他的想法后，表示帮他沟通此事。令陈启村惊喜的是，他回到台湾很快就得到答复：北京方面可以发邀请函让他们赴京办展览。陈启村十分高兴，立刻邀请曾多次在大陆办个人画展览的台湾南美会会员刘蓉莺担任此次画展览的策展人。

经过几个月的精心准备，由全国台联、台湾台南市南美会和北京市台联共同主办的"台湾南美会六十周年特展"于2012年5月13日在北京台湾会馆展出了，陈启村带领20余名南美会最具实力的艺术家参加展览，共展出了国画、油画、摄影、雕塑作品87件，这是台湾南美会艺术精品首次大规模在京展出，这批散发着台南浓郁气息的作品后，立刻吸引了众多观众观看。更让陈启村感动的是，通过这次特展让南美会在这里寻到了根，也见证了前辈的努力在北京结出的硕果，虽然老一辈已故去，但后辈的感情应继续下去，乡亲情谊要代代相传。

时任全国人大常委、全国台联会长梁国扬先生在开幕式上表示祝贺，称此次展览对加强两岸文化交流，弘扬中华优秀传统文化，增进两岸同胞的情感具有积极意义。希望能借此次展览，让两岸艺术界进一步相互了解，同时也让北京市民充分品味台南的艺术气息。

文化的交流，心灵的互动，拉近了两岸民众心理上的距离。展览期间，台湾会馆的负责人告诉陈启村将在8月举办以郑成功收复台湾350周年纪念活动为主题的展览，希望陈启村能参加。在民族英雄郑成功诞辰之日8月27日，由北京台联主办、福建省台联协办的"成功在两岸——郑成功收复台湾350周年纪念展"在北京台湾会馆隆重开幕，展览得到北京、福建及台湾各地郑成功研究机构、文化团体和郑氏宗亲会的大力支持。此次展览共展出图片280余幅、

全国台湾联合会会长梁国扬先生现场为特展题辞

两岸出版的郑成功书籍及研究资料等近百件。这次陈启村特意为台湾会馆带来了精心创作的郑成功木雕像，并有幸被台湾会馆收藏。

木雕艺术要让下一代传承

中国的木雕艺术以其悠久的历史、完整的体系、精湛的工艺制作，丰富的题材内容和浓郁的地方特色而在世界上享有盛名。年少时，陈启村学艺的路程是艰难的，可参考的资料很有限，偶尔从旧书摊上得到几本来自大陆介绍名胜古迹的画册，心喜不已，他仔细揣磨雕梁画柱上技艺，认真观察那一尊尊精美绝伦的佛雕，那时他就有去大陆那些神圣的佛堂去参观，近距离感受大陆佛像的雕工技艺。

随着两岸经济文化等领域频繁的交流，10多年前，陈启村终于从台南到山西旅游，他首先选择到山西是因为流传甚广的"地上文物在山西，地下文物在陕西"之说。一路走来，让他饱览了众多历史悠久的寺庙，仿佛让他置身于艺术殿堂一般，获益匪浅。

尤其2012年5月来北京展览，故宫是陈启村必去的参观点，每到一处，

两岸画家共同挥毫作画

几乎步步为景，那一条条生动的祥龙，或盘柱或在云中飞行或在海底游动，常常引发陈启村的思考：当初雕这个图腾的时候，师傅是怎样想的？有一些刻法在几百年前是怎样处理的？北京故宫与台湾那些的龙在雕刻手法上有什么不同之处？用陈启村的话来讲每件作品都来自于自己的想法，未来的世界就是一个地球村，每一种艺术都要表现出自己的特色，不能被一些急功近利的思想所束缚。

　　近几年，海内外喜爱和收藏木雕的人渐渐多了起来，而且在工艺上越来越讲究，在制作过程中，雕刻师对木材刻下的每一刀都包含着对作品的思考。陈启村正是凭着他对木雕艺术的追求，对生活的热爱，走出了一条独特的道路，让自己的作品登上了艺术殿堂，实现了自己年少时的梦想，当然他更希望中国传统木雕技艺要让青年一代传承下去，让木雕艺术在生命中绽放光彩。

浓墨泼彩显神韵，陶醉宝岛山水间

——访台湾著名国画家"泼彩行者"韩训成先生

采访札记：

多少年来，喜欢画画的我总梦想着有一天能背着画夹，手握画笔，来到宝岛台湾，将这世间美景浸于纸中。然而，毕竟搁笔多年，少年时的天真想法已成为我心之向往的趣事，我真担心一不小心笔走"偏锋"，反而辜负

作者与韩训成合影

了上天赐予我们的美景。直到2012年5月，我借去台湾之机，有幸目睹了令我向往的阿里山和日月潭，置身其中，台湾美仑美奂的山山水水让我如入梦境，让我惊喜不已，虽然没有画笔相伴，但手中相机不得片刻休闲，也不失遗憾之举。

当我听说台湾著名泼彩国画家韩训成先生在30多年的绘画生涯里，足迹遍布台湾的每一处景致，将其收入画中，并在2012年沈阳故宫博物院展出时，备感欣慰，毕竟他是第一位到沈阳故宫办画展的中国画家。当我有

幸得到韩训成老师精美的画册时，顿时，被他笔下独具特点的一幅幅泼彩绘画作品所折服。当我按着朋友告诉我的联系方式，把电话打到海峡对岸的台北市时，很快就听到了韩训成先生浑厚的嗓音，他愉快地接受了我的采访，向我讲述了他走上绘画之路的心历路程，也让我更真切感受到韩训成先生对泼彩画创新绘画的那份执着，在他笔下那如诗如画的宝岛美景惊艳于观者眼里，醉在心里。

从那时，我一直想象着韩老师作画时的风采，想象着他背着画夹不知疲倦地奔走于台湾的山水之中。没想到，事隔半年，我清楚地记着在2013年5月21日上午12点，突然接到韩老师经纪人林文娟女士打来的电话，她说韩老师在北京参加完一个活动后，在北京火车站肯德基有一个小时的见面时间，因为他们还要赶火车去沈阳办展。我放下手中的一切，按约定时间，提前一小时赶到车站。

在肯德基门口，我看到提着行礼箱风尘仆仆迎面走来的韩训成和经纪人林文娟女士两人，因为之前见过韩老师在画作前风度翩翩的照片，所以远远的一眼就能认出来。过去我们是隔着海峡两岸的电波交谈，而如今的见面，我们在轻松愉快的聊天中感觉格外亲切，就像久别重逢的老朋友一样。不知不觉间，时间转眼过去一个小时了，林女士在旁边时刻提醒着："可别误车噢！"我们也只能在感叹时光匆匆中结束了谈话，刚好这次聊天的内容弥补了曾在电话中没了解到的内容，以便在文章中体现出来。

临别时，我和韩训成在肯德基餐厅内合影留念后，他有条不紊地再次检查自己随身的旅行包，离开车还有半个多小时，我与他俩握手言别，目送着他们快步进入安检，一点点远去的背影，让我对有着"泼彩行者"之称的韩老师的敬佩之情油然而生，真希望他如愿以偿走遍大陆的大山大水，用画笔创作更多的优秀作品。

在台湾素有"泼彩行者"之誉的韩训成先生，字正观，号竹谷居士，作为一个修行兼创作的画家，他在早年拜墨荷大师刘子仁学艺，追随董孟梅研习佛像，拜叶国华精研书法。多年来，韩训成擅长山水、花卉、佛像、篆刻、金石等写意主题，传统笔力功底深厚，画作意境清新脱俗，在多方面都有很高的造诣，以泼彩画最受瞩目。韩训成秉持真善美之艺术创新理念，专注于国画创作与佛法履行。曾任台湾屏东书画协会监事，巨将艺术中心经理人，高雄县文化局艺术展览申请审查评审，台湾正修科大美术欣赏班讲师，十方艺术学会会员、中国书法学会会员、凤凰书画学会顾问，现为全职画家、专职演讲老

韩训成先生近照

师。韩训成先生在30年间，走遍了台湾的山山水水，将光与影的自然造化融于笔下，这些作品令人赏心悦目，他的"台湾山水之美"系列作品，继承了我国山水画的传统，又有了新时代的意蕴和艺术创新，体现了韩训成先生独树一帜的艺术特色，也展现了台湾山水的大美之境。他作为在沈阳故宫举办画展的首位画家，将台湾的美景呈现给众多观众面前，在欣赏画作的同时，台湾开放的大陆同胞自由行举措，更加勾起了人们对台湾美景的向往。

"行走"于沈阳的宝岛美景

一幅幅让大家备感亲切的阿里山日出、玉山之晨、太鲁阁、西子湾夕照、九份山城、合欢山雪景等美丽景观的泼彩画，以丰富的彩墨手法呈现在大家面前时，深深被那种秀美神韵的景观所打动。对于那些没有去过台湾的沈阳人来说，能够通过画家的笔，一睹宝岛的丰采，无疑也是一件乐

事。2012年4月5日，由沈阳故宫博物院、台湾十方艺术学院和台湾正观彩墨艺术共同举办的"台湾山水之美——台湾著名画家韩训成先生作品展"在沈阳故宫博物院展出，这是博物院首次邀请台湾当代画家举办个人画展，同时也是第一位在此办展览的画家。

一切相识皆为缘，沈阳故宫博物院院长武斌先生曾多次到台湾参访，结交了台湾许多博物馆界和文艺界的朋友，也观摩过许多艺术作品的展览，对于台湾艺术家们的艺术创新和探索精神深感钦佩。当武斌看到画家韩训成的画册时，立刻被那种神奇笔法吸引，认为韩训成的泼彩画作是当代国画中不可多得的臻品，经过院内评委严格审查，并基于大陆民众对于台湾山水之美的向往，特邀请韩训成以"台湾山水之美"为创作主题到沈阳故宫博物院办展览，韩训成得知这个消息后，欣然应允。因此，也促成了韩训成先生以"台湾山水之美"为主题的展览，画展展出了韩训成创作的台湾花莲太鲁阁九曲洞、阿里山日出、玉山之晨、西子湾夕照、九份山

沈阳故宫典藏仪式

城、合欢山雪等美丽景观30幅作品，画作意境清新脱俗，在饱含中国传统山水画灵韵彩墨手法的基础上，兼具新时代的艺术创新。

在沈阳"台湾山水之美"展览期间，韩训成先生对各地来参观的游客详细讲解自己每一幅作品的创作经过，在《十分瀑布》这幅作品中，他用西方写生惯用的空间安排，着重描绘光线从瀑布照射下来之时，水面的颜色和动态变化，用纤细的笔触把十分瀑布表现出雷霆万钧之势，瀑布两侧树景用石青色，延伸一片春水融融的自然生意，简洁而有张力。在《太鲁阁九曲洞》画中，他采用斧劈、折带、马牙等皴技法，擦出陡峭石壁，光影用深浅墨块，交融妥当，再用石青、墨、赭，泼出背光处，虚实巧变，明暗对比，把大自然的实景与意境巧妙分布，峡涧溪流与远景山峦，布局出深远视觉，表现出撼人的灵气，也体现了画家对美和艺术的独特追求。

深谙绘画之道的沈阳故宫博物院院长武斌，非常赞赏韩训成老师画风蕴藏传统国画之底蕴，又极具现代视觉之创新，用笔古韵流畅，构图风格奇异，实为当今艺坛之佳作。台湾"国立历史博物馆"徐添福主任亲自为韩训成的沈阳故宫个展画册作序，赞许韩老师画作彩墨畅然、清新脱俗，蕴含且流露中国传统修养。

许多闻讯来此观看画展的美术爱好者，在欣赏韩训成作品大气磅礴和充满艺术灵气画作的同时，不仅能领略到台湾山水的大美意境，更能跟着艺术家的脚步，进行一次美的探索。据韩训成老师讲：画展期间，许多沈阳的观众从没看过这种风格的作品，通过作品才知道台湾有这样亮丽的景色，他们看过后很震撼，纷纷向他打听台湾的情况，陶醉其中，也勾起了赴台游览，一睹真景的欲望。

深厚的故宫文化萌发画家梦想

台北故宫博物院是一座充满中国元素的建筑物，它是我国著名的历史与文化艺术史博物馆，建筑设计吸取了中国传统的宫殿建筑形式，风格清丽，典雅。馆藏的珍品共约60万件，经常维持有5000件左右的书画、文物展出，每三个月更换一次，还定期不定期举办各种特展。馆内的藏品琳琅满目，种类繁多，据说至今还没有一个人看过全部的珍品。自上个世纪60年代开放以来，海内外慕名前来参观的人流络绎不绝，其中也包括痴迷于国画的韩训成。

韩训成1960年生于台湾南部，从小就对自然风景很是喜爱，所居住的环境也是与山水相伴，因此喜爱画画的他，尤其对中国山水画深有感触，每次去台北，故宫则是他必去的首选之地，而且在那里观赏国画，一呆就是一天，看着老祖宗留下的瑰宝，饱览着中华民族五千年灿烂文明的结晶，经受一次又一次文明的洗礼，那种发自心底的感受是极为丰富的。尽管他每次都要历经长长人流的拥挤，但从那一张张充满惊讶、羡慕的目光中，由衷地体验到作为炎黄子孙的那份自豪感。

"故宫是我最早最好的教师，我经常坐巴士车由南部到台北故宫反复观赏古画，因为去一次不容易，时间不够用，只能回去在画纸上默写古画。后来，故宫出版的画册印制较精美，只要自己手里有钱，就全拿来买画册，我先后临摹了上百幅从宋代到清代画家的作品。" 韩训成谈到自己当年学画的经历时，很是兴奋，毕竟自己能在故宫观赏到许多绝世真迹，无疑也是人生一大幸事。

台湾的墨荷大师刘子仁是山东人，跟韩训成的父亲的同事是同乡，又是好朋友，因此，从小就喜爱画画的韩训成很顺利拜刘子仁为师，刘老师看到聪明并悟性极高的韩训成时，也很乐意收他为徒。韩训成用大量的时间和心血临摹古人名作，从此，他走上了学习中国画的道路。不久，他又追随董孟梅老师研习佛像，之后拜叶国华老师精研书法。其擅长的山水、花卉、佛像等写意主题，以泼彩国画最受瞩目。能够得到画坛老前辈的精心指点，韩训成获益良多，他的绘画天赋和才能也逐渐展现出来。

酷爱绘画的韩训成参加台湾联考时，因为台湾的艺术学院比较少，阴差阳错考上了工业机械绘图专业，但制图的课程却让他在美术学的透视上打下了扎实的基础。随着时间的推移及年龄的增长，韩训成最终还是选择了国画艺术之路，韩训成把历代有代表性的作品精心挑选，潜心研究，对国画的表现手法也有了新的认识，开始致力研究如何突破现代中国画的表现风格。长期以来彩墨大部分都是以墨色为主色调，重色彩的部分还是由敦煌壁画的彩绘中延伸下来，中间有断层，当韩训成了解到这个原理后，致力研究泼彩画的表现方式。中国山水画讲究人天合一，跟西洋艺术理论有着不同的方向，必须涉猪广泛，艺术创作才会精致，尤其在画的落款及印鉴上，都要格外讲究，尽管书法对一幅画来讲起着辅助作用，但他还是在潜心研究书法，才能让画更具完整性。

　　由于宝岛台湾是世界上少有的亚热带、温带、寒带的"高山之岛"，除西岸一带为平原外，其余占全岛2/3的地区都是高山峻岭。台东山脉、中央山脉、玉山山脉，号称"台湾屋脊"，海拔3997米。最著名的是阿里

沈阳故宫开幕式

山，为台湾秀丽俊美风光之象征。当韩训成老师跟我谈到当初到台湾各大名山写生的过程时，那种被大自然魅力所感动的激情依然在胸中激荡着。每天他按照计划天不亮就出发，离家远些的山需要凌晨3点多就出发。当他一路跋涉登上山顶时，方才证明了古人的写生都很扎实，不是纯临摹的，也更愈发的敬佩古代大师们创作的认真精神，同时，韩训成还发现初升的阳光照射在山上，那种光与影的变化，让山的景色呈现不同的韵味，但山上那金光灿烂的内容在过去的古画中是没有出现过的。

大自然中的美总是被有心人发现的，台湾因着地理气候等因素的影响，这一情景有别于大陆的山水特色，韩训成立刻被映身在山水之间的这种光影所激动着，静静坐在山中，深切感受到了大自然的魅力所在，尤其是一天能看到不同的景象，大大激发了他的创作灵感。从此，他的足迹走遍了台湾大大小小的山峰，所到之处，他都有大量的记录和写生稿，记录着他对大自然的敬佩之情，积累了取之不尽、用之不竭的创作素材，同时，为他日后艺术的创新创造了良好的条件。他把所有绘画方式作了整合，对台湾的艺术来讲它比较有时代性。他创作的一幅幅泼彩画中，饱含着他对泼彩创新的执着，让他在当代台湾画坛占有一席之地，也成就了他少年的梦想。

寄情山水弹指间

自古以来，寄情于山水之间，就是中国文人的精神情怀，山水画表达的是一种情感，一种意境，一种审美意识，蕴含着中国文人的最深刻的真意深情，是中国人情思中最为厚重的沉淀。仔细品味韩训成的系列作品，不难看出他的画法既继承了中国山水画的传统，又有了新时代的意蕴和艺术创新。他在研习中国古代绘画传统的基础上，热心学习西方绘画艺术的技法和审美观念，因而在他的作品中就有了更多的时代感和中华文化意识。

20年前，韩训成沉湎于台湾的山水之间，他从台南到台北跑遍了全台湾的山山水水，看到什么就画什么，试图用自己的画笔展示台湾山水的大美之境，同时也抒发自己的故乡情怀，在这个过程中，他不断变换自己审视台湾山水的视角，融入自己更多的理解。20年后，他再画台湾山水时，不断精进技法的掌握与调节，在与不同类型东西方艺术相互间的碰撞中，让他不断反省，希望呈现多样性丰富的题材，更多地融入画中的是希望，是期许，是台湾的精神，也是心灵深处滋生出泼彩画的那份情感。

师古人自然重要，但师法造化更重要，历代有成就的画家都奉行"外师造化，中得心源"的做法，品读名山大川，熟于胸中，胸中有了丘壑，下笔自然有所依据，经历的多自然有所获。纵观韩训成的绘画作品，能感受到中国文人画的意境和禅道精神，也是他对时代文化彩墨艺术的创作表达和"真善美"的精神诠释。他在研究古画技法上开发了多点透视，并融合所有中国绘画技法，将国画没骨、水墨，浅绛和青绿四大用色法溶为一体之外，在传统笔墨基础上，再加上泼彩，及摄影多镜头视觉。那种墨彩辉映的效果使他的绘画艺术在深厚的古典艺术底蕴中独具气息。

大霸尖山位于台湾的雪山山脉圣棱线北端，是台湾苗栗县和新竹县之间的一座山峰，主脊高3492米，其山势突地拔起，它的形状如同一个圆柱，四面都是直立的悬崖，危峰孤峙遥望如同覆置的大酒桶，因此当地居民也称之为"酒桶山"。四面崖壁寸草不生，山形冷峻令人生畏，素有"世纪奇峰"之称。在著名的台湾百岳之中，大霸尖山与中央尖山、达芬尖山合称"三尖"。台湾泰雅族与赛夏族原住民坚信大霸尖山是其祖先发祥地，视为圣山。韩训成用劲健有力的侧笔，勾

辛亥百年名人名家书画联展

画出山岩险峻的岩壁，把大霸尖山的倨然傲气彰显淋漓尽致，在右下构图上，用笔墨巧妙晕染云层，左下方青绿泼金点点出台湾松柏，柔和了雄霸之气，观赏这幅作品的同时，可以体会到创作者想表达刚柔并济的处事原则。

也许是一种责任，也许是一种缘份，韩训成花了十年时间研究创作泼彩技法，发现中国传统山水画都能在台湾山水画中得到呈现，感受大自然生命力的强悍，作为实践中华文化艺术的先行者，他决定把这种台湾风格绘画呈现给广大观众面前。韩训成周围的好朋友看了他的画后，大为称赞这些作品从写真入手，是目前很特殊的方向，风格也是独一的。

初尝成功的喜悦，那时韩训成有一个梦想：打算用自己的泼彩画法把全国各省市的名山大川画遍，但仔细想想，中国太大了，一个省的风景若画两年，等全画完了也要等到70多岁了，将是不现实的事，因此，他还是秉承踏实稳健的性格，就地取材，画遍全台湾。

净美心灵的"泼彩行者"

辛亥百年名人名家书画联展

韩训成老师修佛茹素数十年，对于佛法有极深之修为。而"行者"的称呼是指依佛教徒精神，累计长达36年修习国画艺术，一步一脚印踏实稳健行走于创作道路。水墨和彩墨是中国山水画两大分类，韩训成老师擅长"泼彩"技法之运用，作品不以派别风格为走向，皆依艺而化导，如今仍像行者般恳切耕耘与自省，俨然被台湾画坛称之为独具个人风格的"泼彩行者"。

韩训成老师从16岁正式拜师学习国画，历经15年漫长努力，在接触国画艺术的岁月里，艺术家养成，如同大地孕育一棵大树，需要养分与时间，韩老师吸收历代名家技巧与精神，师法自然投入长达数十年光阴写意台湾山水，历炼出扎实的基本功，并且不断探索各种美学论点，最后集大成开创出成熟自我独特风格，当然，韩训成老师能在台湾很快露出头角，与艺苑前辈名流的提携分不开的。韩老师专心耕耘36年绘画中，师古而不拟古后，经数十年的扎实"马步"功夫，成为韩老师屡获各界好评的威力。

韩训成介绍说："我觉得中国文化要传承下去，必须要温故知新，以外就是要必须走古人的路子，在继承传统文化的同时，要做到'法师，法古，法自然，法新四个阶段'，所以这是我一步一个脚印，就像一个行者般不断探讨，我特别钟爱这个路线，因此，必须做一个完整的艺术探讨。"他在创作泼彩山水画时，偏爱用石青石绿等明艳鲜亮的色彩，水墨青绿交融，产生明暗闪烁、斑斓陆离的色彩效果，有似梦境般奇幻美丽，由工笔至大写意泼彩，如水墨、浅降、没骨、青绿、金碧及摄影的明暗视觉感官效果，将各类技法尽情发挥。在他的画中，色彩是理想的象征，是蓬勃不息

辛亥百年名人名家书画联展

的生命力的象征，是他心灵深处挚爱着大自然的感情抒发，深具台湾风格及禅道精神，无疑他是21世纪中国画家中的佼佼者。

自从1991年31岁时，韩训成开启个人首次画展，20年来展历丰富，几乎每年都到台北、台中、台南、高雄、屏东等地举办巡展，给观众传递台湾秀美风光，展示中国泼彩画的魅力。

在追求山水美境中永不止步

1987年台湾当局开放老兵赴大陆探亲，韩训成的父亲曾在国民党军队任士官长，他父亲听到这个消息后，立刻办理各种手续，与众多的第一批台湾老兵踏上回乡之路，来到了梦牵魂绕的家乡江苏徐州，为亲人上坟。从小在眷村长大的韩训成经常听父亲讲家乡的事，他的思绪常常飞越海峡对岸，寻觅父亲记忆中黄河南岸的点点滴滴，对家乡的一切都很向往。

那段时间，来自大陆的信息通过各种渠道进入台湾，对于爱好国画的韩训成来讲曾在中学课本里才见到的名山大川，对他有着极强的吸引力，很想亲眼一睹大陆的秀美风光，领略曾在画册中见到的景象，他按捺不住内心的激动，终于踏上赴大陆的旅程。谈到当年登山的情景时，韩训成激动地说："来到大陆才知道什么是地大物博，什么是大山大水，与从小生长的台湾岛真是难以相比，我先后跑到张家界、黄山、峨眉山等许多名山，领略了它的气魄宏伟。尤其是过去只在画中看到的黄山，感觉很是壮观，当真正看到黄山的时候，那真是百看不厌呀，我住了三天，各个景点都去看。后来我还去杭州等很多城市游览，西湖的美景更是让人留连忘返。"

每次与家乡的亲人相聚时，每一次赴大陆旅游时，韩训成对祖国大陆近些年发生的巨大变化很是振奋，当年，尽管两岸还没实现"大三通"，却也挡不住韩训成父亲回乡的脚步。当实现"大三通"后，对于两岸的亲人来讲，无疑是一大喜讯，用韩训成的话来说：两岸交流的情况更好了，再也不用经香港再转机了，打个电话很简单，坐上飞机三个小时就到，与家乡的亲人来往不止几十次了，感情也加深了许多。

这期间，韩训成先后来到广州美院，与学院的老师交流绘画体会，也发现自己走的这条路子没错，同时也感受到这里的画家很努力，基本功很扎实，但在学习上的活泼性与自由性没有台湾受西洋画风冲击的影响大，每次的交流很愉快。令他欣慰的是，他有很多描绘大陆风光的作品被大陆美术爱好者收藏了，因为他们很高兴地看到了这位台湾画家在作品中光影的表现比较多，与大陆画家的创作完全不一样。

2001年5月由中国群众文化学会与台湾中华文化艺术基金会联合主办的第一届"爱我中华"中国画油画大展中，韩训成的国画《灵峰清晓》在大展上引起参观者的浓厚兴趣。在"辛亥革命名人名家书画展"中，他同众多画家一样以笔抒情，成为全球华人渴望海峡两岸和平统一的重要见证。

历经中华五千年文化的熏陶，两岸书画家的作品早已是水乳交融，这也从另一个方面证明，真正的艺术是没有疆界的。韩训成似乎焕发了青春的活力，欣喜地对记者说："我希望让大陆更多的观众借自己的画来了解台湾的山水，目前我的经济人正做这方面的安排，感觉还有许多事要做，还有许多规划等着完善，还想再把大陆的名山大川画遍，每天的时间都不够用。"

当谈及海峡两岸美术的交流时，韩训成在肯定交流成果的同时，也提出了一些希望，因为不同领域的创作理念也不同，过去纯作品交流展览已经办过很多次了，很期待多召开一些两岸画界的研讨会，解决一些面临现实的困惑，在这个方面要有比较大的独立性。

与韩训成老师交流，我能感受到一位台湾国画家踏实稳健的个性，以及他对中国文化传承的执着，他不会愧对人们给他的"泼彩行者"这一称号，借用他题画时的一首诗作为结尾："竞夸天下无双艳，独立人间第一香。"衷心祝愿他的画香入肺腑，直沁心田。

寄情于花鸟墨彩中的台南风韵

——访台湾"国立台南大学"师培中心长荣大学美术系教授刘蓉莺女士

采访札记：

2012年5月13日，在北京台湾会馆举办的"台湾南美会六十年北京特展"中，前来道贺的许多书画界知名人士，来到台湾著名水墨花鸟画家刘蓉莺教授的作品前，驻足细看，发出由衷的赞叹。一向喜爱花鸟画的我，也被她的作品吸引着，观赏着，那一幅幅画作，温馨恬人，

作者与刘蓉莺合影

犹如清风扑面，一簇簇盛开的月桃花，泛着清香，就连花朵片片叶子也诱人情思。尤其是那幅最引人注目的《满是月桃香》作品前，我看到一位身材修长，举止文雅，戴着一幅近视镜，有着艺术家气质，她就是作者刘蓉莺。她不厌其烦地热情地给大家讲解她创作此画所表达的含义，许多

人站在这幅画前与她合影。当观者散去，我向她请教创作这些作品的感受时，她笑着一一回答，并开心地对我说："台湾犹如一个花的王国，一年四季都有不同的鲜花绽放，看到大自然中美丽的花朵，我忍不住就想拿起画笔，将它描绘出来，给观众以美的享受。欢迎你有机会也去台湾走一走，看一看，一定有不少的收获！"那时是我刚从台湾回来，行程安排很紧张，路边的风景只能是走马观花了，还真没有仔细观赏台湾的花。刘蓉莺听后对我说："没事的，以后有机会还可以去看的。"

因画结缘，我和刘蓉莺教授聊的很愉快，她的画真是质朴清新，散发着生命的活力，就像画中的月桃一样，带着浓浓的民间农家韵味，给人愉悦的心情。她在接受我采访时，向我讲述了她从事绘画之路。出生于台南的刘蓉莺从小就不失爱美之心，喜爱自然风光，喜欢花花草草，无论是上大学还是当老师，她的笔下总是散发着芬芳的花香，呈现给观众美好的记忆。随着海峡两岸文化交流的不断升温，她多次到大陆办个展及联展，让大陆观众从画中领略台南的风光及台湾的花鸟世界。也让我从中感受到刘教授在追求国画艺术道路上的那份执着，感受到了她期望人类与大自然中和谐的美好心愿。

在北京许多的艺术场所内，每天都会展出一些不同风格的美术作品，然而2012年5月中旬"台湾南美会六十年美术作品北京特展"，带着浓郁的台南风韵在北京台湾会馆展出后，吸

刘蓉莺现场作画

引了众多美术界同仁及美术爱好者欣喜的目光，那一幅幅饱蘸台南艺术家深情的作品，让前来观赏的众多美术业界人士耳目一新。负责此次展览策展人、台南画家刘蓉莺在接受记者采访时，指着她画的画作《满是月桃香》说："在台湾每逢4月野外遍地开满了月桃花，那盛开的花朵惹人陶醉，就连那片片叶子也散发着清香，因此台湾人很喜欢把它摘下来，做成菜粽，我选了它是因为它很有台湾味。"刘蓉莺正是凭着女性细致的观察力及对国画的喜爱，把生活中的美倾注于笔端，呈现给广大的观众面前，让人们在画中感受大自然的美好。

有幸成为第一批来台精英画家的弟子

刘蓉莺教授走上中国水墨画之路，她的作品风格独特，赢得了大家的喜爱，用她自己的话说："当年考上台湾师范大学美术系的时候，带课的

2007年7月海峡两岸三地艺术交流展开幕

教授们大多是1949年从大陆过来的国画名家，我们很幸运能得到这批教授指点，他们的谆谆教诲，让我们获益匪浅，也更加坚定了学好中国花鸟画的信心。"

1955年刘蓉莺出生于台湾台南市，宝岛四季如春，大自然秀美的风光时常感染着她，作为女孩子很爱观察周围的花花草草，呈现在眼前的那一朵朵绽放的各种花朵，色彩艳丽，神态各异：那种生命之美，在她的心灵有一种震撼。有时她想，一朵稚嫩的花朵，也许只有一天或几天的生命，但它依然能向人们呈现出自己最美丽的一面，由此她想到，作为一个人更应该珍惜生命，让自己的人生活更加精彩。

从此，她萌生的最大愿望就是等自己长大了成为一名艺术家，把自然界中那些美丽的花草用画笔描绘出来。当她以优异成绩考入台湾师范大学美术系的时候，才发现绘画的领域太宽泛了，像油画、水彩、版画及中国画等画种，作为未来的美术教师，这些都要学一遍。但她想，如果学的画种太多反而什么也不精通，她觉得花鸟画比较适合自己，当她看到从大陆来的张大千、黄君壁等一批大师级的中国花鸟画作品后，深深被那些赋

2008年5月中国河南郑州第4届亚洲新意美术交流展

予生命色彩的花鸟所吸引。经过一番思索与比较，她决定主攻中国的花鸟画，毕竟台湾的花鸟很多，这方面的题材非常丰富。

在学习的过程中，刘蓉莺不仅传承了来自大陆名家的画法，也传承了台湾本土画家的技法，尤其是林玉山、黄昌惠给她留下最深刻的印象：凡是画花鸟一定要在生活中仔细观察、写生，无论她在街头、公园或者去田野乡间，只要看到让她喜欢的花鸟，她立刻从随身的包中取出相机和速写本，将那些各色花朵以及神态各异的鸟画于笔端，在她的家中厚厚的几册速写本为她以后的绘画之路打下了坚实的基础。

刘蓉莺从师大美术系毕业后，一直从事教学工作，在多所大学传授花鸟画技法。工作之余，刘蓉莺拿起画笔痴迷于花鸟画之中，当饱蘸心血的一幅幅画作得到艺术界同行与社会大众的赞赏时，她发现在创作过程中，自己的写意花鸟画比较多，要想有自己的特色就必须在原来的风格上需要一些创新。

几年后，她考上了"国立台湾师大"设计研究所，在读硕士的那些年里，有许多朋友和同学对她的选择感觉不可思议，认为国画会跟设计距离很远，学设计难免会荒废过去的学习成果。但刘蓉莺没那么想，她觉得在创作过程中，既然发现了自己作品中的瓶颈之处，就要想办法去突破，况且，她对美术设计也很感兴趣。

刘蓉莺将美术设计理念融入到中国传统的花鸟画中，形成自己独特的画风，又谈何容易，这无疑需要刘蓉莺克服许多画技上的难题。一次，她在电脑里做设计的时候，无意中发现一块墨韵通过电脑的数位化处理渐渐弹出的层次很美丽，尤其中国画中最讲究的就是墨分五彩，墨中巧妙的留白，更能让人引发无数联想，如果把电脑中墨韵效果和中国水墨画这两个元素加进去，又会是什么样的效果呢？她为自己这个发现而感到兴奋。一次次的努力，一次次的摸索，功夫不负有心人，当她毕业时，呈现给大家的作品是把水墨画中的墨晕效果与电脑设计融为一体，备受瞩目，她的努力没有白费，成为唯一一个用中国画晕染的毕业文创设计作品。

刘蓉莺在不断探索中寻求别样的美丽，在改进中实现画技新的突破，也正是通过读研究所时让她的画风有了很大的转变，她在画面上把墨的层次运用于虚实空之间，真正把具有现代感、墨色空灵的效果在创作中表达出来。

混沌与纯净中感受生命的灵动

在刘蓉莺硕士毕业后的10多年里，每天依然执着在教学与创作中。随着一天天对自己作品的理解，也一天天有了新的认识，她认为明天的作品一定要与今天的作品有所不同，

全国台联梁国扬会长参观刘蓉莺画作

艺术家的生命就是要在她的创作中有新的发现。台湾特殊的地域环境，有丰富多样的花鸟自然资源，成就了刘蓉莺教授研究花鸟水墨画的理想环境。她钻研水墨花鸟绘画创作主张传承文化传统，并注入西方极简语法的近代视觉元素。

刘蓉莺如痴如醉全心投入钻研于水墨花鸟绘画创作中，也让她的生活更加充实。她致力于中华艺术的研究，主张东方艺术的思维，拥怀生命的宇宙观，主张天地一贯的中庸信念，主张在混沌中理出纯净的恬静灵界，让作品处于似静似动的太极之境，在作品中蕴含着无穷浩大的生命动能，一种蝴蝶效应的能量。观赏她的画作，时常让人落于静默的禅思，同时也是对净化心灵的一次洗涤，激发出体内正向原力活化的契机，如同感受如

沐春风般喜悦。

当记者面对刘蓉莺的作品，请她对自己的作品作解读时，她徐徐地说："一个成功的画家，就是要有自己独特的风格，并且让观众一眼就能看出那幅画就是你的作品。我画中呈现出的'混沌'感觉，代表了现实生活与人世纷扰的面向，'纯净'象征人性渴求宁静祥和的情境。利用水与墨的融合与冲击，营造出混沌的面貌，又在其间领悟到'不动'与'无常'的真理。在体察、顿悟之后，希望观众从中能找到'拨云见日'到'明心见性'的'道'与'法'。"

刘蓉莺画笔下的《沉醉西风》、《枝头闻香》、《春风絮语》、《满是月桃香》等等一幅幅散发着台南乡土气息的作品，让观众从中得到一种从大自然中提升的美感，也让她探索着从传统而具象的精致描绘中找到了"真与善"，满足了"怀古与尊古"的民族性。欣赏从简约的用色与造形表现感受到"简捷化"、"恒常性"美感的传递与精神性的舒解放松，让观众感悟着从水墨晕染的墨韵生动变化与纵横轴线空间感的自由方向扩散性，营造出充满生命力与可无限延伸的空间感，造成一种"美丽憧憬的理想美"，彼此共构缔造出为"混沌与纯净"的对比效应之传统花鸟画的现代新境。

携作品赴大陆积极办展，画技在交流中提高

刘蓉莺秉持台湾师大美术系教授们传授的写生创作表现形式，并不断追求自我成长，从1983年开始曾举办个展，积极参与海内外艺术家联展至今已达近百余次，近年来除了在台湾各县市立文化中心与台北荸荠艺术中心、画廊举办个展外，她还受邀先后到在韩国首尔、马来西亚吉隆坡和美国旧金山以及中国大陆的上海、北京、厦门、广东、东莞、重庆、郑州及福州等城市交流展出。她曾任台南市师大美术学会理事长及台南市新象画会会长，现担任台南美术馆典藏委员、台湾艺术文创中心总监。

成功的喜悦并没有让刘蓉莺停止不前，当她谈到自2007年第一次到大陆办展览以来的感受时，惊喜的说："那时在台湾学画时，大多是从老师和一些大陆名家的画册中学习，自己闷头搞创作，能一起交流的花鸟画家不是太多。没想到在大陆参加画展时，竟然发现大陆有很多水墨花鸟画家，他们的工笔画功底都很好，颜色用到位，也让我通过这个交流平台大开眼界。"

2007年留给刘蓉莺印象最深的一次展览，那是她在台南市担任一个画会的会长时，会员里有金门人，就商量着去金门办展览，那时两岸实现"小三通"，于是她们从金门又到厦门去展览。那次在厦门美术馆举办的"海峡两岸'台南、金门、厦门'三地美术作品交流展，在当地引起很大回响，许多媒体为此做报道，有许多当地画家及观众前来观看。据说那次联展是实现"小三通"以来，他们是第一个到厦门美术馆办展览的台南美术家团队。她那一幅幅独具特点的作品也让许多观众眼前一亮，备受关注，都觉得她的花鸟作品中的墨色运用晕染的效果很特别，工笔兼写意，似云似雾又似雪，又似有着空间层次朵朵蘑菇的，总之让人能从作品中浮想联翩。

谈到那次的厦门之行，刘蓉莺惊喜地笑着对我说："那时候，我们不知道厦门美术馆有多大，每个人带着自己的作品去了之后，才知道美术馆展场很大，而我们的画与大陆的画家相对显得很小，从那次开始，给我的概念就是以后要多画一些大的作品。当时，我们所有参展的台湾画家都很高兴，毕竟是台南画家第一次踏出去，的确很不容易，能到海峡对岸的厦门美术馆办联展，也让我们走出了到大陆办展览第一步。"

刘蓉莺和她的新象画会会员们在厦门办画展受到了当地热烈欢迎与热忱的接待，两地的艺术家通过作品交流，彼此也建立了深厚的情谊。刘蓉莺认为海峡两岸三地首届（厦门、金门、台南）美术交流展是在福建的厦门美术馆展出，那是由金门搭的桥梁。她希望第2届两岸三地（厦门、金门、台南）的美术交流展，能在台南举办，2008年暑假，她在前往上海之

2008年7月刘蓉莺师美学会福州政协画院交流展

前，从金门小三通先去了厦门，再度与厦门的艺术家们相聚时，厦门的画家们希望有机会在台湾也能够举办一次美术交流。从2009年的暑假开始，刘蓉莺开始积极筹备第2届的美术交流展相关事宜。经过双方大半年努力，克服了许多困难，由金门县的艺术家与金门县政府文化局引介，大陆方面经过严谨筛选后才敲定最后的参访名单，终于让2010年第2届两岸三地美术交流顺利在台南举行，共有70多位艺术家在台南府城的市立文化中心展出100多幅作品。两岸三地的美术交流展，呈现丰富而多元的创作面貌，的确带给艺术家很大的震撼。刘蓉莺作为承办此次展览的台南市新象画会会长，她认为若不籍着交流展的机会，大家很难看到彼此的创作，从作品中，大家也有机会进一步了解、探索作品背后的文化、生活与思维。她真诚地希望籍两岸三地交流展机遇，让两岸美术文化相互激荡，促进彼此观摩成长、延伸视野，未来将以轮流易地主办方式继续推动下去，持续的促进两岸艺术文化的更多了解、成长。

初尝成功，让刘蓉莺清醒意识到，只有与大陆的画家多交流才能彼此有所提升，在后来的几年间，她的身影在大陆一些城市的美术馆闪现着，她先后到河南美术馆、福州政协书画院、郑州美术馆以及杭州、重庆等地办个展或联展。她相信类似的交流，除了对台南、金门与厦门的艺术家创作都会有很大的影响外，两岸艺术家彼此认识、建立情谊，在创作的心得上彼此交流，更是难能可贵。

赴大陆办画展，为着心中的那一份感动

刘蓉莺从小出生在台南，对大陆的印象大多来自电视报纸等媒介的宣传，10多年前，当她第一次真正踏上大陆的土地上时，尽管那时大陆的一些城市还没有什么太大的变化，但眼前的一切还是与她想象中的大陆有着很大的差别。当她登上黄山，看到如波涛般的云海在山峰中涌动时，犹如置身仙境，她被黄山那壮美的风光深深陶醉了。后来，她每次到大陆举办画展时，都有新的感受，比如温州机场，上海高楼林立的商业城，北京城深厚的文化底蕴及宽阔的长安街道，带着现代化都市气息。中国大陆的变化可以用日新月异一词来形容，她每次回台湾后，都会和台湾的朋友分享在大陆的感受，并希望他们要亲自去大陆看一下，不要总是待在对大陆过去的那种旧的想法里。

以画交友，以画增情，刘蓉莺在大陆办展览的时候也结识了一些好朋友。2010年，她到上海一个开画廊的学姐那里拜访，谈话中，学姐告诉刘蓉莺，到上海来办画展，可以结识更多的书画界朋友，因为学姐有这个资源，也成就了她的"混沌与纯净——刘蓉莺花鸟展"。刚好刘蓉莺作为唯一一位台湾的代表曾在澳门文化局参加过书画的评审工作，评审中正好有一位上海很有名气的画家，因此，刘蓉莺邀请这位上海知名画家来看画展。那天与这位上海画家同来的还有一位没见过面的爱好书法的上海企业家。那个企业家看了刘蓉莺的画册后，很感兴趣，他对写实与写意融合的

刘蓉莺福州政协书画院相聚福州海内外书画家作品交流展

画很欣赏，认为在画中能感觉到生命的律动，希望她能在自己的场所里为刘蓉莺免费办画展，也可以和上海的画家搞个联展。

当时刘蓉莺听到这个讯息时，有些不相信自己的耳朵，她感觉毕竟和那个企业家初次相识，彼此不太熟悉，怎么可能帮自己在大上海免费办画展呢？况且她感到大陆有许多画家的作品都很好，毕竟她是从台湾来的，她很担心来上海办展览不被当地的观众所接受。不过她那位朋友的话很真诚，也打消了她的顾虑。

经过一段时间的准备后，"刘蓉莺、印良海峡两岸花鸟画双个展"在上海的莫干山艺术特区举办，引起了不小的轰动。在开幕式上，上海画界的许多朋友前来看画，在刘蓉莺的作品里能感受到来自台南浓郁的花鸟芳香。在那里展出一个多月期间，观众络绎不绝。后来，刘蓉莺听朋友说，那个企业家还希望她去上海办画展，只要她说个时间，他马上就腾出那个空间给她办画展用，希望让更多的大陆朋友能看到来自台湾画家的作品，想把他对刘蓉莺花鸟画中赋予生命的感觉让更多的人看。

每一次来大陆旅游或是办画展，都能让刘蓉莺收获一份感动，那些熟悉的或不太熟悉的朋友，不仅是大家对她这种画风的认可，更主要是能给她一种痴情花鸟画的创作力量。

带台湾中生代画家到海峡对岸办展

近10年来，刘蓉莺不仅自己在大陆办画展，也带着她的台南市新象画会会员来大陆办展览，同时她身为台湾南美会的一名成员，也积极为学会提供海外策展计划。当南美会理事长陈启村在福建莆田认识了全国台联梁国扬会长后，萌生了带南美会会员的作品去北京办画展时，陈启村会长知道刘蓉莺有着多年到大陆办画展的经验，希望刘蓉莺能帮忙，让台南的画家们也走出台湾，在中国画的发源地寻根，她欣然应允。

2012年恰逢台湾南美会成立一个甲子年，同时作为南台湾最大、历史最为悠久的艺术团体，60年前，曾在北京生活过12年的著名画家郭柏川先生在台湾创立了南美会后，自成立60年以来，一直到他老人家离世也未能到大陆办一次画展，成为终生憾事。陈启村作为南美会成立以来最年轻的会长，希望能有所作为，作一些有纪念意义的活动，到北京办画展是他最大的心愿，此举也算是告慰郭老先生的在天之灵了。

刘蓉莺非常明白这个活动很有历史意义，为了促成展览如期在京举办，她迅速与全国台联相关部门联系，并亲自来到北京的台湾会馆参观，看场馆大小，看能容纳多少幅作品。北京台湾会馆的负责人很爽快的答复说："只要有好的作品，拿多少，给你们展场多少。"有了这句话，让她心里充满了喜悦，毕竟，南美会不能老是守在原地，这要勇敢走出第一步，给南美会的会员们打开一个向外展示的窗口。

当她和陈理事长按部就班做着准备时，也曾引起了一些南美会老前辈的反对声，有的人不希望让台南的画家去北京，这样会太敏感了，担心落入别人口实。但她们没有退缩，而是想到把这次去北京展览当成一种使命。在早些年，大陆70后80后的人还知道台湾那些知名画家像欧豪年、李奇茂等老前辈，也都深受大陆美术爱好者的欢迎，如今台湾的中间辈也有许多优秀的画家，却不被大陆人所知，因此，她们觉得有责任历史性走出来，这次可以说各方面条件都具备了，不能让台湾的中间辈画家受到任何

2012年5月刘蓉莺（后排右一）参加"台湾南美会六十年北京特展"留影

局限。

事实证明，走出一步，海阔天空在眼前。2012年5月13日在台湾会馆如期举办的"台湾南美会六十年北京特展"引起了画界众多朋友的认可。刘蓉莺感慨地说："我现在在学校任教期间，除了做好本职工作外，还是要抓紧时间创作，毕竟年纪是有限的，等我退休了，就可以全身心地有时间去画画，因为大陆的朋友还是比较喜欢我的作品，这让我更加有信心了，两岸画家不仅在画技上有很好的交流，我还因此结交了许多大陆的好朋友，这也许是人生中的另一种收获吧。"

关山月的海峡两岸墨海情缘

——访关山月艺术基金会理事长关怡女士

采访札记：

在人民大会堂迎宾厅，挂着一幅由当代中国著名国画家关山月和傅抱石先生合作的巨幅山水画《江山如此多娇》，纵观整个画卷气势恢宏，象征着祖国的强大和江山的美好，画中的东侧，一轮红日照耀着祖国的锦绣大地，多年来，这幅巨画成为党和国家领导人会见外宾时经常留影的地方。我有幸连续八年参加全国两会采访时，也亲眼目睹了来自全国各地的代表和委员们兴奋

作者与关怡合影

地站此画前合影，这也成为会议间隙活动中的一大亮点。当然，我借此机会在这里拍了不少照片。早年我读师范美术系时，每次看到岭南派大师关山月的作品总让我心动不已，那时，我曾临摹过他的许多作品，对关老那纯熟大气的笔墨充满敬佩之情。多年来，我一直盼望着能有机会亲眼目睹关老的风采，但这种奢望始终没能如愿。天妒英才，2000年7月3日，当我听说关老在广州去逝的消息后，内心备感痛惜。

　　事隔多年，在2013年11月 8日中国美术馆举办的"岁月悠悠——陈章绩中国画展"开幕式上，让我惊喜的是，竟然见到了关山月的女儿关怡女士和女婿陈章绩先生。陈章绩先生因长期得益于其师关山月先生的教导，可以说完整而系统继承了岭南画派的精粹，展出的近百幅国画精品中，笔下无论花鸟、山水、人物、书法均能体现出岭南画派的风格。

　　开幕式结束后，我在展厅内，看到陈章绩夫妇陪同前来道贺的众多嘉宾一起观看展览，我在现场也抢拍了不少精彩镜头，一些媒体围着陈章绩先生采访，我也瞅机会来到关怡女士面前，希望她能接受我的专访，当关怡女士得知我是关注海峡两岸书画交流的话题时，欣然答应了。我一直等到嘉宾们及各路媒体记者们离去后，关怡女士带着慈祥的笑容与我坐在展厅内的长椅上，开始了正式的访谈，此时的展厅内也安静了许多，刚好也给了我足够的时间采访关怡女士。

　　谈到父亲关山月的艺术之路时，关怡眼睛里流露出一抹柔情，内心充满着自豪，普通话中还夹带着几句武汉话，她谈到父亲学画时的艰苦经历，谈到他与国画大师张大千、黄君璧的深情交往，谈到了一生未能去台湾办画展的遗憾，尤其谈到关山月晚年时把毕生各个时期的千余件代表作捐献出来的事情时，关怡语气中带着自豪："在这个物欲横流的年代里，并不是每个画家都会这么做，我确实为父亲的举动而自豪！"当我问到在文革时期，关老曾因画过倒立的梅花被扣上一顶"让社会主义倒霉"的帽子，而中断了宝贵的5年绘画生涯去乡下放牛的经历时，关怡淡然的笑着说："我父亲恢复原职后，又重新拾起了画笔，但他没有丝毫的抱怨，也不让我提过去的事，对我要求很严格，根本不让我走什么后门，全靠自己的本事吃饭。"

　　5年光阴在历史的长河中也许不算什么，但若放在一位痴迷于绘画的大师来讲，那流失的五年又是多么宝贵呀！在这五年里能出许多的精品，能培养不少的人才，能在书画界做许多事——往事不堪回首。然而，眼前这位国画大师的女儿，从她朴实而慈祥的月光里，看不出一丝的怨恨，那种面对挫折所表现出超然的大度与坦然正是传承了她父亲的个性，谈及往事时，留在她记忆里的都是美好的，在她柔情的话语里，也让我更加敬佩一代大师关山月了。

我们在一个多小时的访谈中迎来了美术馆工作人员好心的提醒：到闭馆时间了。但我还有许多话题要问，无奈，我实在不忍心再叨扰关怡夫妇了，毕竟他们为了这次画展忙碌好几天了，当我们将步出展厅之时，我和关怡站在陈章绩先生的松树作品前拍照留影。如今，每当我看到照片上关怡女士那慈祥的微笑时，就让我倍感亲切温暖，如同见到关山月本人一样。

关山月是20世纪后半叶中国画坛上的主流画家之一，岭南画派一代宗师、杰出的美术教育家，早年在广州春睡画院随高剑父学中国画。关山月代表作是为人民大会堂与傅抱石合作的《江山如此多娇》。他从事美术教育和创作，作品多次参加全国美展，曾任全国人大代表、全国人大主席团成员、中国美术家协会副主席、全国美协常务理事、广东省文联副主席、省美术家协会主席、广东画院院长等职。在半个多世纪的艺术生涯中，关山月先生禀承岭南画派创始人高剑父所倡导的"笔墨当随时代"和"折衷中西，融汇古今"的艺术主张，始终不渝地贯穿于他的创作实践，生活实践和教育实践之中。他在晚年向国家捐献了自己历年来的代表作品1000多件，多年来，他关注海峡两岸的艺术交流，多次邀请台湾画家到广院开讲座办展览。他在89岁高龄那年去逝。关山月的女儿关怡继承父亲遗愿，成立了关山月艺术基金会，关怡任理事长，并沿着父亲的道路在中国画坛继续书写着辉煌的篇章。

不畏贫寒，爱好绘画幸得高师指点

在关怡的心中，父亲给自己留下了许多难忘的回忆，也成为她宝贵的精神财富，父亲一生痴迷于国画艺术，不为名利，只为给国家留下一些艺

2000年4月28日，关山月与关怡赴北京参加"关山月梅花艺术展"开幕式。

术精品，他的胸怀开阔大度，就像他笔下的梅花一样，不畏严寒，静静绽放着它的美丽。

关怡深情地向记者讲述父亲学画的往事：父亲原名关泽霈，1912年农历9月16日出生于广东阳江县（今广东阳江市）那蓬乡果园村。小时候的父亲住在溪头附近，不远处就是一望无际的大海，渔民们常驶着自己的小船忙碌着。那时的父亲看到天然的美景，感觉很美，就想用笔画下来，那时也仅是一种涂鸦形式。当父亲在溪头镇上小学后，老师经常带着学生去附近种了许多梅花的地方画画，那时，父亲爱上了梅花，也爱上了画梅。以梅咏怀、以梅言志，梅花也成为父亲一辈子的情感寄托。

关怡语气和缓，完全沉浸在对父亲的回忆里："小时候家里很穷，没有美术书，他就拿地图、月饼盒和烟盒上的图案临摹。他到广州读书时，有一天，在广州裱画店看到岭南画派创始人高剑父的原作，打心眼里喜欢，心想要是能拜高老为师就好了。那时父亲打听到高剑父在中山大学兼美术夜课，而只让中大的学生听课，心里不免有些失落，但又不想错过。于是就借了别人的学生证，冒名顶替去听课。一天，高剑父让学生们临摹他的画稿，他走到关山月面前时，停下来看着父亲的临画，询问他是哪个班的学生。当时父亲紧张得要命，说话也结结巴巴的，生怕被揭穿身份。不过他还是把冒名顶替的事如实告诉了高老师，那时他以为会受到严厉的批评，心里很害怕。但没想到的是，高剑父不仅没有责怪他，而且还很温和地对他说："你明天不用来了，到我的春睡画院学，免收学费，包吃包住"。当时父亲听了喜出望外，高兴的不得了，后来，高剑父为其改名关山月，从此，父亲沿用这个名字一直到老。"

正是有了高剑父爱才惜才之举，终将成就了关山月辉煌的艺术道路。

据关怡讲，正是那次遇到了岭南画派创始人高剑父，也激发出了父亲的创作热情，改变了他的一生。1939年，关山月以《渔民之劫》等作品参加了在苏联举办的中国美术展览，同年秋至1940年春，他首次在澳门、香港及湛江举办个人抗战画展，之后他自广东出发，经广西、贵州、云南、四川、甘肃、青海、陕西等省区，深入生活，收集素材，边写生，边创作，并沿途举办个人画展，他的抗战画不卖，山水花鸟画可卖来维持生活和行万里路。他在敦煌石窟临摹过壁画，研习传统艺术，此次旅行写生，为他后来的艺术成就奠定了坚实基础。

1946年，关山月回到广州，任教于高剑父创办的广州南中美术学院，后被聘为广州市立艺术专科学校教授兼中国画科主任。1947年的南洋之行，先后在泰国、马来西亚和新加坡等地旅行写生，作品描绘热带风光，并举办个人画展，受到当地华侨的欢迎。翌年，又在香港、上海、南京举办西南、西北及南洋旅行写生画展，并出版《关山月纪游画集》（2辑）。同年，关山月与高剑父、陈树人、赵少昂、黎葛民、杨善深在广东省民众教育馆举行六人画展。1948年，他在上海举办西南、西北和南洋旅行写生画展，并出版了《西南西北纪游画集》、《南洋纪游画集》。

新中国成立初期，关山月长期从事教学工作，曾任华南文艺学院美术部副部长兼教授，他的作品秉承岭南画派"折衷中西，融汇古今"的精神，以山水画和画梅见长，具有鲜明的时代感、写实性和强烈的生活气息。

患难之交，难忘恩师张大千的鼓励

据关怡介绍：当年关山月与最负盛名的画坛巨匠张大千在交往中，结下了深厚的友情，父亲从学校毕业后，抗战爆发了，当他眼看着祖国大好河山被日寇蹂躏时,激愤之情在胸中点燃,毅然拿起画笔创作了大量抗战题材的画,在成都举办画展,借此呼唤民众奋起抗战,共同抵御日寇侵略。

那时的关山月还是个年轻的穷画家,画展还未结束,却被逼收展场租金,父亲很气愤,又很无奈,身上的钱也不多了。就在开展几天后的一个清晨,突然看见让父亲敬仰的张大千第一个到展场看画。张大千了解到父亲面临的窘境后,一面鼓励父亲继续画下去,同时问他,哪张画定价最高?然后在一张最贵的画上用红纸贴了订条,并吩咐同来的人立刻交了现款,买下了一张峨眉山写生画,那笔价钱已足够关山月数月的开支。在张大千的带动下,很快,许多不懂画的买主也纷纷进场,抢购父亲关山月的作品。

那一次与画师张大千的见面,让父亲心生感动,许多年过去了,每次关山月给女儿关怡讲这段经历时,内心充满了感激:能得到国画大师的鼓励,对他很是激励,在后来走上绘画艺术之路时,每当遇到困难和挫折时,他就想到当年张大千曾对自己鼓励的话语。

1943年,关山月婉辞国立艺专教授之聘,携夫人李小平与赵望云、张振铎同行,沿河西走廊到敦煌观摩研究古代佛教艺术。到敦煌的当天,关山月听说张大千老师刚走没几天时,为没能和张大千再次见面而深感遗憾。不过,当父亲看到张大千为几千个洞窟编下号码时,心里充满了感激与敬佩。

1981年5月,关山月赴香港大学参加学位评定工作,并探访台湾老画友黄君璧(左)。

因为有了较详细的编号就便于后人看很清楚。关山月对女儿关怡讲在敦煌的感受时说："虽然我去那里写生也很辛苦，每天连干净水也喝的少，但却享受了张大千的辛苦劳动，比自己盲目去找方便很多，同时也觉得张大千在如此艰苦的条件下，竟然能在那里呆很久，深为敬佩，我认为自己沿着张大千走的路看来方向是对了。"

在后来的日子里，关山月一直盼望着能与张大千再次见面，然而，1949年底张大千离别祖国大陆去了台湾，一海相隔，关山月只能在心中默默祈祷：希望能早一天跨越对岸，亲眼看看张大千的作品，再次聆听大师的教诲。

1983年新春的一天，在医学界颇有名气的美国休斯敦贝勒医学院林文杰教授来到广州，特意拜望关山月。当关山月得知林文杰持有美国国籍，很方便到世界各地走动时，一下子想到了远居台湾的张大千，聊天中很遗憾地对林文杰说：张大千是我的好老师，可惜解放后没机会见到他。林文杰热情地说："我可以去台湾，代你探望张大千先生。"关山月当即表示同意，并在印有自己画的梅花贺年卡上郑重写上了祝福新年快乐的话语，请他转给张大千先生，希望有机会一定去看望恩师。因林文杰是一位业余画家，他曾用一张四尺宣纸，先自己画了几笔春兰，赵少昂在其上写了一竿翠竹。一月，林文杰赴台北访问张大千，张大千看到这幅画后，很是赞赏，并在上面也添了寿石和灵芝。三月，关山月访问香港时，以墨梅补成。林文杰教授表示这幅画是他一生的荣耀，他会向全世界宣传中国书画之美，宣传国画大师笔墨传神的功底。然而，这事刚过了不到百日的4月2日，84岁高龄的中国著名国画大师张大千于台湾省台北市仙逝。关山月听到这个消息，内心很是悲痛，很遗憾今生没机会再次见到恩师张大千，并写诗哀悼："夙结敦煌缘，新图两地牵。寿芝天妒美，隔岸哭张爰。"

聊到这里时，关怡欣慰地说："尽管父亲与张大千没有再见面，但毕竟给后人留下一张他们合作的画，后来，林文杰教授果真带着关山月与张大千、赵少昂、林文杰合作创作的《梅兰竹芝》这幅画经常参加展览，让更多的人能看到这幅画，对父亲来讲也是安慰吧。"

隔海相望，江山多娇妙绘祖国风貌

关山月（右）与傅抱石创作《江山如此多娇》

让关怡最为自豪的是父亲关山月的作品中，最负盛名的要数人民大会堂的巨幅国画《江山如此多娇》，此画是为建国10周年而作，由周恩来亲自提议，取毛泽东《沁园春·雪》词意，由父亲与国画大师傅抱石合作完成的，也在当代中国画坛上留下一段妙趣横生的真情故事。

1959年4月底，父亲正带画展在欧洲出访，被中央急电召回，原因是为庆祝新中国成立10周年，刚竣工的北京人民大会堂计划挂一幅以毛泽东主席诗词"江山如此多娇"为主题的画幅。经郭沫若先生极力推荐，创作的任务落到了傅抱石和关山月两位画家头上，在作画前，郭老曾对两位画家说："一定要保持各自的风格，但又一定要使画面求得和谐统一。"虽然关山月和傅抱石分别属于岭南画派和金陵画派，但在创作的过程中两人始终能够相辅相成并尊重对方的擅长。

关怡说："因为人民大会堂是国家领导人经常接见外宾和国际友人的所在地，如果画得不好，将有失国家的声誉与尊严，父亲和傅老心理压力挺大的，因为这是政治任务，不是一般的绘画。尤其是父亲得知要与傅抱石合作，心里还有些打鼓，毕竟傅先生比自己年纪长、名气大，不过傅老很谦虚，两人一起合作研究时很愉快。几天后，他们按周总理的意见，画出了小稿。父亲负责画前景的松树和远景的长城雪山，而流水瀑布则由傅先生来画。当时国家经济很艰苦，周总理给予两位画家无微不至的关怀，房间都准备了茅台酒，傅抱石先生创作之余喜欢饮酒，而父亲很少饮酒，往往是傅抱石先生把两人

2000年，关山月在北京全国政协大楼自己创作的《黄河颂》前留影。

的酒全喝光了。父亲风趣地笑着问：傅老，我的酒呢？"

4个月后，他们在周恩来总理的亲自关怀下，奋笔挥毫，终于完成了这幅容纳塞北江南、大河上下美景的宏篇巨作，近景是江南青绿山川、苍松翠石；远景是白雪皑皑的北国风光。

在关怡清晰的记忆中那段往事仍历历在目："那时我只能在放暑假时候去北京，我看到父亲和傅老在很大很大的画纸上作画，很是兴奋，在当时这幅画属于超大型的作品了。父亲晚年参加全国人大会议，可以带秘书去，由我陪同去北京，每次和父亲在人民大会堂看到那幅画，就感觉很亲切。那时我看到广东代表团的代表都爱站在那幅画前拍照，有人风趣地对父亲说：您就站在那里别动了！许多人就围上来跟他合影，有人称父亲是两会期间的画家明星。这些年我每次到大会堂，都要看一眼这幅画，总是想起父亲当年作画的情景，感觉父亲就在我身边。"50年来，巨幅山水画《江山如此多娇》一直悬挂在人民大会堂迎宾厅。

关怡女士告诉记者："继那幅巨画后，1979年，父亲又为人民大会堂广东厅创作了大幅国画《春到南粤》。他始终坚持深入生活，勤奋创作，

其代表作有：《新开发的公路》、《俏不争春》、《绿色长城》、《天山牧歌》、《碧浪涌南天》、《祁连牧居》、《长河颂》、《香港回归梅报春》等。他还访问过波兰、法国、瑞士、荷兰、苏联等国，并在美国、日本、澳大利亚、香港、澳门等地举办画展，及进行艺术交流。然而，最让父亲遗憾的是许多都是描绘大陆壮美的山水画，却没能创作一幅台湾山水画。虽然在台湾举办过一次画展，但因政治气候影响，海峡两岸还没开放交流。画家本人不能前往，只能在心里默默想着当年和张大千交往的点点滴滴。"

带着深深的遗憾离去，永远没能踏上台湾那片土地

关怡说父亲这辈子除了西藏和台湾没去过，几乎走遍了祖国大地，在晚年时期，他把时间抓得很紧，在后期的创作中有个"祖国大地组画"的宏愿，希望在有生之年每年能够完成一至两幅有分量的大画，将祖国山川风物一一描绘下来。虽然关山月已过耄耋之年，仍不辞劳苦赴各地采风，往黄河壶口观瀑、西沙群岛游览万里海疆，畅游秦岭、武夷、张家界，深入香格里拉、虎跳峡谷底写生，就在辞世前不久，还攀上泰山之巅，纵览群山胜景。

《云龙卧海疆》、《黄陵古柏》、《壶口观瀑》等在艺术界产生很大影响的佳作，构图大气、笔墨雄浑，便都是80高龄以后的作品。1991年关山月重游漓江，已逾80高龄的他以其博大的胸怀、饱满的激情挥毫再作《漓江百里春》长卷，此时的漓江在画家笔下已是一派春意盎然的景象，到处葱茏滴翠、生机勃勃。作为岭南画派的杰出代表，关山月绘画的题材、风格、气魄已大大超越了岭南画派固有的花鸟山水模式，将国画艺术带入一个更高的境界。

1987年关山月作品获广东省鲁迅文艺奖特别奖。1990年5月，关山月在纽约东方画廊举办了《关山月旅美写生画展》，展出了包括长卷《尼加

拉大瀑布》、《太平洋彼岸》等30幅写生画作。90年代后，关山月常带领学生到各地采风写生，创作不断，同时他的各种画展和回顾展也不断举行。1994年，关山月为国务院紫光阁创作《轻舟已过万重山》，随后又为中国政协礼堂创作《黄河魂》。各种关山月画集也陆续出版。1997年，关山月美术馆在深圳市落成。

关山月晚年只争朝夕的劲头，让关怡既敬佩又担心父亲的身体，每当她劝父亲休息时，关山月总是一笑了之，仍执着地投入到创作的激情中。

从2000年4月开始，父亲的"关山月梅花艺术展"先后在北京、广州、深圳三地巡

"岁月悠悠——陈章绩中国画展"开幕式，关怡与嘉宾参观画展

回举行，随后，赴澳门参加"广东画院美术作品展"，之后又到深圳出席关山月梅花艺术座谈会。

从深圳回来后，关老接到一位台湾老友的电话，希望把他的梅花展拿到台湾展出。听到这话，父亲很是高兴，多年来，能到台湾办展览始终是他的最大的心愿，也很愿意去台湾看看宝岛风情，希望能为海峡两岸艺术界沟通尽一分力。早在上世纪八十年代初，关山月应香港某大学邀请去讲课，恰好遇到了来自台湾著名国画家黄君壁，两人相见十分欣喜，分别畅谈两岸书画发展，只因时间安排较紧，没时候在一起合作画画，彼此只交换过作品，并商量好，有机会要合作一幅画。希望海峡两岸书画界的交流更近一步，台湾更多画家来这办画展，我们大陆的画家也去台湾展览互相交流。

谈到这里关怡眼含热泪，语气有些哽咽："2000年6月上旬，有关部门跟父亲说去台湾举办梅花展览的相关手续办差不多了，父亲很高兴，那段时间每天忙着找一些台湾绘画的资料在研究，还想着有机会去台湾作画，与台湾的画家交流。但是已有89岁高龄的父亲，那几天可能太忙碌了也太兴奋了，没想到在6月30日突发脑溢血住进医院，7月3日因抢救无效带着遗憾走了。"

在海峡两岸突破长达38年的阻隔后，在两岸艺术交流日趋频繁的今天，但关山月带着深深的遗憾永远踏不上台湾那片土地了。

梅花含情，替父实现赴台办展心愿

关山月从小喜爱梅花，也爱画梅，每年的赏梅季节，他会捧一枝梅花回来插在瓶中，作为画画对象，这个习惯一直沿续到老年，并以画梅著称，其作多为巨幅作品，气势磅礴，构图险而气势雄，与传统画梅不同。

"文革"期间，关山月成了"反动学术权威"，只因他在1963年创作的《报春图》，用倒挂的梅枝与冰峰雪岳形成视觉冲突，结果在文革中受到批判，被认为"攻击社会主义倒霉（梅）"。在《东风》的画中有三只燕子逆风而飞，为"反骨毕露"，还有人更是找出了竹画中的"介"，解读成"蒋介石"。关山月被安排住进了广州美术学院的猪栏，后又下放到三水等干校放牛，在那个特殊的年代里，正值风华正茂多出精品佳作的年龄里，却被严禁作画5年。对于想在绘画领域一展鸿图的画家来讲，是多么宝贵的时间呀！这种难熬的日子，直至1971年才算到了头。那一年"日中文化交流协会"负责人宫川寅雄来访中国时，跟周恩来总理问起："关山月，健在否？"关山月这才被紧急召回广州，与日本学者交流，重提画笔。

当我向关怡女士提起对当年的看法时，她坦然地笑着说："父亲很少在公众场合提及此事，并嘱咐我和学生也不要提起，他在七十年代复出

1997年6月25日，关山月美术馆落成暨关山月捐赠作品展开幕仪式

后，为不再受批判，作品中的梅枝全部向上，意寓为'枝枝向上'。到了八十年代后才重新开始艺术探索，达到新的高峰，对此父亲曾在1987年作的《天香赞》题跋中题诗：'画梅不怕倒霉灾，又遇龙年喜气来；意写龙梅腾老干，梅花莫问为谁开。'"

关怡跟我不愿过多提及那段往事，话锋一转眼睛里露出笑意说："其实我很佩服父亲的毅力，他过去作画时喜欢吸烟，但那时市场上烟很少，还要走后门找人，我就想办法为父亲买烟，父亲知道后对我说：你不用找人了，我要把烟戒掉！每次我看见父亲想吸烟时就在嘴里含块糖果，没想到他真的不再吸烟了。我感到父亲很了不起，很有毅力，居然把多年的烟瘾给戒了。父亲对我管教很严，从不给我走后门说人情，上个世纪60年代，全国各地的知青都响应党的号召下乡劳动。我也到了中山平沙农村务农，有些人通过关系，把子女留在城市，不用到农村受苦，父亲反而鼓励我去下乡锻炼。临行前，父亲为我画了幅人物像，作品命名为《听毛主席的话》。我在农村锻炼了两年后，被评为优秀知识青年，推荐上大学，才得以返城。1978年，广东画院恢复后，父亲任院长，后来我也受聘到广东画院工作。不过，只要我和家人有作品参与画展评选时，父亲就'避嫌'，拒绝担任评委。记得有一年，单位的3位画家竞争2个评职名额，我的名字也在里面。父亲知道后对我说："你不要申报，把机会让给其他两人吧。"本来是可以公平竞争的，但听到父亲的话觉得很委屈，后来我才理解父亲的一片苦心。

关山月晚年最关注的大事是中国画艺术事业的发展，他用自己多年的积蓄建立了一个"关山月中国画教学基金"，以奖励那些在中国画教学、创作和理论研究方面有突出成绩的师生。在香港回归之年，他向国家捐献了自己历年来的代表作品800多件，现收藏于深圳的关山月美术馆；还分别捐给广州艺术博物院和岭南画派纪念馆200多件作品。

在纪念关山月先生百年诞辰之际，关怡女士发起成立"广东省关山月艺术基金会"，她任基金会理事长，并提出基金会以支持文化艺术交流活动、开展学术研究、资助艺术创作、奖励优秀艺术人才、弘扬中国优秀文化的精神为基金会的宗旨，关家为基金会捐赠了13张作品，其中包含关山

1973年，关山月在北京创作的梅花作品前留影。

月作品3幅。同时，基金会分别在广州、深圳举办了"关山月艺术基金会美术作品展"，展览云集了包括关山月、黎雄才、刘大为、许钦松、何家英、刘斯奋、陈伯希等100多位海内外画家、学者捐赠的艺术精品。

关山月生前，捐出了自己在各个时期的代

表作品给国家，并对关怡讲："好的作品要留给后人世世代代看，比放在家里意义大！我是国家和人民培养成名的，要为发扬祖国的传统文化做点事。"关怡对父亲的这一做法感到很自豪，因为这并不是每个画家都能做到的。

2011年12月，应邀广东文化交流团赴台湾办"岭南中国画精品展"时，关怡答应了举办方的请求，亲自带了父亲的一张梅花作品参展，那次的台湾之行，给关怡留下很深刻的印象，因为台湾民众很喜欢梅花，更因为关山月出色的梅画，吸引了众多台湾书画界的人士和普通民众来观看，那幅梅花作品也成为展览的一大亮点。"我很高兴，没想到父亲的画能受到这么多台湾观众的喜欢，许多观众对我说，要是把关老的所有梅花作品都带来展览就好了，虽然这次仅有一张，但迈出了一步，我把父亲的《报春图》带到台湾等于把他的心愿带来了。更有幸的是，我们还去参观了张大千的故居。"谈到那次的台湾之行时，关怡露出了微笑。

随着海峡两岸各方面交流的不断扩大，艺术交流更是频繁，关怡高兴地说："这些年，我认识许多台湾的画家，尤其是欧豪年老师，他在台湾是闽南画派的最高代表，父亲在世的时候常请他来广州美术学院讲学、示范，欧豪年经常带着台湾的学生到广东省美术馆办展览，他们很重视两岸的文化交流，昨天我还和欧老师通了电话，我想请他做关山月艺术基金会的顾问，他听后很高兴，当即表示同意，他很真诚地对我说：能为两岸的艺术交流尽份力，这是很有意义的事！"

琉璃世界演绎出的精彩伉俪人生

——访中国现代琉璃艺术奠基人和开拓者杨惠姗、张毅夫妇

采访札记：

2013年4月23日，在中国美术馆展馆内，由上海琉璃艺术博物馆与中国美术馆联合举办的"琉璃之人间探索——杨惠姗、张毅联展"吸引了京城众人的目光，隆重开幕式之后，张毅和杨惠姗夫妇带领到场祝贺的嘉宾及观众参观并讲解每一件作品。幽暗柔和的淡蓝色灯光

作者与张毅合影

下，当一尊尊美仑美奂的佛像琉璃艺术品呈现在观众眼前时，都不约而同发出惊叹：简直是太美了！空灵之美、晶莹之美的作品，立刻把人们带入如梦如幻的佛国境界，那种如同来自天籁的视觉声音，把对生命的探索，对大爱的感悟表达得淋漓尽致。让我这个对艺术品有着格外喜爱的人，更是惊叹不已，也完全被这些绝美的琉璃艺术品深深震撼了。

我在现场看到，无论在开幕式上、贵宾室里、展览馆内，还是面对记者的采访，杨惠姗简洁的白色上衣衬托着那种女性的温和与婉约，她脸上

始终带着微笑，紧紧依偎在先生张毅的身边。他们乐观的态度，对艺术的执着，坚定的语气中，让人们无法想象到杨惠姗为了完成她最喜爱的艺术品，在忙碌的工作中导致左耳突然失聪；而张毅为了全力支持妻子的事业，操劳过度，患心肌梗死，并在今年一月份，刚走下心脏搭桥手术台，但他们依然

杨惠姗与作者合影

沿着这条路坚定地走着，无怨无悔。在这些精美作品的背后，凝聚着两位艺术家近30年的心血与汗水，他们告别了曾在表演艺术领域的辉煌，选择了一条艰难的琉璃艺术之路，并让中国琉璃以崭新的面貌在世界琉璃艺术领域中占有一席之地。

欣赏着一件件精美的琉璃佛像艺术品，倾心听着两位艺术家的心声，在中华文化传统琉璃艺术王国里，他们默默成就着辉煌，身上散发出的那份激情在我心中久久激荡着，也让我愈发对他们充满了好奇与敬佩。

杨惠姗曾是两届台湾"金马"影后，却在演艺事业如日中天时毅然息影，投身现代琉璃艺术创作中，这位昔日影后，如今已成为中国现代琉璃艺术的代表性人物。她的先生张毅是台湾地区与杨德昌齐名的金马奖最佳导演，新浪潮电影代表人物之一，其执导的影片《我的爱》，被美国纽约综艺杂志年鉴选为台湾电影百年（1895–1995）十大杰出电影之一。由杨惠姗与张毅创办的琉璃工房在全球已成为琉璃艺术的代名词，他们被誉为当代琉璃艺术的开拓者与先锋。迄今26年来，杨惠姗与张毅由台北淡水创

建的一间普通工作室，发展为在亚洲、欧美等地拥有70多家艺廊的华人琉璃艺术第一品牌作品，多次受邀至日、美、英、意、德、法等国展出，尚有超过20件作品，获世界级重要博物馆的永久典藏，而全世界至少有上百位国家元首，接受过琉璃工房作品作为赠礼，亦多次选入奥斯卡及艾美奖颁奖盛典礼篮。他们以其独树一帜的艺术风格与文化视野，成为中国当代琉璃艺术在全球的先驱与推广者，同时，两人凭着对艺术的激情与对生命的热爱，在琉璃世界演绎着精彩的伉俪人生。

人间探索：用没有生命的材质，讲述生命的故事

2013年4月23日，对于一起走过26年琉璃之路的杨惠姗和张毅夫妇来说，这一天，是他们生命中最重要的一天，俩人以颠覆艺术风格的决心，呈现令观众诧异的、与以往面貌迥异的作品，以"琉璃之人间探索——杨惠姗、张毅联展"为主题亮相中国最高级艺术殿堂——中国美术馆。

杨惠姗张毅合影

这次展览是继1993年和1998年北京故宫博物院、2001年中华世纪坛展览之后，时隔12年，杨惠姗携"一朵中国琉璃花"、"无相无无相"、"更见菩提"，张毅以"焰火禅心"、"自在"等5大系列近50件大型新作品，再次现身北京。以花、禅等中国元素创作来探索人间生命

"琉璃之人间探索——杨惠姗、张毅联展"开幕式

的意义，讲述中国人的故事、中国人的思想、中国人的生命、中国人的情感，表达作者对生命佛理的体悟。用没有生命的材质，讲述生命的故事。

因为就在展览的前几天四川雅安发生了地震，原本安排在整个开幕上的大型乐队主动取消，开幕式主持人濮存昕和鲁豫深情地说："尽管没有乐队伴奏，但我们都能感受到作品给观众的生命慰藉。"文化部中华文化联谊会副会长候湘华饱蘸激情地说："杨惠姗、张毅生于台湾，跨海来到大陆，在两岸文化土壤的滋养中热烈绽放。这一次的展览，将对两岸文化交流产生积极的影响，促进两岸文化共同发展。"

在开幕式现场吸引了众多的观众，人们很难看出优雅恬静的杨惠姗曾在琉璃艺术之路上经历的坎坷，在一件件精美作品的背后都凝聚着她的心血，她的左耳失聪，而她的先生张毅在展览前三个月，刚做完心脏搭桥手术。但他俩目光坚定，面带微笑，那份从容与自信让在场的人无不为之动容。这是他们第一次用联展的方式，进行双方艺术创作的对话，在开幕式上，杨惠姗和张毅表现出了"迫切感"：再不展就没机会了。

自1987年创办琉璃工房以来，大多从事"幕后"工作的张毅介绍说：

"这是20多年走来不容易，也折腾不少，在这个折腾的过程中，用我们生命的经验，在这个琉璃创作里面，表达了一些自己的感触，故取名为'人间探索'。希望让这些作品能够传达列祖列宗带给我们文化上的智慧，让所有看我们作品的人，在生命的迷惑里面，可以有更大的引导。也由衷地珍惜这次的联合展览机会。"

作为集收藏、研究、展示中国近现代艺术家作品的"最高殿堂"——中国美术馆将收藏杨惠姗、张毅各一件作品，这也是中国美术馆第一次的琉璃艺术收藏。中国美术馆馆长范迪安说："现代中国琉璃的新见与创造，是在杨惠姗和张毅两位艺术家20多年的努力中实现的。所以这个展览在我们整个华夏的艺术史上都特别值得骄傲，因为这是一个重要的里程。"

西方玻璃艺术评论界第一把交椅、英国玻璃双年展主席安德鲁·布华顿（Andrew Brewerton）称杨惠姗为"改写中国琉璃艺术语言的艺术家"。正是透过杨惠姗、张毅由演艺界向琉璃艺术的华丽转身，现代中国琉璃从"默默无闻"，才得以几近完美的成就闪耀在国际舞台上。

杨惠姗、张毅在联展作品前留影

法国百年脱蜡铸造世家传人、国宝级艺术家安东尼·勒彼里耶（Antoine Leperlier），是杨惠姗和张毅多年的挚友，他在开幕式致辞中赞杨惠姗和张毅是"东方琉璃艺术界的先锋"，在东方开创了一个崭新的时代，他们的作品，"是一个真正的艺术家，真正的哲学家才能做到的，而不仅仅是追求工艺和技巧的完美。"

勇敢转身：从演艺顶峰闯入琉璃艺术世界

杨惠姗早在台湾上世纪七八十年代就已是家喻户晓的女演员了，在十余年的电影生涯里，共主演过124部电影，她凭借《小逃犯》、《我这样过了一生》，连续两年荣获台湾金马奖最佳女主角，另外一部作品《玉卿嫂》，在亚太影展获得

杨惠姗与英国著名玻璃艺术评论家安德鲁_布华顿（Andrew Brewerton）

最佳女主角，使她成为当时台湾电影界最重要的表演艺术家。她的先生张毅，19岁即成为当代备受瞩目的短篇小说作家。也是台湾重要导演之一，曾荣获金马奖及亚太影展的最佳导演奖，先后创作《玉卿嫂》、《我这样过了一生》、《我儿汉生》、《我的爱》等经典作品。

杨惠姗谈到与琉璃如何结缘时说："我和丈夫张毅合作的最后一部电影《我的爱》，要找一样东西诠释婚姻，最后我们找到了琉璃。第一次看到这个材质，我兴奋得不得了，原来它不只是生活用品，还可以做艺术创作！中国五千多年的文化、图腾和符号，全部都可以通过它来进行诠释！琉璃艺术在国外被称作'艺术玻璃'或'水晶玻璃'，在庞大的国际玻璃艺术舞台上，长期认为世界玻璃史上从来没有中国人的名字，一种责任与义务如烈火般在我们胸中点燃。"

1987年，处于事业巅峰期的张毅与杨惠姗离开电影圈，以几近疯狂的想法，转身投入完全陌生的领域——现代琉璃艺术创作，并创立了中国第

一个琉璃艺术工作室琉璃工房。

杨惠姗介绍说：琉璃工房取名"琉璃"，也是希望对琉璃这种材质的学习、创作，传递艺术之美，同时发扬、传播中国悠久的历史与文化。杨惠姗选择以佛教素材作为她的第一件创作，她说，选择佛教题材，是因为初创时期的艰辛挫折、无助不安与热情希望，可以自然地转移到佛像雕塑上，在写实的佛像雕塑工作中，透过佛的面相、手势、眼神与姿态，直接倾注情感，佛像，也成了杨惠姗从未间断的创作主题。

万事开头难，但开弓没有回头箭。刚开始搞创作时，杨惠姗把雕刻的作品放入炉内，等到第二天早上满心欢喜打开炉子时，却发现没有看到精美的艺术品，而是一堆碎片，每天都会烧掉一个炉子，一个炉子价值50万。杨惠姗为了心爱的琉璃艺术，昔日保养很好的柔润白嫩的肌肤也备受折磨。在研制过程中，她曾无数次用手直接搅拌石膏，试探温度，在雕刻、搅拌、翻砂、搬运等劳作中，曾经秀美的一双手饱受磨砺，长期的劳作，她的皮肤上布满了一条条细细的血痕。在溶解玻璃原料时，她始终守在1400多摄氏度的高温窑炉边工作，眉毛曾被炙热滚烫的玻璃溶液形成的热浪烧光，而室内温度也高达40℃，6个小时的等待，即使身处寒冬，她每天都是汗流浃背，她只有一个信念，要研制出当时只有法国Daum掌握的脱蜡铸造法。她和先生张毅试过拿电锅与白蜡做，并几番将昂贵的窑炉赔进去，经费上的匮乏常让她陷入困境。

张毅回忆起当时的情景，感慨万千，每天看到妻子上班做琉璃，他就想着看看找谁还能借到钱，那段时间只要一提到钱的事，整个人的神经就会绷的紧紧的。为保障妻子完成创作，张毅把筹钱这一艰难的任务揽下，他凭着过去良好的人脉资源，不断找人借钱，在创业的初期，他常常担心如果不能凑够钱按时通过银行支付出去，也许第二天别人就会来搬东西抵债。最多时，他们负债8000万台币，一个月光利息就要付1800万台币，三年半，他们欠债达七千五百万新台币，曾经出售抵押了自己和家人的六幢房子，散尽了在娱乐圈的所有积蓄，终于做出第一个琉璃作品。台湾淡水琉璃工房的后院，堆着一座"琉璃冢"，深一米、面积十余平方米，这是杨惠姗与张毅创作早期最为惨烈的证明。当他们将付出心血与汗水做出的作品送到日本展览，并宣称这项法国才有的技法，如今中国人也能做到。日本学者却不以为然地说："在你们中国河北省满城县早就有中山靖王耳杯了，其实中国才是最早拥有脱蜡铸造技法的。"听罢此言，张毅只觉一巴掌打在自己脸上，原来老祖宗早就有这种技法，而他们还自许创建现代中国琉璃风格，对历史竟如此无知，一些亲朋好友也好心相劝，希望他们重返影坛，再铸辉煌，但杨惠姗夫妇依然不改心中的目标。

当我不解的问张毅，是什么原因让他们有如此决心做下去时，他说："尽管当时我们也不知道明天会在哪里，但很确定自己认知的愿景是对的，同时惠姗是真的完美主义者，只要划出的跑道，她是不会中途放弃的。"

让杨惠姗最难忘的是"9·21台湾大地震"前夕，她创作了许多作品却被倏然而至的地震摧毁了初具形态的佛像作品，这一次意外的毁灭却让她如释重负，重获新生。她终于放下当时的紧绷状态，"应该还要再好，只是没勇气把她推倒而已"。借着这种自由的想法，杨惠姗开始跟随心的指向去重新设计。张毅在描述杨惠姗的《人间八千亿万佛》作品时，认为作为入门学习，佛像比较简单，但很简单的五官，表达的感情却很深沉。作品中是一个布满佛像的山丘，从月牙泉、鸣沙山到窟窟相连，浩瀚无际，让观者浮想联翩。

26年来，杨惠姗为了探索艺术的真谛，不惜在烈焰之中燃烧着自己的生命，换取琉璃刹那间的永恒美丽。

惊艳之作：开创中国琉璃艺术新语言

杨惠姗优雅地戴着自己亲手制作的琉璃饰品，站在自己亲手制作的琉璃花瓶前面，当被问到为何对琉璃如此痴迷时，她很开心地说："也许我们的前世是汉朝或者是唐朝时一位做琉璃的工匠吧，上辈子的琉璃没有做完，留做这辈子再去完成，下辈子还会选择做琉璃！"

这对昔日贵为台湾金马奖影后和导演的夫妇，无限风光已在两人对琉璃艺术的探索中沉淀下来，使中国断层2100年的技法，重获新生，中国琉璃也自此展开新的艺术旅程。正如琉璃的特质，忽光忽影，似静似动，可以吸纳华彩又纯净透明，可以美丽惊世却又霎时自灭，坚持以闪耀着民族文化光泽的材质，用Pâte-de-verre叙述着中国琉璃的故事。

杨惠姗的琉璃作品历来以精致、完美而著称，借由雕塑琉璃的透明材质和技法的结合，呈现极为深远的心灵意象及内在哲学思想。杨惠姗不断地发展不同的创作技法，例如粉烧定色以及结合脱蜡加吹制的特色等技法，开创中国琉璃艺术新语言，从而，让源自东方文化的创作基因，衍生出现代的视野和高度。

1994年，杨惠姗的作品在意大利威尼斯（982）国际透明艺术大展，引起来自全世界琉璃艺术的讨论。其中"金佛手"佛教思想和创作，在精准的技法诠释下，以独特的新风格，让顶尖的国际大师刮目相看。其作品在美国最权威的康宁博物馆的标价超过欧美重量级艺术家作品的价格。

张毅则是站在她身后指导创意的角色，但他胸中涌动的创作欲望，也让他走到前台。他说："在将近40岁的年龄开始从事创作，生命的阅历是不一样的，每一次创作都希望跟自己的生命、生活有关系。当生命的感悟层层累积，创作的激情就如火山般喷薄，无法抑制，对人世的不安，对生命的无常，总会觉得跟创作越来越息息相关。"

张毅的作品并不多见，却在每一个生命的转折点上，横空出世。每当他看到惠姗作品越做越精细时，就突然问自己：如果是我，我想做什么？他觉得应该有自己语言的作品，创作风格随心而为，挥洒不拘，让琉璃在焰火的淬炼中肆意流动，发挥更大的自由度，赋予作品无限的延展性。在"焰火禅心"系列作品中，他在沙模中预先埋入脱蜡花朵，直接在沙模中吹制花瓶，同时结合花朵与瓶身，让琉璃浆按照自己的意志，自由、奔放，凝结成自然的状态，在充满不定性中，展现了随性、不受拘束的生命禅意。

经过杨惠姗多年来的探索和张毅不懈的支持，琉璃工房作品应邀至日本、美国、英国、意大利、德国等国展出，国内则分别在北京、上海、哈尔滨及香港等城市展出，多件作品获得世界最重要的博物馆永久收藏。2010上海世博会，中国馆正式永久典藏杨惠姗创作的《千手千眼千悲智》和张毅的《千一自在》。

琉璃境界：顽强绽放生命的力量

琉璃工房的成长过程中，杨惠姗以她个人独特的艺术天分和敏锐的观察力，创作出富含传统中国语言与人文思想充沛的雕塑作品，让琉璃工房在很短的时间内，晋身国际艺术舞台。1990年开始，杨惠姗以她所带领的琉璃工房研究开发的琉璃脱蜡铸造作品，开始在国际展览。她的中国风格作品，成熟的思维，极具潜力的雕塑才能，以及令人不可思议的脱蜡琉璃完成度，在国际美术界引起关注。

杨惠姗已在世界各地多次举办个人展览，作品获知名博物馆及美术馆收藏，并多次受邀于康宁博物馆等国际重要博物馆及重要研究中心授课，享誉世界玻璃艺术领域。

完美精准的语言通过琉璃艺术，将中国积淀深厚的文化底蕴散发出来，这些作品都是经过了焰火淬炼的灼热，也是对佛教哲学的诠释，更是对生命无常与当下自在的探索，而杨惠姗和张毅则是用生命来创作的。

1998年，连续两个国际大展之后，他们又着手北京故宫展的筹备，一天，张毅突感不适，在朋友几番催促下才去医院检查。当医生将心电图递给杨惠姗眼前时，她顿时呆住了，原来张毅突患心肌梗塞，心脏血管的三分之一已完全坏死。医院下达了病危通知书。也许是神灵在护佑着，张毅手术后奇迹般与死神擦肩而过。经受了生命无常之苦，杨惠姗领悟《金刚

經》"一切有为法，如梦幻泡影"的智慧，她用重复出现的气泡和法相等抽象符号，诠释佛学中的概念。该系列作品2001年于美国宝尔博物馆展出之后，已成为杨惠姗个人重

1998年故宫展

要的创作风格。

值得一提的是，"无相无无相"系列作品里的《六识自在》上镌刻的《心经》全文，均出自张毅亲笔书写。

从年轻时就如影随形的原发性血管性病变，让张毅对生命有独特的领悟，对他而言，琉璃，亦充满"爱和死亡"的意象，其"虚幻"和"真实"、"光"和"影"、"完整眩丽"和"破碎幻灭"，令人迷恋，也令人悲哀。2012年底，张毅因为心脏三条主动脉堵塞，入院做心脏搭桥手术。术后，星云大师的弟子如常法师前去探望，发现病房里已架起各种通讯器，并用skype开会。杨惠姗讲到这些不禁潸然泪下。

夙夜不眠的工作，对杨惠姗来说更是平常事，2010年，杨惠姗连续熬夜工作，她感觉脑子里一直有吱吱的噪声，医生诊断为左耳突然失聪。失去了对空间的判断，成为她生活中的障碍。但她没有抱怨，而是激发了她的创作灵感，她采用铁丝深入到琉璃中的异材质结合，她把脑子里的噪声融入作品"更见菩提"中，造就混乱的协调，黑不透光的佛像，漫天纠缠的铁丝，厮杀，变形，让观者对生命的阐释有了更多的想象空间。

2010年，杨惠姗用了38天时间，雕塑出一尊供奉在高雄佛光山的5米高千手千眼观音造像。当我问此事的经过时，张毅充满了对妻子的敬佩之情："这尊佛像是惠姗花了三个月时间完成的，有一个半月都是夜里四点才回家，当作品完成到最后阶段时，她几乎天天不睡觉。对她来说，承诺了就一定会去做，追求完美成为她不变的准则。"

这尊千手千眼观音雕塑栩栩如生，不仅让善男信女们顶礼膜拜，而且还吸引了许多慕名前来各地游客，星云大师亲临现场，称赞杨惠姗为"世界第一"的佛像造像艺术家。

张毅用作品与杨惠姗对话，与自己对话，与生命对话。历尽苦难和困顿，张毅和杨惠姗夫妇顽强绽放生命的力量，开辟了崭新的琉璃境界。正如展览上一件琉璃作品的文字旁白，"在缺憾里，发现更大的完整。在黝黑里，发现丰富的色彩。没有生命的挣扎，何来自在的觉悟。"

至真至美：以琉璃材质传播中华文化

面对无数的荣誉接踵而至，张毅自豪感地说："琉璃工房是否成功，不在于赚了多少钱，如果能为社会树立一种价值、一个典范，即使口袋里一无所有，也不影响我们心中的目标。"

无论是拍电影还是做琉璃，杨惠姗是那种决定做一件事，就要把它做到最好的人，她不断追求美的突破，创作的热情和资历，让她成为日本顶级家电品牌SHARP的最佳代言人，她希望让更多的人了解中国当代琉璃艺术之美。尽管只有短短30秒的广告片，但杨惠姗亲自参与脚本至造型的设计，在广告拍摄前一日，从下午至凌晨3点进行试装，对于细节的自我要求，都要求完美的制作水平，不许有丝毫的瑕疵。香港籍导演也深刻感受艺术家对专业的坚持，为能忠实捕捉杨惠姗浇铸琉璃的神韵，还有烧熔琉璃流动的美感，拍摄团队除了在台湾取景，也特地飞至上海琉璃工房，只为呈现数秒钟艺术家创作的画面，琉璃工房为此动员数十名人力，完成这难得一见的琉璃浇铸画面，让不熟悉琉璃艺术的朋友，透过广告也能一睹琉璃制作时的复杂工序。最后以"至真至美的追求"的精神，为这次琉璃艺术与液晶科技的结合，画下一个完美的句点。

纯熟的技术，让琉璃工房已成为世界最好的脱蜡琉璃艺术工作室之

杨惠姗张毅（敦煌）

一，杨惠姗和张毅则被公认为中国现代琉璃艺术的开拓者与奠基人。正如杨惠姗所说："离开电影转到琉璃行业，并不是我对艺术的放弃，而是由我的肢体表演转为用琉璃表演。"她的这一表演历经26年的磨砺，以绝美的艺术品向世人展示着，她的足迹遍步祖国大陆各大城市，也让更多的同胞领略了中国当代琉璃艺术之美。

1993年，杨惠姗带领琉璃工房到北京故宫展览，这是海峡两岸恢复交流后第一次在北京故宫开办展览的台湾艺术团体，包含《阿弥陀佛》在内的7件作品获故宫博物院收藏；她的《人间八仟亿万佛》也于1999年获得广东美术馆典藏；2005年，杨惠姗受三星堆博物馆委托，以馆藏国家一级文物"青铜天鸡"为原型制作了《蜀天之光》作品，以琉璃材质重新演绎了青铜文明的璀璨光华。2010年10月，由杨惠姗、张毅创办并设计的上海琉璃艺术博物馆正式开幕。

2010年9月，杨惠姗应邀到美国著名的康宁博物馆为各国学习琉璃艺术的学员讲授脱蜡铸造技法课程，按惯例至少需要半个月时间才能完成12道琉璃脱蜡铸造法的工序，但时间紧张，只能在7天内完成授课。杨惠姗飞了34个小时，下了飞机来不及休息，立刻投入到紧张的教学中，从雕塑

原型、灌蜡、精修蜡型、脱蜡、窑烧等，她在几乎封闭的空间内尽可能多的教授技艺，每天工作到深夜，每一道工序都精细得令人称奇。来自世界各地的学员在她精心的指点下，掌握

早期工作照

了基本的制作技术，当他们看到一件件作品时，激动万分。

当年杨惠姗第一次到哈尔滨看闻名遐迩的冰灯展时，顿觉琉璃艺术品和冰雕同样晶莹剔透，有着异曲同工之妙，她说："希望通过这些琉璃艺术品，将中国的人文思考和伦理价值表现出来，尊重自己、尊重人生，尊重过去、尊重未来。"她希望有一天，能将中国琉璃艺术发光发热。如今，琉璃工房日以继夜一步步摸索，将几乎被遗忘的脱蜡铸造法，重新延续，坚持以闪耀着民族文化光泽的材质，用琉璃脱蜡铸造法叙述着中国琉璃的故事。

"漂"在北京的台湾当代"根"雕艺术家

——访台湾著名当代艺术家范姜明道先生

采访札记:

北京首都有着悠久的历史文化底蕴,时光斗转,全国各地的人才目光聚集在北京,在这里寻求发展,也称为"北漂"一族,在庞大群体中,我认识了一位来自海峡对岸的台湾当代"根"雕艺术家范姜明道先生。他在北京生活了五年,据朋友讲,他的"根"雕作品与众不同,并频频亮相于艺术氛围浓郁的"七九八"与"芳草地",他对艺术的执着在

作者与范姜明道合影

圈内颇有名气。喜爱美术的我被朋友一席话说得动了心,他的作品到底有何特殊之处? 这些年他是如何融入到北京这个在都市的? 作为一位"漂"在北京从事艺术创作的台湾人与大陆其它城市的"北漂"一族又有何区别呢? 约好采访时间后,我对雕塑方面的知识做了一番功课,同时也在想象着他的作品。这个问号一直在我心里延伸着。

2012年10月25日，我乘地铁到建国门，出了站，满眼步履匆匆的人群，按着地图的标示，我直奔机场高速路方向的公交站牌下，等了10多分钟，才坐上去往的公交车。坐这车的人还真是多，我随人流涌进了车厢内，北京真是太大了，别看我在北京居住多年，这还是第一次去北京东北方向这么远的地方。车渐渐向北京东北方向的郊区驶去，因为正在修路，我随车身的颠簸也在车厢内晃动着。听售票员说一小时后才能到我要去的站，我坐在车厢后部，一边看着车窗外的风景，一边暗想：这位来京"北漂"的台湾当代艺术家是土生土长的台湾人，当初为何选择这个地方当自己的栖息之所呢？范姜老师在北京多年来的生活状况又是什么样呢？经过20多个站牌，我终于到达目的地了。范姜老师的助理在车站牌下等着我，在他的带领下，穿过一条满是小商场的街道，从街道上吆喝声、来往行人的衣着上，可以看出这里是普通民居之处，一路向东再拐进一个小胡同，远离了街道，运离的嘈杂声，我们来到一所院落大门前，感觉这里安静了许多。

我按响了门铃，一位戴着近视镜瘦高个中年男子出现在我面前，他脑后梳着艺术家特有的马尾辫，身穿一条仔裤，一件休闲衣，他就是范姜老师，他热情地招呼着我走进院子。只见宽敞的院子依墙搭建了一个长顶蓬，顶蓬里堆放着许多三合板五合板，还有一个放电具的架子，正当我纳闷之际，便被范姜先生热情地请进了客厅。环视室内，只见墙上地板上架子上错落有致摆放着他的"根"雕系列作品。他为我倒了杯热茶，笑着说："今天我把将要展览的作品全部完成了，刚好有时间接受采访。"我的心也宽慰了许多，拥有好的心情，我想这个采访会很顺利进行的，话题也从他的作品展开了。

在庞大的"北漂一族"里，有一批来自全国各地的艺术家们，虽然他们没有北京户口，没有自己的住房，尽管北京车多人多住房紧张，但他们带着理想，依然坚守在这个集文化经济政治旅游于一体的现代化都市里，

范姜明道与作者合影

在北京的宋庄、七九八、芳草地等艺术氛围很浓的场所里，都能寻得他们在一起交流探讨的身影。就在这样的群体里，还有来自台湾的艺术家们，跟大陆的北漂艺术家们一样，各自寻得一处自己的居所，专心搞创作，范姜明道先生就是其中一位。他生于台北，在美国留学并生活10年，曾兼任台湾艺术大学讲师，作品多次参加国际性展览。在范姜老师北京的个人工作室里面，摆放着他刚刚创作完成的"根"雕系列作品，早些年，他就对根就有着很深的理解与诠释，他将所思所都融入到每一件作品中，在这个包容性极强的城市里，他也如"根"一样在这里牢牢扎在这片肥沃的土壤里，并为之陶醉着。

让延伸的树枝成为艺术品回归自然

范姜明道先生早期的作品主要是陶艺和一些大理石雕刻作品，看过好莱坞经典爱情片《人鬼情未了》的观众也许还记得，男女主角拉坯时身后的作品就是范姜明道老师的杰作，他的作品总是与众不同，犹如他对那些在常人看来被废弃的朽木，而通过他富有创造力的手，则会变成一件寓意深刻的艺术品。

范姜在艺术创作中，一直关注人们生长、生活所依托的环境，他希望人们都从小就习惯关注自然、社会环境。因着他对大自然深刻理解与感悟，他的作品总是给人意外的惊喜。他在台湾最初以"种草"作为艺术表现形式，获得了极大的成功，因缘际会，1999年，他应邀第一次来到了广西桂林，成为桂林愚自乐园的艺术总监。在占地八百亩的园区内云集了来自世界各国艺术家的雕塑作品，当然也有范姜本人的作品——数个环绕成圈的巨型中式瓷勺内种植的大葱，成为国内首屈一指的以国际空间雕塑为主题的公园。而愚自乐园内的酒店现在也已成为国内四个顶级的精品酒店之一。这个设计与范姜在台湾曾做过的青草系列如出一辙，而他借助了桂林广阔山水为天然背景，雕塑与大自然浑然天成。在这期间，范姜主要做策划工作，联络艺术家，为园区内的酒店的室内外空间和环境作设计。

正是桂林秀美的风光给范姜留下了深刻印象，从此，这个喜欢随遇而安的人渐渐喜欢上了大陆的山山水水，经过一番选择及朋友的建议，他远赴北京开始了寻梦之旅，在北京设立了自己的个人艺术工作室，醉心于他的"根"系列艺术创作中。纵观范姜明道的作品，大多与人们生生相息的自然紧密相联，让无声的"根"，柔和地将观众领进一个沉思的意境——回归原始，回归生命。

据范姜老师讲，最初关注"根"的题材时，缘于在南方桂林经常可以看到遭雷击后死去的樟树，有的人拿去做成家具或房梁之类的木材，而对于艺术家来讲，看到这样的树会有许多想法，如何让这些不再有生命的树复活，他思考了很长时间，最后决定将它们重新雕刻成树，从树中又生成树，生命得以无限地延伸。

艺术在于创新，只要不断地创新才能焕发出新的生命力，范姜正是敢于打破传统的雕塑手法，把"根"雕作品以新的形式呈现，让观者耳目一新。

当我仔细观赏范姜室内的一件件作品时，难解其创作过程，像圆雕但又不是以成块的木头用刻刀完成，但的的确确是以木质为原料。面对我的疑惑，范姜老师温和地笑着说："其实很简单，我带你去看看，你就明白了。"我随他走出室外，来到院中的顶蓬下，一张张三合板或五合板被一台电动工具，锯出一个个大大小小的圆片，整齐摆放着，旁边还有几件半成品的根雕作品。原来这些作品都是由一片片圆圆的板，根据创作意图再粘合成形，再用细纱纸多次打磨，再刷一层漆，也就成了我们看到的艺术品。

新作在居室内弥漫艺术气息

在范姜明道的工作室内如同一个小型艺术展，在墙上以"树"为主题，树杈似静似动展现着枝条，由花盆里延伸出粗细不一的枝杈、在一棵粗壮的树干上及挖空的部位都衍生出枝杈，就连他的茶几也别具一格，宽大的桌面下由无数个"根"支撑着，似乎给这些无声的木质重新赋予了生命。

谈到如何采用这种方式创作时，范姜说："那时，我思考环保问题，随着都市现代化的进程，环保成为人们不可忽视的问题，如何让死去的木头复活，最后决定把它们雕刻成树枝或根来表现。作为社会的一分子都是要有一种回收的概念，把不要的东西变成一个可再利用的东西，艺术家把别人不要的东西变成艺术品，艺术品是要被认同的，我就有一种经验一种责任叫我用这个模式来做。"

当废弃的树根转换为艺术品时，当看似只有单一用途的木质材料转化为精美的艺术品时，观赏者不得不为当代艺术家的创新所打动，通过艺术的再现，警醒着人们与大自然和谐相处，关爱大自然，珍惜大自然。

弃商从艺，做自己喜欢的事无怨无悔

范姜明道出生在一个富裕的家庭里，祖籍广东海丰县客家人，早年祖

辈渡海到台湾，他能说一口流利的
闽南语，这对他后来到大陆到北京
工作生活奠定了基础。他的父母都
是做进出口生意的，但他没有继承
父辈擅长经营生意的细胞，却偏偏
走上了艺术道路。

　　范姜先生谈到如何走上艺术道
路时，他笑言称，这可能与从小爱
好广泛喜欢打球喜欢唱歌画画有关
吧，尤其是喜欢在家里画画，找来
纸和笔信手涂鸦，居然快乐无比，
或者找块小木头在上面来刻好玩的
图案，有时他用蜡捏各种形态的小
动物，慢慢越做越有趣。从上小学

范姜明道欣赏自己的作品

开始画画，而且经常得奖，让他对美术愈发的喜爱。为此，也得到了他
父母的支持，每次父母从国外回到台湾总是忘不了给范姜买些书和绘画材
料，鼓励他画画，随着年龄的增长，他心里也渐渐萌生了拥有自己工作室
的愿望，希望把自己对生活中有趣的东西都融入在作品中。

　　上世纪70年代的台湾艺术院校较少，考大学的录取率很低，范姜没能
如愿读艺术院校，而是按着父母的意愿考上了一所商业学校，毕业后又到
美国加州留学，选择了国际贸易，因为他周围的亲戚都在经商，家人也希
望他回台湾后帮家里一同做生意。出国前，范姜的父亲再三劝说："学艺
术只能是业余爱好，却无法维持生计，最终还是要学会做生意。"然而，
范姜到学校的第一天就把专业改为室内设计，在获得学士学位后，他却
不满于设计的目的性和流行性，毕竟在商业氛围内的设计行业还是要以
客户的需求为基准。不过让他开心的是，毕竟这个专业与美术沾点边，
他从美国加州欧蒂斯艺术学院艺术硕士毕业后，留在洛杉矶的一家设计公

司上班。

工作中，让他遇到的瓶颈是，总是按照别人的意图去做设计，他希望能有自己独特的东西。所以他重新回到学校，又在美国加州州立大学洛杉矶分校环境设计硕士班开始了学习生涯，在美国加州伍德贝利大学读室内设计学士，工作学习两不误，每天的时间安排地充实而又快乐。

范姜明道认为，艺术应该是大众化的，不应该只在美术馆中才能看得到，在当下，画廊中存在着各种艺术形式，只要让大家看了能有感觉的，小孩看到会明白，老太太看到也不会被吓到，作品里要具有一点点幽默感，美也必不可缺，同时包含爱，如果观赏者看完作品能发出"很厉害"、"很好玩"或者"有意义"等赞叹声，也就满足了。

不久，他的作品先后参加了1983年美国加州州大艺廊个展，1988年台湾台北陶朋舍个展，1990年台湾台北市立美术馆"土"十一人联等展览。

如果选择在美国安稳生活下去，他从内心情感来讲再怎么融入，也无法改变自己的容貌和生活习惯，依然还是异乡人，他觉得还是要回到自己生长的地方，熟悉的环境能让自己更加适合发展。

范姜回到台湾，先后兼任台北科技大学讲师、中原大学讲师、台湾艺术大学讲师，也拥有了自己的工作室，他还担任视觉艺术联盟理事长、台北市文化局公共艺术委员等职。只要心中在梦想，并为之不懈努力并得以实现时，那种温暖就会被时刻包围着，幸福感也油然而生，生活中也充满了乐趣。

由单一艺术领域向观念艺术转化

"木头这种材质很适合我的灵感快速释放。"范姜先生过去的作品大多是南方生长的樟木，因为樟木质软有弹性，刻刀在上面比较游刃有余，不像松柏那样纹路直愣，一刀刻下去容易断裂。而如今，他尝试着用五合板或三合板之类的材质将自己独特的设计感融入其中，经他之手的每一件作品中树的枝干走势均不相同，错落有致，散发着一种自然之美。如果第一次观赏他的作品，就会对他的作品是如何形成会做一番猜测，当明白这一件件自由伸展的树枝与"根"雕都是由电钻钻成的小圆板粘合而成，都会被他的这种创作方法拍手叫绝。

范姜明道新作在居室内弥漫艺术气息

范姜明道的作品可以说有一股超然的神韵，他通过自己的方式去尝试去探索，随性洒脱自然精巧，观者不必将环保之类的概念强加到他的作品中。从2006年范姜先生对现在这种方式创作的系列作品兴趣颇佳，他工作室里的作品精细雕工下那种自然的神韵，很有些古风遗韵，有些作品被辛辛那提美术馆等世界著名的美术机构收藏。

在一个什么都可以拿来主义作为当代艺术品的年代，总有一些作品让观者感到意料之外，别有另番风味，仔细观赏范姜的"根"系列作品，那种发自内在生命的感觉会让人们感到自然与生命的延伸，形成一股再生的力量，会让一些中国当代艺术家们对当代的艺术品有了新的认识。

当我向范姜老师请教，他作品中的色调为何都是单一的木质原色，而没有一点绿色时，他没有及时回答我，而是反问我："如果你在街道上、大厅内或者别的什么地方都能看到绿色，那你若走进画廊走进展览厅还看到绿色，会不会感觉没有新意？我的作品就是希望保持木的原貌，木的质感，因为这样才会让我感动，让我有创作的欲望，而绿色总会干枯，作为绿色的艺术品会让人反而感觉生命的缺失。"

据范姜老师讲，他创作的作品大大小小已达上千件，有的拿去用于展览，还有的就放在自己的工作室里仔细把玩，如果有朋友喜欢，就直接送人了，要是把过去创作的系列作品拿到画廊展出，至少有两百件。

范姜明道已经在北京举办过八次展览了，对他来讲，每一次都令他感动，每一次都给周围的好朋友留下很深的印象。有的朋友会对他的作品大为赞赏，也有的朋友会给他提一些建议，每逢此时，他会认真听，并在以后的创作中不断改进。他谦虚的态度赢得了好人缘，因此喜欢他作品的人也越来越多，他的作品所产生的价值已经不是由金钱来衡量了，当然会促使他更加痴迷于艺术创作之中。

从学习环境设计开始，范姜就表现出了对"空间的兴趣"，这种早期严谨的设计训练，在他今天的作品中都能很好体现出来。他对平面和三维空间的把握和简洁的分割，将个人与他人的体验任意组合重构给观众去体验。范姜对园艺设计有着独特的理解与敏锐的目光，作为公共空间建筑师，将这些不同的领域结合到一起，从而融入到他的艺术创作中，同时他对功能性、技术性以及材料有比较好的把握，这样对他目前从事的当代艺术创作很有利，并力求在两者间取一个平衡点。他有着自身的观念，成为艺术作品的主题和内涵，非常富有现代的设计风格，使他终于成为一位职业当代艺术家。

随遇而安，在京城自得其乐

一个喜欢随遇而安的人，在不断的寻找中最终将脚步落在了北京。作为来自台湾的"北漂"人，范姜明道对自己现在的生活状态很是满意，在这个包容性极强的城市里，他没有感觉到孤独与陌生，反而在自己的工作室里安心创作自得其乐，或约朋友们一起聊天聚会，心情舒畅。

范姜明道自信满满地说："现在的艺术品也走向了市场，以前我觉得有的艺术家比较单纯的为了艺术而去创作，而现在有的艺术家的艺术品走向市场这也是艺术家一种生存方式，有的收藏家喜欢收藏艺术品，有了

这样的关系，也就形成
了商业行为，我选择做
艺术创作，对于生存没
有问题。"

范姜明道在北京先
后搬过两次家，2007年以
前在东边租的房子诉迁，
就搬到环形铁道以东了，
说起他家的地理位置时，
他颇为得意，这让我大

范姜明道在布依农家烤火

为不解：距离城市繁华地段如此偏僻之地有何得意的？他给我讲了选择这
里的N个理由，他说这里虽然离天安门较远，甚至这里属于郊区，空气质
量好，这里安静，便于创作；其二是这里的建材厂较多，外出采购时很方
便；其三这里距离"七九八""芳草地"等艺术氛围很浓的场所很近，若
去看哪个展览，只需几站地就到；其四这里菜市场的价钱便宜……

他掰着手指风趣地向我数着这么多好处，从他那笑容里，让我看到了
完全沉迷于艺术中的艺术家。在他眼里，所谓的名与利都如烟云般散去，
犹如身处世外桃源，颇具仙风道骨的风范，更多的是让我感受到了他热爱
生活，痴心创作的那份激情。

范姜明道大多时间都是在北京度过的，也把北京当作自己的家，每年
回台湾的次数反而不多，每当台湾的朋友询问他的生活状况时，他的回答
总会让他那些朋友羡慕不已。他的妻子远在台湾，儿子在国外留学，每个
人都有自己的生活方式，他选择"北漂"生活也正是他很想要的，对此他
很满意。如今，他最期待的事，就是做自己想做的事，让更多的人喜欢他
的作品。

作为一名当代艺术家只有走进生活中，才能激发创作的灵感，面对北
京日新月异的变化，让他时刻都能感觉到新鲜味道。范姜明道搞创作并不

是闭门造车，他也时常走出家门，去领略一下北京城时尚的风韵。让他开心不已的是，从他居住的地方出发到国贸，虽然只有10多公里的距离，却能感受到北京从郊区乡村向现代化城区的"展览"进程，从上世纪四五十年代的风貌，到六七十年代兴建工厂时留下的废旧厂房，接着是八九十年代旧式楼房，到达国贸后，随处可见的是造型各异具有现代气息的时尚建筑。他用善于发现的眼光不断思考着城市的变化，他认为对创作是非常重要的。

在他工作室的茶几旁边摆放着一把吉它很醒目，范姜明道说这把吉它从1979年去美国时就一直陪伴他至今，每当忙完一件作品时，会尽情弹奏一曲，借故抒发内心的快乐，他弹最多的是台湾民谣，根根琴弦中拨动着他对故乡的思念，流淌在心底的是对艺术无声的倾诉。

在京城感受浓浓温情

范姜明道与朋友雪访五台山

一个人生活在哪个城市不重要，重要的是他能很适应这座城市，并在这座城市里交往的朋友如亲人般温暖。范姜明道性格开朗，喜交朋友，虽然自己独处一寓，但从没让他感到寂寞，在北京的这些年里，随着他的作品不断面世，喜欢与交往的朋友也越来越多。在他的工作室里，一张椭圆厚实的桌面由他精心制作的"根"雕支撑着，既可观赏还可当茶几，依沙发而坐，成为朋友与欢聚时最舒适的场地。

范姜周围的邻居大多是从外地来北京的生意人和当地的村民，也许有的人学历不高，有许有的人还没走出过国门，相对来讲，周围的居民阅历浅。范姜有着留学经历，却从不向周围邻居炫耀自己艺术家的身份与自己过去曾有过的辉煌，而是低调与周围邻居们相处。他深有感触地说："作为社会一分子，一个搞艺术创作的人，无论到那个地方生活，都要学会适应，学会安排好自己的时间，找一个适合自己的生活方式，而不是把自己关闭在家里，与世隔绝。像我生活的这个地方，包容性很强，尽管有很多都是外地人，阅历少，但他们见的老外很多，他们不会因为我是台湾人而被别人另眼相看。"

让范姜开心的是，他每次去菜市场买菜时，一口的闽南语常被人们误以为是福建人，有几位福州的生意人还跟他认了老乡，相处熟悉了，大家才知道他是台湾人，言语中偶尔会有些对台湾的向往与好奇。

在北京生活的这些年里，有许多让他值得感动的地方，无论年龄大小，大家都有着共同的语言，沟通无障碍，谈到生活中的点点滴滴时，范姜老师笑着说："提起'感动'两个字，可以说经常发生，感动多了，也就变的很平常了，像我的作品需要扫描，朋友知道后，就会给我介绍找人去做；比如去看哪个朋友的展览，在这个场所就会结识新的不同类型的朋友，他们会说一些我过去不知道的事，这些信息让我开阔了视野。朋友之间互相帮忙，我觉得交朋友是生活中不可缺失的一部分，这就是生活吧。"

艺术家的身份也会随着场所的不同，身份也会转换，他也会像普通人一样去和周围的人打交道，当然，让范姜老师最为得意的是，他到附近的几家建材市场购买板材时，学会了货比三家，学会了砍价。虽然他自认为没有经营头脑，但搞价钱的本领还是有的，每当他与朋友分享这些经历时，朋友们也会开玩笑说他：如果他继承父业，没准早成为一名成功的商人了。

南方人到北京生活最需要克服的是如何防寒，范姜至今仍清楚记得，他搬到现在的住所后，赶上第一个春节，他的助理回台湾过年了，雇用的师傅也回安徽老家团圆去了，只剩下他一人。然而，除夕之夜，供暖炉子的火灭了，寒冷侵袭着他，不凑巧的是，范姜在搞创作时，不小心又把手指割破了，血流不止。他不知道如何烧劈材再生火，走出院落，想找人帮忙，但街道上失去了往日的喧哗，只听见阵阵的鞭炮声，看得见夜空里绽放的礼花。

他沿街道走着，看到有一家小卖铺还亮着灯，范姜上前跟那对夫妇讲明情况，希望能得到帮助，店铺老板听说后，放下手中的碗筷，跟着他来到家中，迅速帮范姜明道把炉子生起了火，工作室内顿时暖和起来了。一连几天，这家店铺老板都来家中添柴续火，并询问家中是否暖和？还需要什么帮助？当范姜明道拿出红包想表示一下时，却被店铺老板婉拒了。

一个普通的求助，一句简单的问候，一张憨厚的笑脸，让范姜明道在寒冷的冬天感受到了春天般的温暖。

"小太阳"点燃海峡两岸儿童梦想

——访《国语日报》主编、林良之女林玮女士

采访札记：

小时候，最能让我静下心来的就是听别人讲故事了，那些年，吃罢晚饭，长辈们坐在院子里东南海北的侃侃而谈，我们还未上学的顽童们很喜欢听邻居阿姨讲那些精彩的故事。从那时起，我对善讲故事的人充满了敬佩之情，

作者与林玮合影

喜欢幻想未来，对于未知的世界有着强烈的好奇心，也许我的文学细胞正是从那时一点点培养的吧。

斗转星移，当我也为人母时，只要走进大小书店，琳琅满目的儿童书籍，让我连声惊呼：现在的孩子太幸福啦！阅读充满乐趣睿智的儿童书籍能让当今的人们保持一颗童心，拥有一方净土。让我惊喜的发现，在海峡对岸的台湾有一位故事大王，他为小朋友写了65年的文字，顿时让我敬慕不已。虽未曾谋面，却有无数的想象：林良，年已九旬的老翁依然能保持一颗童心，为孩子们打造乐趣的园地，他的动力是什么？他的童年是如何

度过的？他是如何走上儿童文学创作之路的？他现实中又是什么样？无数个问题在我脑海中翻滚着。我曾想着像如果有一天，我到台湾能见到他就好了！

金秋九月中旬的一天，有朋友告诉我：林良的女儿来北京了，她参加海峡两岸儿童文学交流活动，此消息让我很兴奋，立刻放下手中的一切，按指定的地点，我迅速赶往近北六环的北京师范大学亚太实验学校。由于我得到的消息较晚，活动已经开始了，当我走进大礼堂内，立刻被壮观的场面吸引了，只见主席台上有来自海峡两岸当代著名儿童文学家分别为台下的小学生讲故事，台下坐着来自全国各地选派出的幼小学年轻的老师，她们听的很认真，不知觉间，我也被现场充满童趣的语言所打动了。林玮女士为近两千名师生及家长分享了林良是如何给小朋友写作的过程，为活跃现场气氛，她还约请了几位小朋友上台互动时，场内气氛非常热烈，掌声笑声此起彼伏，让我也犹如回到了童年。

第二天，我来到在中国作协举办的"林良作品研讨会"会场，当我和林良的女儿林玮近面对面交流时，她语调亲切，脸上始终带着发自内心的稚趣和微笑，她在不同场合换着不同款式的服装，但不变的始终是她那亲和力极强温柔的微笑，尽管我没能见到林良先生本人，但从他女儿身上，我依然能感受到一位备受几代人喜爱的台湾儿童作家林良超强的感召力。

一部好的儿童书，不仅能影响带来乐趣，还能改变一个人，我想这就是《小太阳》散发的无穷热量正在大陆漫延，得到更多孩子们喜欢的原因吧。当我手捧这本曾照耀无数小读者心灵的《小太阳》一书，仔细阅读，故事情节虽然都是描述家中的平凡乐事，但读起来亲切感人，就像清澈的小溪从我心里轻轻流淌。

林玮女士现任《国语日报》主编，是台湾著名儿童文学作家林良先生的三女儿，在父亲的影响下，也致力于儿童文学创作达20多年。她的父亲林良生于1924年，祖籍福建厦门，习惯以笔名"子敏"发表散文，他毕业于国立台湾师范大学国语科及淡江大学英文系，当过小学老师、新闻记者，历任台湾国语日报编辑、编译主任、出版部经理、国语日报社社长，董事长兼发行人，2005年的时候退休；也曾任中华儿童文学学会第一届理事长、台湾师范大学兼任讲师。他以儿童文学工作为生平职志，为儿童写作长达65年，结集出版《树叶船》、《青蛙歌团》、《月球火车》，《小动物儿歌集》、《小纸船看海》等图画书作品十余册，散文作品《小太阳》、《林良爷爷的30封信》、《爸爸的十六封信》、《会走路的人》、《早安豆浆店》、《回到童年》多册，儿童故事《我是一只狐狸狗》，

2005年林玮主持爸爸的国语日报董事长荣退典礼并合影

儿童文学论文集《浅语的艺术》、《纯真的境界》等，儿童文学创作及翻译国外经典儿童文学作品共两百多册。曾获"中山文艺奖"、"文艺特殊贡献奖"、"金鼎奖终身成就奖"、联合国儿童基金会"儿童读物金书奖"、信谊"儿童文学特别贡献奖"、"全球华文文学星云特别奖"等殊荣，

林良退休后继续从事写作，尽管他今年已90高龄了，但他仍笔耕不辍，被台湾儿童文学界亲切地称为"大家长""长青树"，有着"台湾现当代儿童文学之父"的尊称。

儿童文学，情牵两岸作家的心

让最美好的华语儿童文学陪伴孩子成长，让具有中国深厚文化内涵的

文字给孩子插上梦想的翅膀，让飘着书香的童书给孩子们传播快乐阅读的种子，这是华语儿童文学家们共同的心愿。2014年9月中旬，我先后参加了第三届"海峡儿童阅读论坛"暨"中国儿童阅读提升计划"研讨活动。两场活动，两个地点，却有着同样的内容，也让我感受到了海峡两岸儿童文学交流的盛大场面。

在北京师范大学亚太实验学校召开的首场活动中，到场嘉宾有著名儿童文学作家金波、台湾台东大学儿童文学研究所所长林文宝、原台湾台东大学儿童文学研究所所长张子樟、台湾著名作家出版人桂文亚、著名儿童阅读推广人梅子涵、台湾海峡两岸儿童文学研究会理事长何绮华等两岸文学界、教育界、阅读推广界的专家学者、教师及儿童阅读推广人等300多人参加，其中台湾嘉宾50多人，堪称近年来促进海峡两岸儿童文学界的一次盛会。

在这次盛会上，尽管有着"台湾现当代儿童文学之父"尊称的林良先生因已九旬高龄，不能到场，但他的作品却给大陆的孩子们传递着一份快乐，带来一缕缕如沐春风般的清爽。论坛期间，林良先生的女儿林玮女士成为师生及家长们的热点人物，人们由此也知道了在海峡对岸有一位专给儿童写故事的大作家。

林良领终身成就金鼎奖和文友林焕彰及外孙女合影

我在北师大活动期间与林玮女士初次相见，一身亮丽相宜的套裙，衬托出林玮的活泼与雅致，近视镜后眨着一双清澈的眼睛，她的声音轻柔甜美，能感受到她的快乐、知足与一颗对儿童关爱的心，让我有那种重回童

研讨会后，海峡两岸著名儿童文学家合影

年的感觉。

当林玮女士在近两千人的壮观会场上轻松自如地给师生及家长们讲述着台湾儿童们的读物，讲述着父亲林良为儿童写作的过程，同时，她还播放了林良特意为大陆孩子们准备的一段"我是一只狐狸狗"有趣视频。视频中，我看到了深夜里，林良先生伏案写作，家中的小狗睁着大眼好奇地看着他，这时林良幽默地与这只小狗的对话，引得在场的人们发出会心的笑声。视频将结束时，林良很谦虚地对观众道谢，并祝大家愉快。

站在讲台上的林玮，尽管没有当老师的经历，但她讲课方式轻松自然，很快就把课堂的气氛调动起来，在与学生互动环节中，她提问的话音刚落，许多学生纷纷举手，点到名的学生回答的内容五花八门，林玮都微笑着给予了肯定，还一再提醒学生，课后别忘了到讲台领取签名的书，以示鼓励。为了不让其它学生们失望，林玮答应与现场的学生们合影，场内气氛非常热烈。林玮那天然稚趣的笑容很快打动了我，看着孩子们开心快乐的笑容，我也被情不自禁地笑出了声。

第二天上午，当我赶到中国作家协会参加由中国作家协会港澳台办公室、福建省新闻出版广电局、海峡出版发行集团共同主办的"林良作品研讨会"，走入研讨会现场，我眼前立刻一亮，这里云集着除了在学校已经见过的海峡两岸知名儿童文学家、理论家以外，还有几位大陆儿童文学顶级的作家。这次研讨活动两岸专家将围绕"两岸儿童阅读推广现状分析"及"亲子阅读指导"等内容进行探讨，并全方位展示、评价林良作品的经典性。

林玮与中国作家协会领导在研讨会上

在海峡两岸儿童文学交流盛会期间，林玮女士最为引人注目，看到她，很容易让人能想到她的父亲林良，当大陆著名儿童文学家高洪波、束沛德、金波、张之路、曹文轩等谈到与林良先生交往的情景时，那一幕幕感人的情景仿佛就发生在昨天，让在场的人无不为之动容。林玮在会场既是听众也是主角，听到一声声对父亲的赞美之词，看到一张张发自内心温和的笑脸，她深为自己的父亲而感到骄傲，代替远在台北的父亲林良深深道一声谢意。

研讨会间隙，林玮接受我的采访时，仍沉浸在爸爸至今仍坚持写作的幸福快乐之中。

温暖父爱，在童话中感受快乐

在林玮儿时的记忆中，每当听到周围小伙伴与父母争吵时，她百思不得其解，因为她无论是在顽皮的童年，还是在任性的青春期，父亲从未对她们姐妹们有过打骂与责备的情景。多年后，林玮才从父亲的成长经历中找到了答案。

林良出生于厦门，他在鼓浪屿经常与小伙伴们玩踢尖子、推铁环等游戏，也在他儿童时期留下了许多美好的回忆。因林良的父亲做中日进出口贸易生意，常常去日本海关进货，因此，在日本工作的时间比较长，为了一家三口团聚，林良7个月大的时候跟母亲搬到日本居住。

林良7岁那年，日本发动了侵华战争，为了躲避战争，林良随父母又回到了厦门。当外婆看到几年未见的小孙子又回到身边时，很是高兴。恰逢秋季蟹肥时，外婆知道林良爱吃肉，不爱吃菜，就给他端来一整碗蟹肉。后来林良才知道，外婆担心林良年龄小，嫩嫩的牙齿无法从坚硬的壳内吃到蟹肉，竟然花了近半天的功夫，硬是把蟹壳里的肉一点点抠出来。

外婆看着林良吃着鲜美的蟹肉的样子，开心的笑了，那一种温情永远留在他的记忆中。

在林玮眼里，爸爸遇事不惊，也从没动过怒，林良在童年时很受父亲疼爱，从没挨过打骂，只有一次被父亲冤枉的时候落过泪。那是个阳光明媚、蝴蝶上下飞舞的下午，4岁的林良在花丛中欢快地捉蝴蝶，院内的小狗也满地撒欢。突然，小狗把同住在家里的长辈——叔公最喜爱的一盆花打翻了，橘红色粗陶盆碎了，漂亮的白色杜鹃花散落一地。叔公很是生气，认定是林良打翻的，但林良坚决不承认，父亲也以为是他强嘴，于是巴掌毫不客气地打在他屁股上，不断地问："做错事了，为何不承认？"但林良不知如何申辩，只是委屈地说："不是我，不是我！"他妈妈听说后，跑来劝阻："孩子很老实，不可能是他，你们再查查！"说完把林良救走了。这时，那条小狗又欢蹦乱跳的跑过来，两个大人这才明白：原来是这条小狗惹的祸，确实冤枉了林良，从此再也不打小孩子了，要相信小孩子的话。

也许正是这件事给林良留下了很深的印象，每当林良给女儿讲这件事时，林玮开心地说："我们从未挨打，看来是沾了爷爷的光啦！"林良的母亲待人温和，也很爱读书，常给林良讲故事，他就在这个散发着温暖书香的环境里，种下了喜爱文学的种子。

在众人眼里，林良是位始终面带笑容，说话温和的知名儿童文学家，不过，林玮却目睹了当年父亲看电影《汪洋中的一条船》、《原乡人》时，眼泪落的一塌糊涂，就连阅读那些乡情或乡愁以及亲情方面的文章时，也会潸然泪下。在林玮的记忆里，父亲林良话讲的不多，是个不温不火很安静的人，但他却是真性情中人。

林玮很喜欢听爸爸讲他小时候的事，儿时的林良很爱看书，却不善言谈，在他上小学6年级的一天，他在一家书店看到有《苦儿流浪记》书，立刻被书中人物所吸引，捧著书站着看了起来，左脚站酸了，又换右脚，左右脚也不知换了多少次，不知不觉间，直到书店快关门时，林良仍看的入迷。书店经理看林良这么爱看书，就让他坐进办公室里继续看，还给林良倒热水喝。林良看完最后一页，心内很是感激，但又不会用漂亮的话来表达，他只跟书店经理行一个深深的鞠躬礼，很郑重说："谢谢！再见！"

每当父亲林良给女儿讲这件事时，林玮一想到父亲当时木讷、有趣的神态，便开怀大笑。林良直到念高中时遇到的副校长，才改变了他的性格。副校长是来自苏格兰的华裔，时常让学生们准备两个本，一个用来提问，另一个用来回答。副校长很是喜爱这个爱学习爱读书的学生，美中不足的是，林良很内向，尤其害怕当众说话，内心很是着急，经常鼓励林良多看卡耐基的书，嘱咐他要克服掉胆小的心态，说话前要准备充分，在大众面前多锻炼，才能成就大事。"林良按照副校长的指点，渐渐改变了过去腼腆的个性。林良当英文教员后，更是锻炼了语言表达能力，采取了灵活的授课方式给学生上课，由于教学目标很清楚，教单词时还会画上相应的图案，孩子们能很快认识英文字母，因此深受学生喜欢。林良到台湾的第一份工作是国语推行员，后来到《国语日报》社任主编、出版部经理、社长等职务，但他最钟情的是儿童文学作家职业。

童心不变的林良，创作了大量深受儿童喜爱的读物，每当与小读者分享创作经验时，许多小读者好奇地问："林爷爷，你上过哪些写作课？如何提高写作水平呢？"林良则幽默地说："发现身边有趣的事，要有一颗童心。"当林玮也从事儿童文学职业时，她最大的体会就是父亲常说的那句话："要始终保持一颗童心！"

"月光小屋"里散发着浓浓的爱

林玮在小时候总爱跑到爸爸的"月光小屋"缠着他讲故事的情景时，年过四旬的她对那段往事仍然记忆犹新，她笑着对我说："我小时经常在纸上信手涂鸦，随手了画牛、草或者太阳，爸爸就能根据我的画轻松写出的文字来，爸爸从来不批评我哪些画的不好，他的宽容与鼓励让我很有自信，尤其是在他的'月光小屋'里写出了许多脍炙人口的儿童散文。"她至今仍能流畅地背出了父亲30多年前写的那些诗。

40多年前，林玮成为父亲林良的掌中宝贝，也是林良进入忙碌工作的壮年时期，在林玮的记忆里，每天看到父亲下班后，只要一进家门，姐妹三个欢快地张开稚嫩的双臂分别让父亲抱抱，完全不解父亲工作的辛劳。而林良看到三个活泼的女儿蹦蹦跳跳可爱的样子，总是忘不了给女儿们一个温暖的拥抱，并给她们讲白天看到新鲜有趣的事，问她们在家的表现如何。每逢此时，母亲就会及时端出做好的饭菜，劝阻他们吃饭时不许说话，那样对消化不好，林良对太太很敬重，太太不让她们父女吃饭时说话，大家果然静悄悄了。不过，林良趁太太到厨房盛饭之机，偷偷给几个孩子说话，那神态像个孩子般。其实，林玮的妈妈是怕女儿们打扰林良到"月光小屋"写作。

父亲的"月光小屋"给林玮留下了很深刻的记忆，那时的三姐妹晚饭后，都聚在正屋里看电视、做游戏、嬉笑好不热闹！而家中后院的那间小平房则显得格外安静，房顶有个天井，每当月光透过天井照进小屋时，这间"月光小屋"也成为林良的最佳文学创作园地。

林玮永远是父亲的小棉袄

感动无数读者脍炙人口的散文集的《小太阳》一书就是在"月光小屋"里诞生的，林良静静坐在月光小屋里回忆老大老二还有三小姐和家中小狗做的一些有趣的事，他在这本书中以他特有流畅的文笔，诙谐幽默的笔触，栩栩如生地记录了人生中许多可贵的"第一次"，结婚、成家、生子到成为一个三个女娃的父亲，纪录了一个小家庭在点点滴滴的生活琐事中，耐人寻味的幸福。此书一经出版，立刻引起轰动，一版再版畅销台湾文坛，成为台湾文坛上里程碑般的隽永杰作，还获得中山文化基金会的文艺创作奖。近些年，还拍成动漫，受到大陆读者的欢迎，2014年底更改编成音乐剧在台湾上演。

林玮从小对爸爸的"月光小屋"更是情有独锺，总是想办法溜进去，缠着爸爸为自己讲许多有趣的故事，否则就使个小性子不去睡觉，有时听故事入了迷，就缠着爸爸讲个不停，直到困意袭来，才肯罢休。后来，林良想了一个办法，拴一根绳子，一头系在林玮床头，另一头系在爸爸书桌上，每当林玮想听爸爸讲故事，只要一拉绳子，爸爸果然来了，讲完一个故事，他就回到"月光小屋"继续写作。那时，林玮的二姐很想看电影，当林良答应她，等写完一个故事后就带她去看后，于是，她每隔几分钟就跑来问："写完了吗？"林良从未流露出厌烦情绪，拗不过二女儿的请求，只好假装说："写完了，这就带你看！"林良从不拒绝女儿们的请求，总是很耐心地满足她们的心愿，等三个小姐妹入睡后，他才安心去写作。

林玮三姐妹与父亲林良犹如好朋友般相处着，就连其它的孩子们也把林良当成"知心朋友"。那时林良在《国语日报》社工作，单位一些长辈同事的孩子大多在附近的国语实验小学读书，孩子们放学后，就跑到报社等爸妈下班。也许林良天生与孩子有缘，他很喜欢与孩子们聊天。一天，有个小学生跟林良讨论先有鸡还是先有蛋的事，通过与孩子热烈的讨论，让林良感觉和孩子的聊天内容很有趣，也很幽默。在家中，林良经常把自己写的诗文念给女儿们听，听取女儿们的意见，以交朋友的方式与孩子们打交道，了解孩子们的真实想法与喜好，思考他们喜欢什么讨厌什么以及对哪些故事感到幽默有趣，并把这些想法与看法用轻松的笔调融于作品中。

林玮上小学四年级时，在班里当宣传委员，有一次学校进行墙报比赛，林玮想做出与众不同墙报，希望能评上奖，为全班争光。她请爸爸为班里作首诗，而林良则让林玮先出题目，林玮立刻想到早上田地里看到的白鹭鸶，立刻以此为题。林良当时很奇怪女儿为何以两个难认的字为题，但，林良很快一挥而就，这首诗很快在全班传开，并成为更多小读者喜爱的"白鹭鸶"一诗。

林玮很佩服爸爸，哪怕给他出再难的题目，他也能很轻松及时地写出一篇篇朗朗上口的美诗来。

"爱看书的孩子不会变坏"

文艺复兴时期英国杰出的思想家、作家、戏剧家，诗人莎士比亚曾说过："生活里没有书籍，就好像没有阳光。智慧里没有书籍，就好像鸟儿没有翅膀。"林良常跟女儿们讲的一句话就是："爱看书的孩子不会变坏"，意在鼓励女儿多读书，读好书。书籍是有限的人生了解无限世界的一种媒介和有效途径，是各种各样知识的永恒载体，可以尽览古今中外的历史风云，也可以漫游世界的每个角落，儿童的阅读能力与未来的学业成功密切相关，成功孩子所具有的共同爱好就是读书。

林玮姐妹三个从小受父亲的影响，都养成了爱看书的习惯，她上小学时，就开始阅读大量的书籍。一天，林玮坐在书房墙角边的小橙上读《三国演义》白话本，爸爸与姐姐收拾家务，把书房与卧房的部份家具做了调整，林玮看书则入了迷，竟然没有发现，误以为自己走错了房间。林玮读初中时，成了学校图书馆的常客，每天放学回家做完作业，便如饥似渴地读着从图书馆借来的课外书，夜已深，仍不觉困意，就连图书馆的借书证也换了好几个。

林玮从小喜欢看爸爸写的书，书中都是通俗易懂的的文字，长大后，她才明白爸爸的用意：儿童文学作家必须写儿童看得懂的语言，才能让儿童读得懂，并通过书中的经验与小读者分享心得，用间接的说教方式，让孩子能容易接受教育。

当年，除了大家耳熟能详的《小太阳》外，《爸爸的十六封信》同样也受到广大读者的青睐与关注，也成为台湾国中、国小学生书柜中不可或缺的一本儿童读物。那时，台湾市面上励志的书俯拾即是、眼花缭乱，然而，林良的《爸爸的十六封信》这本书不只是单纯的励志书籍，其中充满着丰盈的文学性，美丽的文字、精准的譬喻、幽默的笔锋、引经据典的说理等等，也成为孩子们学习仿作的楷本。同时，书信中充满着浓厚的人文味道，这都在阅读时不知不觉中熏陶着孩子。

谈起那本书的来历，林玮笑着说："爸爸在1971年应'教育厅'的'中华儿童丛书'主编潘人木女士之邀，给儿童写一本书，恰好大姐樱樱是国中生，只因爸爸天天要赶稿，无法与大姐谈一些面临许多人生疑惑，只有到夜深人静的时候，爸爸写完稿子，才把一些想法写在纸条上放在大姐的桌子上。第二天大姐看到爸爸留的纸条后，又用纸条给予回复，而这些纸条，就是他们后来形成书稿的'信'。由爸爸以大姐的名义编撰这16封信的来源和出版的由来，形成一个完整的故事，并由台湾省政府教育厅出版。"这部书中篇幅不长，每篇都有一个明确的主题，大多集中在谈论心灵成长与交友的关系。这部作品获得了"2006年好书大家读年度最佳少年儿童读物奖"、"行政院新闻局评定优良读物"等奖项，是林良儿童文学作品的代表作之一。自从2006年7月此书改由国语日报社出版，至2009年已经有12次印刷了，尽管此书在29年前完成的，但是里面的话题并没有因时空而产生时代隔阂，可见此书的影响力之深远。

让林玮姐妹感觉最幸福的是，父亲有着宽厚的胸怀，对姐妹们很包容，即使她们做什么不妥当的事，也从不埋怨什么。林玮上小学时，有一次她在全班考了倒数第二名，当她怯怯地把成绩单拿回家让爸爸看时，林玮既没挨林良的打也没挨骂，反而很平静的微笑着说："下次要加油噢，下次要多努力噢！"林良从没有给女儿们规定什么是最棒的，也从不期待女儿们成为什么样人才，从未给三个女儿有过压力，只希望她们无忧无虑快乐地度过青少年时期。当三个女儿相继走上工作岗位后，竟然没一个与文字工作沾边的，林良也从未感到有什么不妥当的。

林玮谈到后来从事儿童文学创作之路时，坦言说："我上大学读的专业是企业管理，毕业后选择在商业体系，做进出口贸易工作，与文学毫不沾边，但命运的驱使还是让我与儿童文学线结了缘。"

林玮结婚后有了儿女，肩上的担子也重了，既要照顾父母孩子，还要忙于到欧美国家跑业务。由于姐妹三个离父母住所较远，林玮为了照顾父母和孩子，决心放弃已经到手的好职位，凭着从小在学校当过宣传委员、编过校刊、得过写作奖，写作底子还不错的基础，毅然应聘来到离父母家较近所的《小作家月刊》杂志社当编辑。也许是父亲林良爱好儿童文学的基因遗传给了林玮，她竟然把工作干的很出色。在才艺班教导儿童写作五年后，林玮到《国语日报》担任主编一职，并兼任儿童文学学会的秘书长三年，至今仍是学会的理事。她很用心经营儿童文学这片园地，并把父亲处处为孩子着想的态度与思维完全承袭过来，用浅语的方式让孩子读得懂文学，进而拓展视野、认识世界、喜欢文学，坚持儿童文学作家应该有责任播下善的种子，让孩子们在生活挫败悲苦时，仍可以微笑乐观面对，让儿童文学给孩子们带来欢乐。

针对网络化时代的现代社会，林玮担心地说："如今充斥市场的电影、电视和计算机纪录片似乎远比读书要缤纷的多，但，读书不但能让孩子学会思考，学会解决问题，对孩子的未来有帮助，也希望透过亲子共读，让孩子与父母感情更亲近。家长要多引导孩子们读书，尤其是读好书，更要常给孩子讲书里面有趣的内容，并提出问题亲子一起讨论，要谈得有兴致，慢慢使孩子领会到善恶美丑，有了家庭温馨的阅读气氛带领，可以让孩子觉得读书与听磁带、看电视有同样美的享受。"

艺术源于生活，与大小朋友分享快乐

"爸爸是廿世纪中国大陆的儿童文学先驱丰子恺的超给粉丝，当年父亲离开厦门到台湾的这些年里，很思念家乡，一谈到海峡对岸的家乡，就会流露出思乡的神情来。如果当年海峡两岸没有隔绝，爸爸早就去大陆拜访丰子恺先生了！"每当林良跟女儿谈起偶像丰子恺时，眼里充满了钦佩之情。

林玮热心为读者签名

据林玮回忆说，当年，日本侵华战争爆发后，父亲林良随父母举家从厦门逃难到鼓浪屿的那段时间里，丰子恺的自传文集《美好的老时光》成为影响林良一生的书，家里人看到幼年的林良对丰子恺的书如此着迷，就特意为他订了《小朋友》、《新少年》两本儿童杂志。那时，给林良印象最深的一幅画是：蜘蛛从蛛网垂下，跟小朋友一起看书，寥寥几笔既夸张又有情趣，从此，林良只要看到其它杂志有丰子恺的画，立刻剪下来贴在本子上。正是丰子恺的作品激发了林良的创作热情，他曾用许多小故事来说明对"偶像"丰子恺从生活里取材的崇拜，他曾举例说：每个人家里每天都吃晚饭，但大家都会很想知道别人家吃晚饭的情形。从生活里取材是取之不尽的，不论画图、写作，生活题材可以成为创作的源泉，林良的《小太阳》描写家庭温馨的生活，就是从生活中取材，从此也成就了林良在台湾著名儿童文学作家的地位。只可惜丰子恺于1975年逝世，林良未能与自己的偶像谋面，成为他的最大遗憾。不过，林良的妹妹却是家中唯一见过丰子恺本人的人。当时林良任职《国语日报》，妹妹到台湾看他，在返回厦门的轮船上巧遇同船的丰子恺，她到回家后马上给哥哥林良写信，描述当时与丰子恺见面的情景，林良看到信后心情格外激动，那份信放在林良的书柜中视若珍宝。

在《国语日报》工作长达20多年的林玮，欣喜地介绍说："当代台湾文坛涌现了一大批像爸爸一样的儿童文学作家，他们创作了许多具有鲜明民族风格和浓郁的台湾地方特色、风格流派异彩纷呈的优秀作品，极大地丰富了中国儿童文学。由于历史的原因，在海峡两岸阻隔的40年里，两岸的小读者无法读到彼岸的儿童文学。直到上世纪80年代开始解冻，随着两岸往来的进展，海峡两岸的儿童文学交流呈现出日趋频繁的势头，无论在出版、评论、评奖、征文、访问等方面，都有明显的发展。在1994年5月之前，大多是台湾同胞到内地，在1994年5月，大陆儿童文学家孙幼军、樊发稼、韦苇、王泉根等一行14人访问台湾，第一次踏上台湾的内地儿童文学访问团。"

林良参与的海峡两岸儿童文学研究会也成为台湾著名的少年儿童文学研究机构，拥有台湾最著名的一批儿童作家和优秀会员，随着海峡两岸各方面的不断交流，儿童文学在海峡两岸间为孩子们搭建起一座美丽的彩虹桥。

林玮高兴地对我说："这几年，我每次到大陆参加两岸儿童文学交流活动以及在大陆举办过爸爸的新书发布会及'林良童心分享会'时，都全程录像，回台湾后再做成光盘。每当爸爸看到这些场面时，很是高兴，同时，我也把与大陆儿童作家和小读者交流的情况讲给他听，爸爸看到自己的书受到大陆小读者喜欢，还有许多大陆文学家对他的高度评价时，他高兴的竟然像个孩子似的乐得合不上嘴，希望通过他的书将更多的祝福传递到海峡彼岸与小读者们共同分享快乐，同时也希望两岸儿童文学同行们的心越靠越近。"

年已九旬的林良仍然坚持写作，以大量单篇出现，几乎一天发表一篇，思维及幽默的语言，仍能让读者们感受到他那颗不老的童心以及虚怀若谷的大胸襟。令林玮欣喜的是，如今，在海峡彼岸有越来越多的小读者认识林良爷爷，喜爱读他的书了。

林玮说："爸爸一生最大的收获就是交了许多朋友，从他年轻时发表

一起在咖啡馆看书讨论

第一篇作品至今已度过了70个年头，他为小读者写儿童文学著作和翻译作品多达两百册，他最早的儿童粉丝，小读者如今已经抱上了孙子，组建了幸福的家庭，多年来，爸爸有不同年龄层次的的粉丝，

数量有增无减。"林玮记得大前年的一天，接到一个陌生中年女子的电话，口口声声想找当年的林叔叔，俩人竟然越聊越开心，原来，这位中年女子在9岁那年，就是林良的忠实粉丝，后来她到美国结婚生子，又常常把那些故事讲给自己的孩子们听，此次回台湾，最大愿望就是重温林叔叔讲故事的感觉。林玮常常把她与遇到粉丝们聊天的信息转告给退休家中的爸爸听。尽管林良已想不起来当年小朋友的模样，但他很乐意再见见已为人父母的大朋友。

笔耕流快乐，童颜永不老，在林良过80岁大寿时，他没有在家中摆宴席，而是由几千名粉丝自发地陪他在台北市立图书馆过生日，面对大家热情的目光，林良笑了："大朋友小朋友都是我的好朋友。"无数支生日蜡烛点燃，大家齐唱生日快乐歌，那种快乐与幸福紧紧应萦绕在人们心头，挥之不去。

当林玮讲到这令人激动的情景时，我的心久久难以平静，两岸儿童文学在交流中升华，世界华文儿童文学在发展提升，为中华民族下一代写作的责任感与未泯的童心，已成为两岸儿童文学家们越来越强烈的共识。让我们在精神的家园里拥有快乐，让我们在美好的生命里精心守护。

用精美绘本为少儿开启心灵之窗的
"花婆婆"

——访台湾著名儿童文学家、两岸阅读推广人方素珍女士

采访札记：

色彩丰富的画面、简单明了的线条就能把憨态可掬的小动物和一些顽皮可爱的儿童编织在一个个充满稚气的童书里，吸引着小读者的目光。每当我在书店、图书馆看到孩子们捧着这些绘本专注阅读的神情时，我真心为这些作者能赢得小朋友的喜欢而深感开心。不过，那时我对绘本只停留在浅湿的理解上，羊年元月，在北京图书订货会期间，我有幸

作者与方素珍合影

结识了被海峡两岸儿童亲切誉为"花婆婆"、两岸阅读推广人的方素珍老师后，让我对绘本读物有了全新的认识。

此次她携新书《绘本阅读时代》参加北京召开的新书发布会，会后，我按约定，赶到皇家大酒店的咖啡厅，方素珍正和出版社的编辑们正聊天，时而传来阵阵笑声。她看到我后，主动伸手相握，顿时拉近了我们的

距离，小巧的身材，圆圆的脸庞，眼镜俏皮的搭在乌黑的头发上，蓝色的羊毛衫朴素自然，满脸的笑意居然看不到什么皱纹，真让我难以置信，眼前这位女子竟然已年近六旬了。我看到她脖子上挂着一件精巧的圆形编织饰物很是可爱，她指着胸前的小物件笑着说："这是我去南方的一小镇上淘来的，由蓝黄粉色的棉布料编织而成，看它就像一朵绽放的五彩花瓣，很是喜欢，刚好和我这件衣服很搭配。"见面率性坦诚的开场白很自然为愉快的访谈拉开了帷幕。面对我提出的一个个问题，她都不假思索的回答着，讲到专业方面，为了让我听的明白，她时而用双手给我比划着，渐渐的，我居然进入了听话的学生角色之中，仿佛这不是在采访，而是在听一堂生动活泼的绘本读物课。

出生于台湾宜兰的方素珍，从小就有一颗童心，学生时代，生性活泼，充满幻想力的她，因着老师的一句戏言，她竟然沿着儿童文学家、翻译家到绘本阅读推广者一路走来，而且很执着，套用当今的流行语：喜欢做的事就可以任性去做！她把在台湾多年积累阅读推广的丰富经验，毫无保留地带到大陆。近20年来，她带着一片爱心和真诚，足迹遍布祖国60多个大小城市，拥有粉丝无数，人们通过"花婆婆"的故事让人们了解到什么是绘本、绘本的种类、阅读绘本的作用、绘本对如何激发孩子的想象力和创造力、创意手制绘本教具、如何给儿童讲绘本故事、校园如何推广绘本阅读等内容。

当我问她"花婆婆"称呼源自何由时，她开心的笑着说："我20多年前曾翻译过美国作家芭芭拉·库尼的《花婆婆》一书，这本书深受台湾小朋友的喜欢，于是许多读者喜欢称我为'花婆婆'，却很少叫我的大名，时间久了，我对这个称呼也就习惯了，只要她们喜欢就好啦！"事实上，方素珍和芭芭拉笔下的"花婆婆"一样，都在努力"做一件让世界更美丽的事"。

也许"花婆婆"方素珍气场十足吧，在采访过程中，不断有出版界及热衷儿童文学的作者和粉丝拥来向她打着招呼，她总是满脸笑意，热情与对方作简短交流后，带有歉意地又接着继续我们的话题。她注定是个闲不住的人，和她同年龄的人大多退休了，她说她不能闲着，还有许多事要做。

　　时间在愉快的交谈中不知不觉中度过近两个小时，一提到她最钟情的绘本读物，她兴趣很浓，如果出版社晚上没有别的安排，我看再当她几个小时的学生也是没问题的。临近结束之即，她意犹未尽动情的说：我做的绘本推广工作，就好像一位辛勤的园丁，用爱心播撒许多的种子，当你静静等待着花儿盛开的时候，才是最幸福的。

　　说这句话时，她的脸上洋溢着发自内心的笑意。

　　中国台湾资深儿童作家、两岸阅读推广人方素珍，从台湾辅仁大学教育心理系（中文辅系）毕业。1975年开始投入儿童文学圈，擅长童诗童话及绘本故事创作，1990年加入图画书翻译和阅读推广的行列。她创作、翻译儿童绘本24年，累计作品近200本，其中有20多本原创作品，作品多次选入两岸小学语文课本和教材。曾获洪建全儿童文学奖、杨唤儿童诗奖、《国语日报》儿童文学牧笛奖、《联合报》年度最佳童书奖等。历

任海峡两岸儿童文学研究会理事长、台湾康轩语文教科书编委、香港教育出版社语文顾问、首都师范大学学前教育学院绘本阅读中心顾问、北京幼师绘本中心顾问、《儿童文学家》社长。"方素珍童话Pizza"系列之一《好耶！胖石头》获得日本亚洲插画双年展优等奖。方素珍奔波于海峡两岸，进行图画书的阅读推广，且多年来致力于阅读推广活动，在两岸已经举办了上千场讲座，因20多年前，她翻译美国作家芭芭拉-库尼的绘本 Miss Rumphius（《花婆婆》），被读者亲切

高三毕业这年获得洪建全儿童文学奖,正式进入儿童文学圈(18岁)

地称为"花婆婆"。

童心难泯，注定与绘本读物结缘

"能与儿童文学结缘，能走上绘本阅读推广这条路，我感觉是命中注定的，但这条路并不是人们想像的那么轻松。"方素珍回想自己走过的这条路，笔者从她的微笑里不难看出，其背后付出的辛勤汗水。

方素珍老师给小读者讲故事

1957年生于台湾宜兰县罗东的方素珍，从小就喜爱少儿文学，上初中的时候喜欢舞文弄墨，思维活跃，经常撰文给报刊投稿，被台湾《王子半月刊》评为最优小记者奖，周围的师生称她为"小才女"。不过，喜爱文学的方素珍比较偏科，其它功课的成绩不理想，为此，吴凤簪老师在联考前对方素珍说："你想像力很强，又有文学功底，将来在儿童文学领域里有发展，如果你考不上大学，没有经过正规的文字训练，以后就没什么未来了。"吴老师一席话，为方素珍敲响了警钟，在联考前的三个月里，起早贪黑拚了命的复习，最终考上了台湾辅仁大学。但她只上三个月就休学了。原因很简单，对于出生贫困家庭的方素珍来讲，学杂费是一笔不小的开支，她拿着参加第二届洪建全儿童文学奖征文获得的三千块台币奖金复读，她想考公立学校台湾师范大学，毕竟能为家里节省一大笔开支。然而，方素珍第二年考得仍不理想，于是，她重回辅仁大学就读，本科专业课程中选修教育心理系的幼儿辅导方式、儿童心理、教案设计等等，第二年又修了个中文专业，这些知识也为她后来编撰港台教科书奠定了坚实的基础，从此与儿童文学结下不解之缘。

从1975年开始，方素珍走入儿童文学圈，从事童诗童话及绘本故事创作、绘本翻译、编写语文教科书、校园阅读推广及故事志工的培训，为了更好的把握好绘本的创作，她还专门研修美术知识。

多年后，方素珍由昔日普通的编辑成为如今备受海峡两岸儿童、老师及家长喜爱的"花婆婆"。当她问吴凤簪老师："当年为何那么肯定我在儿童文学能有所作为呢？"没想到，吴老师爽朗的笑着说："那时看你成绩差，很着急呀，只能用激将法了。"

方素珍很感谢吴凤簪老师当年的良苦用心，每当回忆曾走过的路时，觉得这大概就是中国人常说的宿命吧，当年她喜欢儿童文学，有缘分在大学学中文，工作后从事翻译国外优秀儿童图书，乐意为儿童推广绘本读物。只要能看到孩子们开心的笑脸，心底就会涌起荣誉感，这种肯定也变成让她继续求知、创作的原动力。

阅读、写作为方素珍的生活增添了丰富的色彩，每天忙的不亦乐乎，

2014.1.12协助厦门企划阅读福袋传递爱

刚开始，写作只是方素珍的副业，到了1990年，她的丈夫看出她对朝九晚五的职场生活心生倦意，就鼓励她辞职专心写作，并在1991年资助她前往意大利博洛尼亚参观世界最大的儿童书展。从此，方素珍正式走上儿童绘本创作、翻译和推广道路。

当笔者请方素珍谈谈早期对绘本的理解时，她感概地说："我小时候住在台湾宜兰的乡下，生活水平不高，书店里有像《高更传》这样大部头的书已经不错了，几乎看不到什么绘本读物，而现在的小朋友太幸福了，丰富多彩富有哲理的绘本书籍随处可见。其实，读绘本最大的收获，不仅能让不识字的人通过看图画猜出故事内容，而且'字里有乾坤，画中有世界'，绘本是创意的大本营，可以培养孩子阅读的乐趣和习惯，多鼓励孩子学会善于观察思考，积极提问，培养孩子的想象力和学习，进而能激发创造力，这非常有益于孩子的健康成长。"

绘本一旦走入方素珍的心里，她开始疯狂读绘本，做书、解读、解构，一口气精读了600多本书，每本书的内容几乎熟烂于心，她还多次去国外旅行、观察，去听不同人的故事和生活，一有灵感，随时用身边的纸片记录下来。1992年方素珍为了加深了解插画创作知识，生完小儿子后，到中原大学旁听画家施政廷的绘本设计课。为了听一个半小时的课程，她每次从台北到中坜要花费3个小时路程，还要花费车资及请保姆的费用，但她乐此不疲。从1993年开始，方素珍和余治莹等多位童书出版社的同仁，共同组成了"十三妹读书会"，藉由这个读书会，增加相关专业知识，进修活动一直持续到1998年左右。

人生有期，学海无涯，方素珍不断汲取着艺术养分，她到校园聆听宋佩老师的艺术史和电影课，她明白绘本的创意最重要，不仅有好的内容，还要大量借鉴电影镜头，为绘本提供停格和构图的思考来源。方素珍费心地去听课、进修，就是希望藉由这些课程，提升自己作为绘本作家的能力。方素珍认为绘本的故事本来就包罗万象，有人擅长写幽默，有人写温馨，而她的背景是教育心理学，所以她喜欢描写人类内心的情感，她说：

"让人感动的东西是可以跨越的。我编的故事都是生活中遇到，然后发酵产生的。"

爱心接力，今生情注"花婆婆"

成功的人士总能抓住一生中的几个关键转折点，在她华丽转身的瞬间，则是她获得成功的机遇，方素珍也不例外。当她向笔者谈到人们因何喜欢称她为"花婆婆"时，她脸上露出孩子般的笑容说："一切皆是因缘际会吧，1990年台湾大量引进国外优秀图书，需要大量翻译的人来做，刚好我从事儿童文学编辑，外语也不错，有一家出版社找到我，问我要不要做儿童绘本翻译书。那时我对绘本图书还不太熟悉，不过，既然出版社找到我，我就会尽力去做。两年后，美国一家出版社也找到我，希望我把美国图画书作家芭芭拉·库尼的作品翻译成中文，在台湾推广，我被书中感人的故事深深打动了，全身心的投入到翻译中，书名原为《Miss Rumphius》。"

方素珍从出版社接到这本书后，很快喜欢上了书中主人公卢菲丝，并把它翻译成了中文，书名就叫《花婆婆》。故事的大意是：当卢菲丝女士成了一位风烛残年的老婆婆时，回想起许多年以前，自己在少女时代曾经答应过爷爷三件事：第一件事是去很远的地方旅行，第二件事是住在海边，第三件事是做一件让世界变得更美丽的事。前两件事不难，难的是第三件事，直到有一年的春天，她发现山坡上开满了一大片蓝色、紫色粉红色的鲁冰花时，她知道什么是她要做的第三件事了。整个夏天，她的口袋里都装满了花种子，她把种子撒在乡间的小路边、教堂后面……小镇变得比以前更加美丽了，而小镇的人们也开始称她为"花婆婆"。

原版书名应直译为《卢菲丝女士》，但方素珍在翻译这本书时，从儿童阅读的角度出发，特意为这本书起名为《花婆婆》，与卢菲丝女士播撒的鲁冰花种子的不同之处是，方素珍老师致力为小读者播撒的是"阅读种

在乌鲁木齐与小粉丝合影(2013)

子"。方素珍翻译的《花婆婆》一书在台湾畅销了十多年,台湾几乎每位小学语文老师和家长们一提到花婆婆耳熟能详。因为,那时的方素珍还不到40岁,最初对"花婆婆"这个称呼感觉有些尴尬,让许多没见过面的读者居然误以为她是年愈七旬的老太太呢,不过,当她得知人们很喜欢用这个称呼时,内心顿时释然了。

聊到这里,她开心地说:"书中的卢菲斯是到处撒鲁冰花种子的优雅女士,而我尽管没有像她那样的绿手指,也不会种花,但是我20多年来,一直做推广阅读工作,如同播撒阅读种子的'另类花婆婆'噢!"

一本好书或一个好故事,犹如一个个小精灵住进孩子的心里,这些小精灵有的幽默、有的勇敢、有的忧伤、有的充满智慧,当孩子们面对生活中的喜怒哀乐和生离死别的问题时,这些小精灵就会给孩子们提供好的建议,帮孩子们辨别是非。多年的实践经验让方素珍了解到,孩子们喜爱的书无论中国的还是外国的,永远都是那些最简单、直接又最滑稽、幽默的作品,就像美国作家芭芭拉·库尼所写的《花婆婆》那样简单的故事,告诉人们一个普通的道理，做一件让世界美丽的事情，可以令人回味良久，为小读者提供优秀图书，也是为他们进入成人世界积蓄能力和智慧。

亲子阅读，"陪"孩子们快乐成长

上世纪九十年代初，台湾经济已经腾飞，台湾人在顾好了肚子后，开始丰富自己的精神文化生活了。在与国际接轨的大环境下，大量绘本图书从西方国家引入到台湾，让赶上热潮的方素珍不禁感叹：台湾的儿童绘本迎来了"黄金年代"！

方素珍一直跑在前面——她迷上了图画书，先后7次和出版社编辑到意大利波隆那国际儿童书展上，以专业的判断力和鉴赏力挑选图画书。她的周围可谓"四库全书"——即四个仓库全是书。她翻译的《花婆婆》《是谁嗯嗯在我的头上》等近百本作品，充满了隐喻，虽然寥寥数语，却蕴含有无穷的深意。

为了推广"绘本"这个准新生儿顺利在台湾落地生根，方素珍全身心投入到台湾儿童翻译和推广绘本的事业中，她清醒的认识到，欧美的绘本有将近两百年的历史，市场运作非常成熟，就题材而言，国外儿童绘本在主题选取上"更大胆、更少禁忌、更敢写"，包括死亡、离婚、同性恋、两性平权等等议题都能进入儿童绘本。相比华人创作的绘本显得有些单调正统，因此，面对一些家长的不理解，方素珍解释说，儿童也现实社会中的一个群体，他们也能看到、听到以及感受到各种现象，家长和老师应该好好去引导和欣赏孩子，用适当的方式为他们解惑。

那些年，台湾教育部门全面重视鼓励阅读，增加亲子关系，绘本面对的很多孩子年龄较小，需要家长、老师引导他们进行阅读，因为到图书馆听故事已经无法满足多数小朋友的需求，渐渐地，一些有爱心的妈妈进入校园，到班里讲故事，后来陆续有故事爸爸或故事奶奶加入，被人们称为"故事志工"或"故事家族"。这些故事志工的风潮由中国台湾北部地区的学校形成，后来蔓延到中国台湾中部和南部，故事志工的群体也越来越壮大。

出版社也应时势所趋，不断引进西方和自制本土精致的图画书吸引故事志工，加上民间团体经常举办各种儿童文学赏析班或说故事研习班，不但说故事的人才辈出，连儿童文学也无形中给炒热了。此时，方素珍"讲故事"的天赋派上了用场，她常配合出版社、区图书馆、民间团体走进校园开始播撒绘本阅读的种子，并协助校园进行绘本阅读推广活动。进入校园和社区，倡导亲子阅读，教导家长和老师怎么去讲故事。

快乐的花婆婆方素珍

谈起亲子阅读，方素珍说："我与故事志工们分享图画书创作经验的时候，经常用《花婆婆》的图画书比喻他们从事的工作，希望他们像花婆婆一样到处撒种子，看起来有点傻，但是却很有意义。"这位播撒"花种"的花婆婆在翻译和创作上绝对是精雕细刻,精益求精。

台湾全民阅读学会常务理事余治莹这样评价花婆婆方素珍："翻译方面，非自己喜欢的作品不译；创作方面，非自己满意的作品不出。尤其是出版图画书时，为了激励画者画出最棒的作品，常常与画者切磋讨论就是一年多。难怪小方的作品不多,却本本是好书。"

阅读是让孩子有智慧，是培养孩子情商和语文等等的方式之一，可分为静态阅读和动态阅读。有些孩子无法静下来看一本书，家长不必丧气，可采用动态阅读的方式，带孩子去看戏、听音乐、郊游、表演等多元化活动，一样能让孩子汲取人生智慧。阅读是模仿来的，不是天生的，不论是静态阅读或动态阅读，只有爱阅读的家长才能让孩子也亲近阅读。在方素珍看来，亲子阅读，最重要的是用心"陪着"孩子一起成长。

破冰之旅，首开两岸儿童文学交流先河

海峡两岸在经历了40年的相互隔离、相互想象这样一个共同的经历和记忆后，随着两岸经济文化交流的逐渐升温，儿童文学也以崭新的面貌呈现在人们眼前。1989年8月，台湾著名儿童文学家林焕彰先生等七位台湾儿童文学作家赴大陆访问，亮相于公众视野，首开两岸儿童文学交流的"破冰之旅"，成为两岸儿童文学交流开创性的、标志性的事件。方素珍也参与其中，并坚持至今，成为海峡两岸儿童文学交流二十多年的见证人之一。

回忆当年来大陆的情景时，方素珍无限感概地说："我跟林焕彰先生第一次来大陆时，我是年龄最小的，很荣幸能见到大陆儿童文学界的元老陈伯吹、冰心、孙幼军、金波等知名作家。尤其是拜望89岁高龄的冰心时，在她寓所内，我见到心目中的偶像很是激动，她待人很亲切，没有丝毫架子，听说我们来自台湾，很关切地询问我们台湾儿童文学的情况。因为我是队伍中唯一一位女性，她远远的看着我，微笑着说：那位女同胞过坐我旁边，我看到了心中的偶像，很是兴奋，就把自己的作品拿出来，请她指导。那天冰心老人心情很好，她搂着我亲了一下，可惜现场没人抢拍，很遗

方素珍老师在北京石景山给孩子们上课

憾，不过后来我们以很正式的姿式补拍了合影照，那天，冰心老人还给我题了字：月是故乡明。这幅字很珍贵，我存放在海峡两岸儿童文学研究会了，成为冰心老人关心台湾儿童作家的一件礼物了，真的很珍贵。"

随着两岸往来的不断升温，海峡两岸的儿童文学交流呈现出日趋频繁的势头，两岸的儿童文学界、童书出版界用了20年的时间，完成了从一个"隔离的想象"，到"你中有我，我中有你"的一体化过程，成为两岸文化交流中合作最为融洽、成果最为卓著的组成部分之一。尤其是近年来，无论在出版、评论、评奖、征文、访问等方面，都有明显的发展。中国儿童文学要提升，两岸儿童文学要交流，世界华文儿童文学要发展，这已成为两岸儿童文学界越来越强烈的共识。

谈及两岸儿童文学交流的历程，方素珍说："1994年5月之前，大多是台湾同胞到内地，1994年5月，孙幼军、樊发稼、韦苇、王泉根等一行14人访问台湾，也是内地儿童文学访问团第一次踏上台湾，此后，两岸儿童文学界开始了作家互访蜜月期。近年来，儿童文学与现实生活结合得越来越密切，关注儿童文学的阅读与推广已不再仅仅是文学界、尤其是儿童文学界的事情，它成为公众生活的一部分，成为基础教育的一个部分。"

这些年来，台湾著名儿童文学家方素珍和余治莹等也成为这一历史阶段两岸儿童阅读推广活动的代表性人物。方素珍清楚的记得，2005年上海有家书店让她讲课绘本，那是第一次到大陆讲课，当年只讲了一场，而如今，她的台胞证已经换了好几本了，每本上都密集地盖着海峡两岸往返的签章。

经常往返海峡两岸的方素珍谈及感想时，她说："过去我来大陆时都要小心翼翼的，要用作家身份赴大陆旅游交流的方式，与大陆作家沟通一也不顺畅，那时通讯不发达，来往信件经过香港转寄，还要检查，没有什么隐私可言。一晃20多年过去了，如今的大陆可说是脱胎换骨完全不可同日而语，大陆的经济突飞猛进，每隔几个月来一次就能看到明显的变化。如今我每年有5个月时间在大陆的学校、图书馆讲课，足迹已遍布北京、合肥、福州、乌鲁木齐、扬州等全国70个各大小城市了。一些台湾朋友给我打电话时，只要听我说在大陆，他们很快挂断电话，怕影响我讲课。"

说到这里，方素珍摊摊手遗憾的说："如果当初知道自己能频繁往返于两岸，真该及早出手在大陆买房啦，还可安心当工作室，没想到大陆的房价长的挺高，趁我现在还算年轻，只要能跑就多跑几个地方。"

让方素珍坚信自己的价值取向，两岸儿童文学虽然各处于不同的社会环境和文化氛围之中，但是对于中华民族传统文化的承扬、对于中华民族新一代人的爱却是共同的。

跨越海峡，与大陆朋友分享阅读推广经验

早在1989年方素珍就来到大陆，开始了她的两岸儿童文学交流活动，从2004年开始到现在，至今她在两岸已经成功举办了上千场讲座，在海峡两岸拥有众多粉丝。

方素珍坦诚地说："我到内地来，就是想把自己在台湾这二十年来做阅读推广的经验跟大陆的朋友们分享，不管是图画书、桥梁书，或者是少年小说部分，只要有益小读者就行。"其实，在方素珍没在大陆公开讲课之，她于1977年创作的《不学写字有坏处》这首诗早已在大陆流传，还被列入北师大版的教科书里。谈到两岸儿童文学的不同之处时，她说："两岸虽是同文同种，但经过40年的隔离，在不同的文化和社会语境当中，两岸儿童文学呈现出的内容形式也有所区别，台湾儿童文学具有更多的文学纯粹性、趣味性，而大陆的儿童文学作家有着五六十年代的传统，也有'五四'以来的传统，他们把这种巨大的文化背景、巨大的时代融入儿童文学创作中，因此，所提供的儿童文学从思想、历史及社会的容量上，给台湾作家带来很多新鲜感。"

方素珍向笔者介绍说，绘本教学在台湾已有20多年的历史，对于大陆来讲相对起步较晚，因此台湾的阅读推广对大陆的影响和触发很大，

阅读推广一词也源自台湾。近些年来，让她最难忘也最兴奋的是，一次在浙江大学讲绘本课，除了与60个小朋友互动外，其它人全是来自各地的老师和家长，在容纳4千人的大礼堂内几乎座无虚席，不时爆发出热烈的掌声。当方素珍跟女儿谈到在大陆讲课的情形时，女儿吃惊地称赞妈妈："在台湾有一百两百人就不错了，在大陆你怎么跟歌星开演唱会一样壮观呀！"方素珍信心满满地说："大陆的市场太大了，需要我做的事还很多，别看我现在的年龄与'花婆婆'这个称呼相符了，但我仍有精力坚持跑下去。"

跑，这个词用在方素珍身上最恰当不过了，在她的行程里安排的紧凑而有秩序，她在台湾经常跑到校园跟校长谈建议，到银行谈做回馈社会的图书馆，到企业做阅读绘本的推广，总闪现着她忙碌的身影。针对中国国民的平均阅读水平低于世界文化强国水平的现状，方素珍充满信心地说："大陆从2005年开始，大量引进绘本，2012年一年大陆就引入了4000种绘本，儿童绘本虽然单价高，需求量仍呈上长势头，让人可喜的是有专家、学者、校长、老师、家长也纷纷加入推广阅读的行列。尤其是习大大也很关心全心阅读，全民阅读立法已列入2013年国家立法工作计划，中国图书市场很大，我相信未来的五年，将是中国原创的天下！"

谈到阅读推广未来的发展前景时，方素珍开心地说："我希望编辑们应该多到外面看看，眼界要开阔，要有世界的胸襟和丰富的阅历，才能出版高品味有趣增长知识的绘本书，一本书犹如一粒种子，犹如驻进孩子心中的

方素珍照片2015

方素珍与小朋友分享立体书

智慧小精灵，当他遇生活中的困难挫折时，能勇敢去面对。也希望通过开展一系列妙趣横生、特色鲜明的交流活动，在两岸青少年心中播撒爱与美的种子，架起和平与友谊的彩虹桥。"

方素珍在接受采访的两个小时里，自始至终洋溢着慈祥的笑容，让笔者备感朴实亲切，犹如美国作家芭芭拉·库尼笔下美丽的"花婆婆"那样，她以一颗爱心为人们播撒快乐的种子，静静等待鲜花盛开，让这个世界弥漫着迷人的芳香。

孔庙雅乐余音绕梁，儒家文化绵绵悠长

——访台南文庙乐局以成书院理事长石荣峰先生

采访札记：

位于山东省曲阜县的孔庙是中国历代封建王朝祭祀春秋时期思想家、政治家、教育家孔子的庙宇，具有东方建筑特色、规模宏大、气势雄伟的古代建筑群，与北京故宫、承德避暑山庄并列为中国三大古建筑群。我的家乡山东兖州市就与孔子故里的曲阜相隔不远，小时候

作者与石荣峰合影

总是听大人讲，如果学生到那里去敬拜，就能保佑孩子考上一所好的大学，能让孩子变得聪明智慧。那时的我常常暗想：如果真有那么神，我一定去拜一拜，能拥有像科学家那样的头脑，该多好呀！那时我对孔庙充满了憧憬，但随父母工作调动离开家乡多年，学生时代的我，竟然没机会去一次孔庙。参加工作后，常年在外奔波，每次回家乡总是匆匆忙忙的，偶尔想去看一眼，却总被这样或那样的事耽搁了，也在我心中留下深

深的遗憾。

也许我是山东人的原因，不管自己如何乱想，但喜爱国学的我，对孔子的儒家学说很是崇敬，对中华儒家文化的发源地，被称为儒家祖庭的曲阜孔庙依然有着特殊的感情，我深为自己是山东人而自豪。无论走到哪里，我总能看到文庙能感受到孔子的影子。就连海峡对岸的宝岛台湾，也有孔庙在那里扎根，可以说无论岁月如何变换，儒家思想儒家文化已经深深植根于中华儿女的心中。

2012年5月初我随团参观台湾台南的孔庙，那天的游人很多，因为行程安排较紧，我从正门进入后，步履匆匆由大成殿直奔后院，如走马观花般迅速观看完孔庙的主要几个殿，拍了不少照片。当我随旅行团的车子渐行渐远驶离孔庙时，我闭上双眼，慢慢回味着在孔庙的一幕幕情景，不禁笑出了声，孔子的故乡离我的家乡那么近，却没机会参观，台南的孔庙离我如此远，我却有缘近距离观看，尤其是在孔庙的一所院落里竟然传出一阵庄严悦耳让我不知其名的音乐。直到第二年的中秋夜，当我又一次听到这音乐时，才知这是祭孔的雅乐，也让我知道了台南孔庙的"以成书院"。

2013年中秋夜，有朋友告诉我，北京的智化寺举办的"花好月圆"主题音乐晚会，晚会将由智化寺京音乐队、台南孔庙雅乐十三音乐团、北京晓月乐团和北下关街道马头琴乐队同台演奏经典曲目。听到这个消息，最让我眼前一亮的是，此次晚会有台南孔庙雅乐十三音乐团的参演，开创了京台两地古乐文化交流的先河。当天下午4点多钟，我赶到智化寺，只见工作人员正在主殿前准备椅子，搭舞台、调试音响，在殿侧的房间内，来自台南孔庙雅乐十三音乐团的10多位成员，有的拿着乐器练习、有的闭目养神，还有的在一起交流。

理事长石荣峰中等身材，较清瘦，戴着单色近视镜，有着文人学者的范儿，当得知我想对他进行专访时，他温和地抬腕看了看表，略作沉思，我以为他在演出前担心接受采访会影响演出情绪，会被婉拒，但他温文儒雅中透露出果断，直爽地对我说："好的，只要不影响晚上的演出就行。"说完他从自己的包里取出两张不同的VCD光盘，递给我说："这是我们录制的演出情景，希望对你写作有所帮助。"我听后心头一热，多么考虑周到的老人呀！可以想象到他这些年来，为了传播孔庙雅乐，为之付出了很多的努力。老人的率性，让整个采访很顺利。

采访结束后，已是夜幕降临，石荣峰先生也去换服装了。我来到主殿前，发现刚才还空空的座位，此时已坐满了嘉宾与观众，海峡两岸的古乐演奏者们陆续在舞台上准备着，他们身穿长袍短褂的服装，当音乐晚会正式开始后，场内立刻安静了许多。那种古远悠久的音乐如同天籁之音，让我沉醉，让我感怀，也让在场的人们共同领略到了中华传统文化的魅力，一轮皎洁的圆月高高挂在天空，此情此景，让我想到了海峡对岸的台湾民众，何时能够真正走进彼此，不再分离，不再猜疑，不再有敌意，在同一轮明月下，共享团聚的喜乐呢？

山东曲阜是中国春秋时期的著名思想家和教育家孔子的故里，而孔庙则是祭祀孔子的本庙，始建于鲁哀公十七年（西元前478年），历代增修扩建，经2400余年而祭祀不绝，是中国渊源最古、历史最长的一组建筑物，也是海内外数千座孔庙的先河与范本。在海峡对岸的台南孔庙是全台湾建成的第一座孔庙，落成于明永历年间，是郑成功收复台湾后在台湾建立的第一所高等学府，有"全台首

2013年石荣峰在北京智化寺交流演出

学"之称，也是台湾的一级古迹。台南孔庙所保存下来的"雅乐十三音"（简称"十三音"），是清代文人音乐的典范，至今已有一百余年历史，曲调清雅秀丽。"十三音"据说是由其所使用的十三种主要乐器而得名。在台南孔庙的雅乐十三音乐团是常年活跃在台南地区的一支民间乐队，每年九月二十八日孔子诞辰日，举行的盛大祭孔典礼。那么，雅乐历经战乱是如何保存下来的？因何将其起名为十三音？它有哪些特点？现在这个乐团又是怎么样的情况呢？记者随石荣峰生动的讲述，让我了解到台南孔庙流传百余年的雅乐十三音的由来，也让我深刻体会到儒家文化已深深植根于华夏儿女的血脉中。

台南孔庙雅乐赴京演出，开创京台两地古乐文化交流的先河

2013年的中秋夜，北京智化寺举办的"第四届智化寺音乐文化节"上，迎来一群特殊的演奏者，他们是来自台南孔庙雅乐十三音。在以"花好月圆"为主题的音乐晚会上，将本届音乐文化节推向了高潮，由智化寺京音乐队、台南孔庙雅乐十三音乐团、北京晓月乐团和北下关街道马头琴乐队同台演奏了经典曲目《普庵咒》、《殿前吹》、《将军令》、《花好月圆》等。开创了京台两地古乐文化交流的先河，让北京观众领略到了中华传统文化的魅力。

此次音乐文化节是在前三届音乐节的基础上，更加注重文化内涵的发掘，丰富了活动内容，创新了音乐的展现形式，由原来的"音乐节"转型为"音乐文化节"向观众呈现了两场音乐晚会、两场古乐展演、两场文化讲座、一场书法笔会，推出"博物馆创意商品精品展"和"智化书院首届书法展"，为民众营造了浓厚中秋节日氛围。

当台南孔庙雅乐十三音乐团演奏祭孔仪式乐曲《殿前吹》时，为我们再现了台湾当地圣庙祭典时庄严隆重，气势宏大的祭孔盛典，美如天籁的乐曲似乎带观众穿越时空的隧道，随乐曲回到了久远的年代。一曲刚刚渐

入尾声，北京智化寺京音乐队和雅乐十三音乐团交互演奏经典曲目《喜秋风》、《将军令》，让观众切身感受到了台海两岸古乐文化的各自特色和相互交融，将晚会推向了一个高潮。

据智化寺京音乐队一位负责人介绍：智化寺京音乐队是由智化寺京音乐第27代传人和爱好京音乐的志愿者组成，智化寺京音乐是明清时期流传在北京地区的民间笙管乐，它以东城智化寺为传播中心，曾向外传授到天仙庵、水月庵、成寿寺、关帝庙等十余座寺院，是北京地区民间器乐的代表性曲种。相传它源自明代宫廷，由僧人传承于智化寺，至今已传承500多年。它集宫廷音乐、佛教音乐和民间音乐于一体，被誉为中国古代音乐的"活化石"。2006年6月，"智化寺京音乐"被文化部列入首批国家级非物质文化遗产名录。这次能与台南孔庙雅乐十三音乐团共同演奏，既有意义，也有助于两岸古乐交流切磋。

当精湛雅致的茶艺表演和翰逸神飞的书法向在场观众展示时，由海峡两岸乐者共同演奏清丽飘渺的《普庵咒》古琴曲为其伴奏，散发着中国传统文化的魅力。由著名作曲家张福全先生改编并亲自指挥，智化寺京音乐队和北京晓月乐团同台演奏的"中国古典交响乐"《拿天鹅》也首次亮相，乐曲荡气回肠，扣人心弦，震撼了在场的观众。智化寺京音乐队和台南孔庙雅乐十三音乐团为观众们展示了各自古典曲目，同时还展示了各自的演奏乐器。这些乐器多是保留着千百年前的古风遗制，十分珍贵。

当主持人在晓月乐团演奏的著名民族乐曲《花好月圆》中宣布晚会将要结束时，场内爆发出阵阵掌声，尤其是两岸乐者流露出依依不舍的神情，他们一边走下舞台，一边看着对方的乐器，尽管他们相识时间较短，但同台的演奏兴趣仍浓，似乎还有许多话没说完。

我也被这浓浓的情谊感染着，用相机及时记录下让人难忘的一幕。一位身穿民国服装脸上带着笑意，手拿乐器的十三音乐团成员黄先生走下舞台，他看上去有60多岁，鬓角泛出些白发，但他精神头十足，我上前跟他打招呼，询问他对此次与北京乐团同台演奏有何感想时，他有高兴地

2013年在台湾会馆两岸古乐团同台演出

说："今天真是高兴！"

当我看到身穿民国服装手拿乐器的石荣峰先生满面春风走下舞台时，我大步迎上去跟他打招呼，以示祝贺演奏成功，他余兴未尽地对我说："真希望以后还能有这样的合作。"从他的神情中，我看似乎看出两岸古乐同台演出，是他盼望很久很久的事……

喜爱雅乐，从此与"以成书院"结缘

"如果一个人打心眼里喜欢做这个事，就没什么困难了，我很喜欢听，也喜欢演奏，当初学习雅乐完全是自己的爱好，没想到能坚持下来。"石荣峰先生在谈到当初学雅乐时的情景，他开心地如此说。

1967年，年少的石荣峰早就听说有个亲戚在孔庙以成书院当乐长，初春的一天，他去孔庙找那位亲戚时，一踏进书院，就听到里面传来庄严肃穆如同洗涤人心灵的音乐，是那么震撼，那也是他第一次听到乐师们在演奏雅乐，立刻引起了石荣峰浓厚的兴趣，那一年，他17岁。从此，他迷上了雅乐乐器之一的箫，每逢周六晚上或是其它空余时间，只要有时间，他都会去书院跟亲戚潜心学习，学吹箫的时间久了，对孔子也更加敬佩了，愈发的对雅乐十分痴迷，在学习的日子里，伴随着他度过了快乐的少年时光。石荣峰凭着对雅乐的喜爱和与生俱来的音乐天分，没有经过正规音乐院校的培训，在孔庙不仅学会了吹箫和笛子，就连二胡琴也能拉得让听众如醉如痴。

据石荣峰介绍，台南孔庙建庙已有300多年历史，"以成书院"是孔庙

1986年祭孔乐生演奏

的乐局，每年春秋有两次祭孔大典，院生们在孔庙举行各界祭孔大典前，先在书院内祭祀孔子、五文昌帝君和诸先达。台南孔庙以成书院释奠典礼依循的是清康熙五十二年所颁制的仪式。以成书院的释奠典礼由鸣炮揭开序幕，融合了岛内民乐"十三腔"的雅乐声，循序举行迎神礼，正献官向孔子像暨五文昌帝君上香，并率全体分献官及与祭陪祭人员行三鞠躬，接着行初献礼、读祝文、亚献礼、终献礼、撤馔礼、送神礼、望燎、胝燎等，此外还有学童表演传统的六佾舞。

每年的9月28日，台南孔庙文化园区举办隆重的孔庙文化节，由一系列动静结合的文化活动，其中开笔礼仪式、孔林谢师活动以及魁星笔，更是象征孔庙文化的精神内涵。在开笔礼仪式，是以泉州府文庙致赠台湾府文庙"开笔石"，引泮池之水为墨开笔书写后，由"开笔官"进行开笔仪式，共分为整肃衣冠、周游泮池、拭手净脸、叩拜孔子、敬谒文昌、朱砂启智、敲响智钟和开笔描红。仪式主要由拜（敬拜孔子像）、授（启蒙老师讲授基本最简单的道理和勉励祝福）、赠（赠送纪念品，如状元糕、红蛋等或赠祝福语）等内容组成。

石荣峰认真地讲，全台首学的台南市孔子庙在创立之初，为了举行释奠礼，就已经设立了乐局，具体时间与情形已无法从考证，有文献明确记

载的是：清道光十五年(1853)，巡台兵备道兼提督学政刘鸿翔在参谒过台南孔乐之后，曾命人修筑凋零的建筑、增补乐器，并从内地聘请乐师，开设乐局。

　　然而，圣庙乐器因人事经常变迁，曾有一段时间，乐声不振，日渐式微。到了清光绪十七年（即1891年），江都郎中陈鸣锵担心雅乐消亡，呼吁重振乐局，聘请王县令少君称王老五为乐师，林协台林二舍为顾问，邀集文士于私茅研练雅乐，举进士许南英为长，并称之为正式成立"以成书院"（日据时期称作"以成社"），推荐许南英为社长、赵云石为副社长。取名"以成"则是取自古乐"八音齐鸣、以集大成"的含意。在原有乐器的基础上又增加到十三个乐器，因此被人们称为雅乐十三音之始。

　　由此，台南孔庙乐局以成书院十三音成为台南孔庙为祭圣而演变自古乐八音的丝竹乐，后传播到高雄、嘉义、彰化等地，是台湾当地形成的特有乐种，亦称"十三腔"、"十全腔"、"圣乐"、"雅乐"等。"以成书院"每年有两次祭孔活动，第一次祭孔是在春季，在三月二十一日，第二次是九月二十八日，每次祭孔要一个小时，孔庙祭文圣，祀典武庙祭武圣，并不定期受邀出席其它祭典演奏。以成书院十三音也作为当地市民的一种娱乐生活，展示了当地传统文化色彩的多样性。祭孔大典的乐队，也保存了每年祭孔典礼音乐方面的仪节，无论曲谱还是团队历史，都有其独特性，艺术价值也极高。

1993年书院秋祭五文昌帝君及先达

石荣峰还为我

讲述了早期祭祀前一个有趣的活动：踩街！就是在春、秋祭祀的前一天活动，可谓盛况空前，那一天以成书院同仁齐集一堂，演奏雅乐十三音，到了傍晚，准备祭圣用的太牢，由监

1997年春季祭孔前夕的演出

牢官用绢绳牵至棂星门准备好的香案前，由执事者上香礼毕，再用锦缎绫绸披挂牛首犄角，献酒三杯后敬告神明礼成后，就开始游行（踩街）。游行的队伍用布蓬竹篙放在前面当大旗，八幅当小旗，彩灯、旗帜放置在蓬篙外侧左右，蓬内乐生吹弹奏雅乐，大家一路恭唱"宣平之章"游行队伍由圣庙出发，经过南门路、友爱街、永福路、中正路、西门路、民权路至民生绿园等街道再回圣庙，沿途凡经书院同仁近处者，必备水酒、茶点欢迎，以供宵夜。大家都在谈笑中论今说古，内容都是与儒家学说、古乐诗文有关，那种气氛如同过新年一般，大家脸上都带着喜庆欢乐。

传承祭孔仪礼，任重而道远

凡是参观过台南孔庙的人，大部分都顺道参观过"以成书院"，如果游客参观的时机好，还可以亲眼见到、亲耳听到院生们的练习雅乐，而平时所见到的，就是几个正在阅读、研究工尺谱的师傅，还能看到的就是供桌上一炉袅袅的清香。

长期以来，台南孔庙祭祀礼制都由以成书院传承，奉祀孔子是院生的最大使命，"以成书院"主要功能就是教导、传承祭孔相关仪礼，属于

培训礼生及乐生的私塾，主要工作是训练祭孔释奠的工作人员。书院成立之初，在挑选、训练院生标准方面极为严格，要想进入"以成书院"，必须考取秀才以上的资格才可以成为书院中的一员，他们平时要勤快练习礼乐，以便于参加祭奠礼时，能够胜任礼生、乐生的工作。许多人千方百计参加，藉此光耀门楣。院生则多是父子传承，目前平均年龄在50岁以上。

　　新的时代的人们有着新的需求，音乐始终是每个时代的主旋律，而当今被流行音乐充斥的大市场下，古色古香的雅乐十三音还能被当今青年人接受吗？石荣峰听到这个问题，面露难色，无奈地说："老实讲，参加祭孔仪式大多是40多岁的人，而20多岁的青年人比较少，可能是受流行音乐的冲击吧，在青年人中推广较难。不过我们为了让雅乐十三音一代代传承下去，书院不定期间举办经学讲授活动，每年春秋两季（即三月份跟九月份）都会举办"孔庙雅乐十三音训练班"，免费招学员来学习。只要对方喜欢学，我们都欢迎，书院在每周有两个晚上的七点半到九点半进行授课。因为这是业余学习，还不能耽误学员正常的学习工作时间，为此，我们做了许多努力。"

1990年祭孔后，全体院生与市长合影

传承了两百年的祭孔仪式，按照传统沿袭的规矩，招收的乐生只能招男生，不能收女生，为了做好推广工作，据石荣峰介绍，只要女生喜欢就可以来这里学习，同样可以教授演奏技艺，但是女生不能上大成殿，不可以成为正式的乐生，更不能参加正式的祭孔仪式。早在十多年前，书院曾有人建议：以后祭孔仪式也应该让女生参加，但大多数人不愿更改传统，仍持反对意见，所以他们现在演奏时，仍一律为男性，穿长袍短褂服装，乐器也是那个古时的乐器。

据石荣峰讲："前几年，我在书院曾当过两届的乐长，前后共八年时间，以成书院设有理事会，我现在是理事长，下面有礼部有乐部，现在的杜乐长是乐部里当了七年乐长了，是由理事长提名。目前，每年参加祭孔的人数有130多个，实际的乐生大概有三十五六个，平常我们也参加一些其它的祭祀活动，大家都有各自的事情，能凑在一起很不容易。"

说到这里时，石荣峰担心自己解释不清楚，谦虚而又认真地对我说："此次来北京的乐生有十多个，大家在乐理知识方面都很强，你若还想多了解，我可让他们给你解释，尤其是杜老师在国乐方面非常内行。"

儒家文化深深植根于海峡两岸民众心中

2012年5月初，我曾随出版社同仁一行来到有"文化古都"之称的台南市。台南市旧名赤坎，明清时为台湾首府，19世纪末期一直是台湾政治、经济、文化的中心，留下了很多的名胜古迹。台南孔庙是全台最早的文庙，是在岛内历史上倡导儒学的先声，台南孔庙是明永历19年（公元1665年），由郑经参军陈永华倡议修建的，至清康熙23年（公元1684年）有了相当规模。当年郑成功父子时代将这里设为国子监，专办科举考试，清代改为台湾府学所在，一直是台湾最高的官办学府，故有"全台首学"之称。孔庙建筑殿宇恢宏，格局完整，古树苍郁，气氛肃穆，堪为全台文庙之宗，只因行程较紧，没能仔细观看，甚为遗憾。

　　当我面对与台南孔庙"以成书院"雅乐十三音结缘近半个世纪的石荣峰先生时，感觉格外亲切，很想通过他的叙述，让我对台南孔庙往事有更多的了解。

　　众所周知，全国各地孔庙的"御匾"通常为九块，而有着300多年历史的台南孔庙，从康熙"万世师表"、雍正"生民未有"、乾隆"与天地参"、嘉庆"圣集大成"、道光"圣协时中"、咸丰"德齐帱载"、同治"圣神天纵"、光绪"斯文在兹"，一共是八块，少了一块宣统的"中和位育"匾额，因为当时台湾已割让给日本而未能送达。从满清诸帝匾额之后，就是台湾"中华民国"历任"总统"的赠匾。

2008年十三音训练班演出

　　石荣峰先生听老辈人讲，在1943年至1944年台湾仍被日军占领，那时候台南市中心也倍受战火摧残，孔庙严重受损，在孔庙里住着祖孙三代一家人，他们担心"御匾"被毁，在交通不方便的马路上，用牛车拉着"御匾"连夜赶到乡下藏起来。直到战后初期，这些"御匾"才得以重现天日，回到大成殿，供人们参观。因为孔庙所具有深厚的文化内涵，已经深深植根于台湾人的心中。为使孔庙古迹建筑风貌与历史文化资产得以延续保存，台南市政府集资加以分批修葺，也加大了保护力度。

　　如今的台南的孔庙文物保存完整，在台湾所有孔子庙古迹中，历史最悠久、规模最宏大、环境最幽美、历史价值最高之案例。可说是全台首屈一指，包括重修碑记以及清初至今的礼器、乐器等，都是相当珍贵的历史文物，自然以成书院与孔庙的关系最为密切。

推崇儒家学说，在台湾民众心中已打下深深的烙印，尽管在日据时代，孔庙曾一度中断过祭孔仪式，但抗日战争结束后，至今从未中断过，如今，孔庙祭祀仪式沿袭了每满十年就举办盛大的庆典传统，尤其在孔子诞辰2555周年之时，台湾岛内举办的祭孔活动非常隆重，事实证明，已成为台湾民众不可缺少的重要文化活动之一，这与大陆孔子的故里有着密不可分的源由。

以成书院，如种子般向各地传播

无形的传统工艺技术及艺术表现是普世最重要的珍宝，随着人物凋零而逐渐逝去，这就需要世人都来珍爱关注和维护。据石荣峰介绍，书院内的中央明间设有神龛，单独祭祀孔子神位与五文昌帝君，神龛上高悬"辟宫雅乐"匾，在院内还陈列着一些乐器及一幅孔子画像。因为成立的时间在台湾最早，所以有关祭孔释奠，全部依循古礼，不但牲品、礼乐等完全是照古制，就连主祭、陪祭的衣服、祭辞等都相当讲究，堪称是最符合原味、最值得成为典范的祭孔释奠。

也正因为对祭典的考究，"以成书院"成为台湾各地文庙的取经对象，不论是派人前来学习、观摩还是邀请"以成书院"派人前往协助、指导，"以成书院"犹如全台祭孔的种子乐局，在成立100多年来，台湾各地的祭孔释奠仪式几乎都是由这里传授出去。

随着海峡两岸文化交流的不断深入，让无数华夏儿女尊崇的孔子也成为联结海峡两岸民众的精神纽带，来自孔子故乡山东省曲阜县的一些学者专家在台南参观祭孔释奠仪式时，对"以成书院"完整保留祭孔相关的乐器、礼书及释奠仪式感到很惊讶，为更好地传承中华文化，两岸学者以此多次开展交流活动。

石荣峰清楚地记得，1995年他随台南孔庙委员会组成的参观团，带着崇敬的心情，第一次到孔子故乡曲阜参拜孔庙，并与孔子嫡系第七十九代传人进行了座谈。在石荣峰的眼里，曲阜的孔庙远比台南孔庙的建筑面积大许多，气派壮观，他每走一步，都是那么熟悉，那么令人敬畏！

　　那一次，石荣峰尽管实现了多年的夙愿，能亲自到孔子故里敬拜，但让他遗憾的是，遥想上世纪20年代，台南孔庙的先人从山东曲阜取经回来后，将祭孔典籍、乐章及仪式保存很完整，而大陆在经历过"文革"运动后，许多想象中的隆重祭孔仪式已难见踪影，就连祭孔仪式的雅乐演奏者也没见到。

　　在采访中，石荣峰先生一再强调，台南孔庙每年固定举办春、秋两祭，身为"以成书院"中的一员，有必要把这项尊师重道的精神世代传承下去，让他高兴的是，近些年，听大陆一些朋友讲，现在的曲阜孔庙每年也举办隆重的祭孔仪式了。

　　当谈到2013年中秋节来北京与智化寺的古乐师同台演出时，石荣峰说："我们乐团成员大多有自己的事业，在以成书院参加祭孔演奏并不

2010年8月马英九先生与书院人员合影

属于自己的专业，因为大家共同喜爱雅乐演奏，才聚集在一起演奏，自得其乐。"

石荣峰对中华文化有着浓厚的故土情结，1987年台湾老兵赴大陆探亲的闸门逐渐打开后，两岸民众之间的篱笆也渐渐拆除，从1991年开始，在短短几年间，他先后到大陆广州、桂林、西安、北京、上海、杭州等城市游览，看不尽的美景，读不完的圣书，尤其是他有着台胞的身份，无论走到哪里，坐车进景点都不用排队，那时到大陆投资的台商也很多，让他对大陆经济提升有着全新的认识。

大陆在改革开放的浪潮中，经济快速增长，也让石荣峰的事业转移到大陆。石荣峰年少时就被儒家学说浸染着，熟背《伦语》，"己所不欲，勿施于人"也成为他近50多年的座右铭，并贯穿于他的事业与人生中。

在两个小时愉快的访谈中，石荣峰温和低调儒雅，全然不像一位生意人，反而像一位风度翩翩的学者，当我把这种感觉实话实说时，他眉毛一扬笑着说："很多人第一次见我，都说我不是生意人，以为我是老师或学者，我想这都与多年来在孔庙受的影响很大有关吧！"

天籁之音在海峡两岸尽情放歌

——访邓丽君文教基金会董事长邓长富先生

采访札记:

　　美妙的歌声让人难以忘记,敬美的丽人更让人痴迷。上世纪80年代末期,当我第一次听邓丽君的歌时,这犹如来自天籁清纯、优美、柔情的歌声居然彻底征服了对音乐一窍不通的我,我很惊奇这世间还有如此令人陶醉的歌声!在后来的日子里,无论我身处何方,无论

作者与邓长富合影

工作中遇到怎样的挫折,只要一听到邓丽君的歌声,心情顿觉舒畅,那种温馨与甜蜜在我心中荡漾。我的书柜、我的车里、我电脑的音乐中,处处有她的歌声相伴。不能否认,我是通过她的歌声让我牢牢记住了许多古诗词,让我积累了很多文学素养,也促使我快乐地跋涉在写作的旅途上。

　　许多年过去了,我无法忘记当年用自己省吃俭用积攒的5元钱,在街道小摊上买到两张邓丽君微笑的黑白照片至今仍在我的精美相册中珍藏;

忘不了那天的央视新闻联播中播出邓丽君离世的消息，泪水竟然模糊了我的双眼；纵有千言万语肺腑的感伤，也唤不回她昔日的风采与姿容，她把寂寞留给自己，把欢乐送给别人，给自己画了一个完美的句号后，永远鲜亮地存活在人们的心中。

2013年正逢邓丽君冥诞60周年，5月下旬，在北京举办的邓丽君《绝唱》新书发布与华语乐坛流行音乐研讨会期间，高大魁梧英俊的邓长富先生在接受我访谈时，我读出了他对小妹的关爱之情。自从邓长富担任邓丽君文教基金会董事长以来，足迹遍布祖国大陆大小城市，举办过多场纪念邓丽君的演唱会、座谈会等各种活动，既满足了大陆众多歌迷的心愿，也告慰了邓家小妹生前没到大陆演出的遗愿，邓长富先生也成为大陆人喜爱的海峡两岸文化交流使者。

5月19日晚，当我置身首都体育馆观看"追梦——巨星耀北京邓丽君60周年纪念演唱会"时，只见场馆内聚集了众多邓丽君的忠实粉丝，座无虚席，观众年龄在40岁以上居多，他们脸上凝聚着对邓丽君歌声的喜爱、渴盼与追忆。他们随着歌星们演唱邓丽君生前的歌声情不自禁随唱着，唱到动情之处有的人竟然落下眼泪。演出结束时，场馆内回荡着人们熟悉的歌声，许多观众恋恋不舍，不忍离去。当我看到歌迷们对邓丽君痴迷的神情时，我真切感受到了邓丽君在当代华语歌坛上的魅力，无疑她是一个时代的符号。当我写这篇专访时，邓长富先生对小妹的尊爱之情，他对大陆歌迷们所做出的贡献，一一在我脑海里浮现，感谢他把记忆的闸门打开，让我们更加真切了解到邓丽君昔日的点点滴滴……

邓丽君以甜美的歌声在华语歌坛居于不可替代的地位，她在华语歌坛上是一个传奇，1995年5月8日，邓丽君于泰国清迈的湄宾饭店香消玉陨，然而，在她短暂的一生中演唱了1700多首歌曲，出版的数百张专辑，至今仍在当下被人们唱起，她那甜美的歌声伴随两岸歌迷度过了许多难忘的岁月。邓丽君与她的三哥邓长富年龄相近，成年后又一起在美国留学多年，

1978.3.23邓长富与母亲、小妹邓丽君赴美洛城旅游

在几个兄弟中，邓长富与妹妹的感情最深。近年来，行伍出身的邓长富以"邓丽君文教基金会"董事长身份穿梭两岸之间，多次举办纪念邓丽君的活动，满足众多君迷们的心愿。在邓丽君冥诞60周年之际，他积极联系筹办各项纪念邓丽君的活动，在5月北京春风和煦的日子里，记者专访了邓丽君传奇人生的见证者——邓长富先生，回忆起邓丽君，他一脸怀念之情，他对胞妹离世18年后两岸仍有众多歌迷怀念邓丽君之举感慨颇深。

"小妹在我心中永远是美丽的"

邓丽君出生于台湾云林县，共有兄妹5人，上有3位兄长，下有小弟邓长禧，邓丽君的英年早逝令几位兄长甚为怀念，在他们心中小妹永远是那样清纯可爱美丽仪人。自从身为邓丽君文教基金会执行长的五弟邓长禧于2008年在上海猝逝之后，邓丽君的三哥邓长富义不容辞担当起了邓丽君文教基金会董事长的重任。

邓长富回忆当初为小妹起名字时说："小妹原来取名为丽筠，正确读音应是'芸'但许多人把'筠'念作'君'，所以家人和邻居习惯叫她'丽君'感觉很顺口，后来取艺名时，父亲直接帮她取名邓丽君，以免总是混淆不清。小妹从小就表现出过人的艺术天赋，她的听觉特别灵敏，5岁时，邓丽君想学舞蹈，学芭蕾都是一件很奢侈的事情，买一双芭蕾舞鞋要花掉父亲两个月的薪水。不过，她作为家中唯一的女儿，从小倍受宠爱，尽管那时家里不富裕，但父母还是把5岁的她送到屏东市仙宫戏院附近学习芭蕾舞。"

正是这个名字响亮地传遍了神州大地乃至有华人的地方，邓长富清晰地记着小妹从小就爱跟着收音机里的歌声跳跳唱唱，又喜欢在家人与友人之间表演以获得掌声。像影星白光、周璇等人的歌曲，都是她的最爱，就连在台湾农村四处公演的歌仔戏团，也成为小邓丽君模仿的对象，甚至找来邻居小朋友，以水瓶当麦克风，鲜花当珠宝，用爸爸的大衬衫当戏服，扮戏自娱。幼年唱歌时，不但歌词很快就会背，对歌曲也有过耳不忘的特殊天分，小小年纪就显示出她拥有绝佳的唱歌天赋。

在邓长富的记忆里，他的父亲常对他们弟兄几个说："女孩就是要宠的！"因此，小妹从小很喜欢拍照，有一天，她悄悄去照相馆，学着明星的样子拍了一张照片，她母亲知道后二话不说，就去照相馆给女儿付账冲印，小妹年幼时的顽皮活泼与可爱永远珍藏在影册中。

让邓丽君对唱歌产生浓厚兴趣的缘由是，在她10岁那年，第一次参加一个广播电台的歌唱比赛，她唱的《黄梅调》《访英台》就得了冠军。14岁时，经学校与家庭再三衡量，邓丽君放弃了学业从事专业演唱。邓丽君的年纪虽小，但是扮相清秀可人，一张圆圆的小脸配上大眼睛，歌艺又好，因此名气越来越响亮，包括第一酒店、夜巴黎歌厅、七重天歌厅等首屈一指的登台地，都纷纷重金礼聘，邀请她拔刀相助。

谈到邓丽君走红

邓长富热情为歌迷签名

的年代背景，邓长富介绍说，那时正值台湾经济快速发展之际，当时的台湾民众已经有了足够的经济能力追寻心中的偶像。出生台湾本土的邓丽君，演唱的歌曲不仅曲调柔美，更是字字斟酌，有的歌曲则是直接为唐诗宋词谱上新曲，可以说她的歌曲把古诗词的优美意境发挥到了极致。年轻时代的邓丽君，在国际歌坛也崭露头角，已经表现出巨星的特质，正好符合了台湾民众的期待，尤其让歌迷们感到她平凡的特质，还有不忘家庭与亲友那种人情味十足的朴实特性。

"妹妹还是个格外细心的人！"邓长富回忆自己结婚前夕，当时已是大明星的小妹主动为他当伴娘，为了不抢新娘嫂子的风头，邓丽君只穿了一件朴素的白毛衣，未施妆容。邓长富到美国读书时，小妹家中有劳斯莱斯和奔驰两辆车，让邓长富开，但他嫌太名贵，不肯开。没想到，过了二天，小妹特意为他买了一辆普通的福特车，从这些事中，邓长富感受到了小妹的那份亲情。

邓长富充满深情地对笔者说："小妹不仅对家人和善亲切，凡跟她接触过的人，都知道她跟任何人相处不会有什么竞争性，她对一般的朋友，她的歌迷，都像对待家人一样非常亲切、和气。正是她的这种亲和力，直到现在，香港以及分布在大陆众多的歌迷会朋友们，每年都举办聚会活动，以示怀念。"

邓丽君明星气质的自然流露，加上时代与历史赋予她的机缘，让她在华人音乐界占有一席不可取代的地位，她头顶无数桂冠，光彩夺目，但在邓长富心中，小妹永远是活泼可爱单纯，从没有想和任何人抢风头的美丽女孩形象。

"得知大陆有着众多小妹的歌迷，让我深为感动！"

只要有华人的地方，就有邓丽君的歌声！她以优雅端庄的形象、温婉甜美的歌声，使得有华人的地方，就有她的歌声。2008年，《南方都市报》纪念改革开放30周年活动中，遴选了30位风云人物，邓丽君名列其中；2009年，中华人民共和国成立六十周年，中国网发起一项"新中国最有影响力文化人物"的网络评选，邓丽君以850多万张选票，获选为第一名；据文化部一位台湾事务官

邓长富与出版社同仁合影

员说，在2009年以邓丽君之名举办的演唱会超过100场；在中国分布在各大城市的"邓丽君歌友会"就有20多个。2012年9月在上海纪念邓丽君的年会上，远在齐齐哈尔、佳木斯、内蒙古和新疆的会长专程赴会，这些民间自发的活动足以说明对丽君喜爱与支持的程度。

邓长富谈到这些时，激动地对笔者说："过去我只是从媒体上得知大陆同胞对小妹很是喜爱，我是从2000年开始大陆之行的，当我几乎走遍了祖国大江南北的时候，竟然亲眼看到、亲耳听到、亲身感受到许多关于歌迷们怀念小妹的事，我这才发现从未踏上祖国土地，而又逝去多年的小妹在大陆居然影响力如此大！有的歌迷看到我，激动地竟然落泪，我知道这种对小妹的喜爱都是发自内心的，这让我既感动又惊喜！如果小妹有在天之灵，也会欣慰的。"

自从担任台湾邓丽君文教基金会董事长以来，邓长富希望通过邓丽君的歌声成为联结海峡两岸歌迷的精神纽带，为此，他把基金会主要的工作做以细化，因为许多"君"迷们大多是40岁以上的群体，都是那个时代的过来人，对邓丽君有着深厚的感情，仍留恋着邓氏演唱的风格。邓长富通过举办各种比赛，同时也吸引年轻人来唱，欢迎大家以不同形式不同风格

来演唱邓丽君的歌。不过，令邓长富心痛的是，在内地曾出版的一些邓丽君传记，并没有得到邓家人的授权，甚至没有经过采访核实，许多情节不仅歪曲了邓丽君的真实，也在一定程度上对邓家人造成了伤害。针对某些人对邓丽君早年从事演唱生涯以及其它方面不实的谣言，邓长富为了还原历史，给粉丝们展示一个真实的邓丽君，邓丽君文教基金会决定出一本邓家最具权威的书。

在邓丽君文教基金会的精心策划之下，2013年年初繁体字版由台湾的时报出版社发行，一经上市，即在台湾和香港热销，迅速位列畅销书排行榜前茅。5月《绝响——永远的邓丽君》简体版由北京现代出版社出版，这是邓丽君文教基金会在大陆唯一授权的官方版传记。

谈到这本书写作过程时，邓长富认真的说："我们对这本书要求很严谨，应作者姜捷的要求，每个礼拜我们都安排两天时间让她采访我的母亲以及我大哥，我弟弟，还有小妹的亲朋好友，先后访问了200多位小妹生命中的至亲好友、同事、歌迷，因而掌握了大量第一手资料。姜捷女士耗时十多年，不仅走访了台湾、香港、日本、泰国、新加坡、马来西亚、美国、法国等地，还因为中国大陆是邓丽君演艺事业非常重要的一站，又增添了北京、上海和成都三地的采访，终于一点一滴，完整谱写出邓丽君传奇的一生，为她璀璨的一生留下深刻注记。"

2013年5月17日记者应邀参加《绝响——永远的邓丽君》的发布会，在会场上，我见到来自盲文出版社的李女士、北京邓丽君歌友会的代表以及参与《我和邓丽君》有奖征文的代表，她们纷纷表达了对邓丽君的怀念之情，并希望通过这本书，能让更多的读者真实了解邓丽君传奇的一生。

台上的辉煌、台下的生命足迹、鲜少曝光的私生活、不为人知的童年回忆，都浓缩在这本史无前例的传记中，我看到了书中展示的近500幅精美的图片，其中100幅都是从未发表过的，极其珍贵。左宏元、林青霞、张家骧、邓长富为该书郑重推荐。

60岁对人生来讲是重要的甲子年，非常有意义，而对于邓丽君来讲，

2013年也是她冥诞60周年，网上网下又掀起了一股追思高潮，在各地举办的活动也很多。台湾邓丽君文教基金会从2013年1月下旬开始，在台湾和大陆分别举办了"追梦永远的邓丽君"特展、演唱会及研讨会，来纪念这位享誉华人世界的一代巨星，以示为这位人们喜爱的华语乐坛歌星"庆生"！正如有的评论所言：18年来，邓丽君并未离我们远去，而是时刻在活在我们心里。

"故乡的土地有着难以割舍的亲情"

邓长富的祖籍为冀鲁豫交界的河北大名县，当年一家人离开大陆到台湾数十年里，始终念念不忘的是故乡，邓家父母坚持用乡音交流，他的母亲是山东人，两地口音较为相近。邓长富记得，父亲晚年卧于病榻上，小妹每次回家看望，一进门就用浓重的山东口音逗父亲开心："老乡，你咋样儿啊？好些了没有？"父亲只要一看到丽君可爱的笑容，心中也颇感宽慰。让邓长富佩服的是，小妹虽然学历不高，却有着超乎常人的语言天赋，再加上勤奋学习的劲头，能说一口流利的闽南语、粤语以及标准的普通话，还能讲日语、英语。尤其是小妹最喜欢跟父母学讲家乡话，每逢演出场合，小妹总是忘不了给台下的观众讲几句家乡话。

然而，因种种原因，邓丽君始终未能踏上在拥有众多粉丝的大陆举办演唱会，也成为她一生的遗憾。邓长富深情地对我说："2013年我们在两岸举办'追梦'系列活动，看到有许多歌迷参与活动，我非常感动，也真诚地替小妹感谢歌迷们的热心参与。小妹儿时很喜欢听父母讲家乡的事，那时她很希望能回家乡亲眼看一看，希望为大陆的歌迷朋友们唱歌，而如今，只有我们来帮小妹完成心愿了，我曾替家人回到河北的故乡拜望，也在大陆一些城市举办各种有关'邓丽君歌曲'演出活动，也算为小妹圆了一个梦。"

邓长富谈到那次的故乡之行，他神情有些激动，当他回到让家人念念不忘的故乡河北邯郸大名县邓台村时，正值邓丽君辞世17周年的日子，也是他有生以来第一次回家乡。当邓台村的村民们听说邓丽君的哥哥回家乡了，全村的男女老少清晨聚集在村头，敲锣打鼓，手拿鲜花夹道欢迎。邓丽君委婉悠扬的歌声在邓家小院回响着，小院挂满了邓丽君在世界各地演唱的肖像。看到这种场面，邓长富十分感动，他与60多年来第一次见面的堂兄堂弟堂姐堂妹诉说着思念之情。邓长富来到邓家祖坟前，动情的泪尽情在脸上流淌着，手捧一抔故土，凝聚着他及远在台湾家人对故乡的爱恋之情，浓缩着未能再踏上故乡土地的父母对故乡的怀念之情，这情种纵然远隔海峡，也不能割断的。

难忘故乡情，思念蕴歌声，邓长富谈到对故乡的印象时说："父母常常跟我们兄妹几个讲家乡的事，尽管儿时对家乡的认识是模糊的，朦胧的，但小妹却始终向往着，想象着，在小妹演唱的歌曲中，许多都是怀念故乡情的。她成长于传统歌曲、民谣、小调盛行的时代，从小熏陶出相当完整的传统唱腔与演绎方式，那时她就深谙中国词曲的转音与变换方法。尽管她没有机缘来到故乡的土地上，但她的歌曲中仍散发着浓浓的故乡情韵，像歌曲《又见炊烟》等等，至今仍倍受人们喜爱。"

让邓长富引以为豪的是，在1983年，小妹邓丽君筹划了《淡淡幽情》专辑的发行与制作事宜，这也是国语流行乐坛惟一以唐诗宋词为主轴的概念性专辑，不同于艺术性歌曲。邓丽君找到当时中国大陆和港台最前卫、权威的制作人谱曲，目的就是在于为古典诗词塑造新的生命，这张多数以唐诗宋词为主轴的概念唱片，以南唐李后主的独上西楼为开端，在大导演刘家昌的谱曲下，邓丽君唱出了贯穿整张唱片的幽雅气氛。这张专辑进入市场，立刻受到广大歌迷们的喜爱，邓丽君幽雅的气质与旗袍装扮结合在一起，打造出中国古典美女、才女的独特韵味，让邓丽君的艺术成就更上一层楼。

正如邓长富所说，从中看出了邓丽君对中国传统文化的敬重之情，也让许多人通过歌曲记住了中国的许多古诗词，当然，对一些不善于背诵的学生来讲，也是一个绝妙的记忆方法，当然，留在记者脑海中的一些古诗正是从邓丽君歌声中受益的。

"歌迷会"在大陆传递两岸情深

1979年初，在中国大陆这个刚开始迎接改革开放的年代，人们的思想还没有转变，尽管邓丽君的歌被列为"靡靡之音"、"黄色歌曲"之类，但她的歌曲由于具有浓厚的中国特色与轻快的青春感，迅速抢占了市场，占据了中国青年人的心。当时在各都市的小市场里盛行贩卖影星照片，邓丽君照片的摊贩前，总能聚集着人们喜爱的目光，几乎是到了只要有录音机的地方，就有邓丽君歌声的地步，包括北京、上海、广州等都市，随处都能听到邓丽君的歌曲，尤其在南方，邓丽君的录音带更被列为必备的嫁妆之一。

随着海峡两岸交流之门日渐开启，人们对邓丽君歌声的认同也逐步明朗化，当邓丽君得知大陆有许多自己的歌迷时，她很是开心，不时公开表达对大陆歌迷的感谢之情。因此，邓丽君继续演唱有中国风味、地方色彩甚至怀旧的歌曲，希望自己的歌

邓长富在新书发布会上

声能给大陆的歌迷们带去欢乐，这也是大陆的歌迷们期盼已久的事。

斯人已逝，邓长富对小妹甚是怀念，自从担任邓丽君文教基金会董事长后，他经常奔波各地，参加纪念邓丽君的一些活动。邓长富动情地对我

说："在大陆就有自发组织的22个邓丽君歌迷会，对于各地歌迷自发举办的纪念活动，我内心充满了感激和感动。"他对记者讲述了这么一件事：他在台北举办的"追梦永远的邓丽君特展"现场，看到几位五、六十岁的老人边看边流泪，这让他感受颇深，他认为，小妹至今还活在海峡两岸歌迷心中，不仅是歌迷对邓丽君具有中华传统文化深厚底蕴歌曲的肯定，而且也因着她与人为善以及对演唱的敬业，她的歌声无形中也成为联结海峡两岸歌迷们感情的纽带。

在邓丽君冥诞60周年，邓长富为了满足广大歌迷们对邓丽君的喜爱，与有关部门邀请众多重量级歌手计划一年内在海内外举办40至60场巡回演唱会。

2013年5月19日，我有幸应邀参加了北京举办的"2013'华语流行音乐学术研讨会"，邓丽君文教基金会邀请了海峡两岸流行音乐界的捞仔、左宏元、李寿全、段钟潭等知名人士，就"如何提升华语流行音乐对文化的影响及促进两岸流行音乐的交流"进行了深入探讨，希望借助邓丽君的例子，提升华语流行音乐的竞争力，让华语流行音乐走向世界。

那天，当我看到高大帅气待人温和的邓长富出现在研讨会现场时，他立刻被热心的歌迷围在当中，纷纷与他合影，而邓长富始终面带微笑与大家合影，耐心回答一些人关于他与小妹之间的话题。一位歌迷跟他合影后兴奋地对我说："虽然今生无缘与我喜爱的邓丽君见面，但能和她哥哥合影，我也很满足了！"

这是一个明星更换迅速的年代，歌迷心中的偶像也会随时变换，邓丽君的歌曲是否会随着时代的变迁而被新歌手逐渐取代呢？面对这种问题，邓长富坦然地对我说："小妹已经去逝这么多年了，却还拥有这么多的歌迷，显然在歌迷心中爱的不仅仅是她的歌，还有她的人，至于今后不断涌现出新人，这也是很正常的，只要能让大家喜欢就好！"正如音乐界一位知名人士所说：邓丽君的歌声已经成为华语流行音乐的一个里程碑，那种魅力前无古人，后无来者。

邓长富提起小妹一生中最大的遗憾，就是赴大陆举办演唱会终成一梦，但她的歌声在那个众所周知的年代里仍然能穿透政治隔阂，风靡整个大陆，甚至在她身后多年，她的歌声依旧是中国

邓长富讲述出书过程

现代音乐的象征，更显得弥足珍贵。正如很多歌迷所说的，邓丽君是歌与人的完美统一，犹如天使般，给海峡两岸的歌迷们传递着爱的信息。在美国知名的《排行榜》（Billboard）音乐杂志中曾撰文形容邓丽君"使海峡两岸在70至80年代即做到了文化统一"。

"替小妹完成生前未了的心愿"

邓丽君的唱歌天赋如同神助一般，所具有的魅力令无数人惊叹，然而，当邓长富谈到小妹最初的理想时，他欣慰地笑着说："小妹小时候的理想并不是当歌星，而是长大后想当一名帮助病人解除痛苦的出色护士！但生活似乎给她开了个玩笑，让她度过了辉煌的歌唱生涯，给人们带来许多的欢笑，成为抚慰人心灵的使者。"

尽管在邓丽君短短40多年的人生轨迹中，与白衣天使无缘，但她柔美的歌声犹如一剂良药般抚慰人们燥动的心灵，一些歌迷在纪念邓丽君的文章中，大多有这样的表述：每当自己在生活或工作中遇到烦恼时，只要听

听邓丽君那柔美的恰似谈心般的歌声，顿觉释然，心情开朗许多。

据说邓丽君身后留下了相当于4亿元人民币的遗产，加上每年可观的版税收入，这笔资产的去向也成为某些人议论的话题。这让邓长富陷入了深深回忆中，他说："小妹生前不是以赚钱为目的，她在过世前的那几年不做任何商业演出，她演出目的就是想多做些公益的事，努力帮助社会募款、捐钱，她认为社会已经给了她很多，应该有一颗感恩的心再回馈给社会。"

1995年邓丽君过世的那年，成立了邓丽君文教基金会，基金会不接受捐赠，收入大多来自版税，成立后有三个宗旨：一是希望能够为扶持流行音乐发展出一把力；二是帮助一些弱势群体；三是培养一些新生代的演艺人员。主要是完成她生前的心愿。邓长富把小妹生前曾经写过一首没来得及谱成曲的歌词《心愿》，请了名家把它谱成曲，在每年一次的"心愿演

邓长富在研讨会后与海峡两岸音乐界人士合影

唱会"上唱响，并发掘一些歌坛新人。

谈到培养年轻的音乐人时，邓长富津津乐地道说："我们办了10届歌唱比赛，给新人提供展示自己的机会，如今这种比赛越来越多了，我们才慢慢不办了，现在我们正在做《爱上邓丽君》的音乐剧，并在各地演出。今后，打算投资建校，义务培养有音乐天分的孩子成才，成立邓丽君音乐学校是我们最大的目标。"

2010年8月成都丝语美容咨询有限公司（诗丽堂）、台湾邓丽君文教基金会共同资助40万元修建了四川省简阳市"诗丽堂希望小学"，在简阳市周家乡艳丰村举行隆重的奠基仪式，为偏远山区的贫困孩子学习成才创造了良好条件。

谈到基金会今后的规划时，邓长富微笑着说："小妹这一生最大的遗憾就是三件事，考一个正式的学历、结婚生子、在大陆开一场不售票的演唱会，我们现在只能尽力让更多的大陆朋友听到她的歌曲、了解她的音乐，完成她未了的心愿。"

因邓丽君的那颗慈善之心，"邓丽君文教基金会"决定将《绝响——永远的邓丽君》一书的版税收入全数捐赠给"单国玺弱势族群社福基金会"，为台湾的贫、病、孤、老、残等弱势朋友尽一份心，让丽君优美的歌声继续传唱，丽君慈善公益的精神继续发扬，这是给她最好的生日礼物！

说这话时，邓长富脸上呈现一抹柔性，仿佛那位可亲可爱的小妹并没离去，她的音容笑貌始终留在他的心里，留在海峡两岸喜爱她的歌迷心中！

让音乐流淌出欢乐的浪花

——访台湾流行音乐作曲家古月（原名左宏元）先生

采访札记：

只要提到邓丽君那一首首几乎家喻户晓的歌曲以及琼瑶影视剧中主题曲和《新白娘子传奇》中的主题曲作者及演唱者时，一定知道台湾流行音乐作曲家的古月，至今许多人都能唱出那熟悉的曲调来。然而，若是提到左宏元这个名字，也许大家比较陌生，实际上古月即是左宏元的笔名，我最早喜欢流行歌曲是因着喜欢邓

作者与古月合影

丽君的歌，故此，对这位来自台湾的著名作曲家古月有着深深的敬意，也期盼着有机会一睹他的风采。

人世间的缘份真是奇妙，我的这个愿望还真的实现啦！2013年5月19日上午，我到北京香格里拉大酒店参加"2013'华语流行音乐学术研讨会"时，当主持人介绍参会嘉宾时，特意讲明（左宏元是古月的原名）时，参会人员立刻在一片惊喜的目光中，在最后一排的座位上搜寻到这位

在乐坛备受欢迎的老人，只见他精神矍铄，双目炯炯有神，站起来微笑着向大家招手示意。原来，左宏元先生特意从台北赶来参加这个研讨会的，很快，会场的后排似乎形成一块强磁场，场内与会者陆续来到老人面前要求合影、签名、交谈。古月担心影响会议效果，答应会议中场休息期间肯定满足大家的愿望，我注意到，老人果然没有食言，在会议间隙，他应大家的要求，给每一位来者认真签名、合影，他那谦虚和善的态度很快赢得好人缘，许多人高兴而来，满意而归。

当然，我没错过如此大好时机，也来到左宏元面前，提出为他做采访，他听后很爽快地答应了，像调皮的孩童一般，笑着示意我和他的特别助理方倩瑶小姐离开会场，在酒店大厅内寻得一个安静的座位。

坐在会场外的左宏元，显然轻松了许多，当我把想要采访的问题向他一一提出时，他未加思索，向我讲起了他如何去台湾，在台湾这些年的创作历程，讲起了为邓丽君作曲的过程，讲起了与琼瑶合作的情形。左宏元记忆力极强，思维敏捷，条理清晰，仿佛过去那些年发生的事就在昨天。

"小小的一片云呀，慢慢地走过来，请你们歇歇脚呀，暂时停下来……"只见这位年逾8旬双鬓斑白的老人兴奋之余打着拍子唱起这首《踏浪》，全然不像83岁的老人，他乐观的神态让我为之动容。是音乐为他注入了青春的活力，他像年轻人一样充满着对未来的向往，他说他还有许多事要做，在音乐的海洋中，将一朵朵迷人的浪花谱成优美的曲子，让人们在轻松快乐的音乐中生活工作。

面对这位音乐奇才的老人，我心里充满了敬佩之情，真诚祝愿他的创作之路越走越广，像常青树一样永远年轻。

被誉为华语乐坛大师级的音乐制作人左宏元，笔名古月，他是台湾流行音乐早期创作人。左宏元出生于安徽省芜湖，祖籍湖北大冶，1949年，因着阴差阳错的际遇，他渡过海峡到了台湾。1956年他从政战学校音乐科毕业至今，已创作了二千多首经典歌曲，像《今天不回家》、《风从哪里来》、《彩云飞》、《晴时多云偶阵雨》、《海韵》、《踏浪》等等，那些数不尽的畅销歌曲，一一从他的乐谱中流淌出来。他为琼瑶影视剧创作的大量曲子，成为经典之作，红遍了海峡两岸，深受世界华人所喜爱。一生热爱音乐的他，至今依然创作不辍，魅力不减当年。

飘摇过海，痴迷音乐岛内行

1930年出生于安徽芜湖的左宏元，从小家境贫穷，家里仅靠卖馄饨面维生。小时候的左宏元很顽皮贪玩，对一切新鲜事都感兴趣，但是，在那个兵荒马乱的年代，人心惶惶，许多孩子无法安心读书。一天，村里来了个以儿童为主的戏班子，里面的小孩不仅会唱京剧，还会翻筋斗，左宏元观看他们表演时，对这些身怀技艺的孩子产生了兴趣，他没事就溜到戏班子跟小朋友学唱戏。没想到左宏元对学戏曲很有天赋，不知不觉间，他竟然学会了全本的《法门寺》、《萧何月下追韩信》等老生唱腔的戏，有时他还上台表演一番。

古月在华语流行音乐学术研讨会上发言

然而，在那种战乱的年代里，人们是没有好心情去欣赏戏曲，后来，左宏元几经辗转来到上海，1949年下半年，由于城内炮声隆隆，一些人不知将会发生什么，慌恐不安度日，一天，左宏元随着许多逃难的人跳上一艘连自己也不知道的船，在大海上飘了几天，一路驶过台湾海峡，竟然来到台湾基隆港，他也没想到，从此也改变了人生轨迹。

即来之则安之，左宏元发

现台湾与家乡的地理环境、风土人情不一样，有着另一番韵味。一个偶然机会，他认识了宜兰礁溪国小教音乐的张月娥老师，张老师把他当弟弟一样，教给他一些台湾本土风格的音乐，并教他弹奏乐器。对喜欢音乐的左宏元来说，如饥似渴地在学习中度过每一天。1954年，左宏元成为政工干校音乐科第二期学生，开始系统学习声乐、理论作曲、钢琴、指挥等课程。授课的教师全部来自国立师大音乐系，水准很高，但也常缺课。由于左宏元学习能力强，被系主任选为助教，碰到教师缺席时，他这个"助教学生"就负责讲课。

为了扎实了解作曲原理，左宏元每天半夜爬起来，躲到音乐教室勤读，苦练钢琴，同时背诵巴哈、贝多芬、莫扎特等大师的乐谱，从中寻找作曲的脉络。后来他发现大师作曲的基本理论都差不多，只要能够抓住它的模式，就能化繁为简。在一年半的学习时间里，左宏元学到了普通学生4年都学不到的东西，日子虽然辛苦，但很值得，这对于他以后会走上作曲这条路，打下了坚实深的基础。

左宏元在学校当古典音乐助教期间，兼职在"台湾广播电台"弹钢琴，同时创作了大量的儿歌，他每周写一首儿歌在电台杂志发表，这些儿童歌曲曲风活泼、朗朗上口深受全台湾小朋友与年轻妈妈们的欢迎，比如《大公鸡》、《丑小鸭》、《太阳出来了》、《郊游》等。但那时左宏元担心老师反对，最初发表作品时他都用"左宏元"这个笔名——古月即为

古月与台湾金牌经纪人宋文善合影

胡，暗指可以胡乱写，只要好看就行，不受院校约束。左宏元解释这一名字时说："古月可以理解为，古时的古，月亮的月，就很有诗意。"

在抗战流离失所的日子里，左宏元每逃到一个地方，就能迷上当地的戏曲，包括河南梆子、京剧、坠子、绍兴戏，听一两遍他就能哼唱。因此，在1970年，台视推出一个以歌唱为主的古装连续剧《花月良宵》时，由左宏元一手操办，里面的歌曲集昆曲、黄梅调、越剧于一炉，他还亲自上场，唱了一首诙谐风趣的《酒色财气》歌曲，曾在台湾轰动一时。

左宏元不但会作曲，同时对引导歌手诠释抒情歌曲也有一套，他弃古典音乐投身流行音乐后，没想到第一个培养的歌手是姚苏蓉，第一首歌是《今天不回家》。谈到当年的情景时，左宏元高兴地说："因为姚苏蓉的父母是来自大陆的湖北人，姚苏蓉能说一口流利的国语，咬字很清晰。那时给一部电影写歌词时，受美国'猫王'的启发，结合故事情节，我就尝试把东方音乐与西方的摇滚乐融在一起。那时的青少年从小养成永远听父母指挥，甚至爱情婚姻都也由父母决定，假如明天要考试了，晚上必须在家温习功课，绝对不允许与同学相约一起出去玩，心里有什么想法也不敢对父母讲，但他们内心很渴望能有一个晚上不回家，有一个属于自己百分之百的空间。这首歌由姚苏蓉用一种比较嘶喊奔放愤怒的声音，表达了年轻人的内心。影片上映后立刻得到青年人的喜爱，也成为台湾第一首打入香港市场的国语歌。"

影片上映时果然全省影院爆满，制片的大众公司随即行情看涨，白景瑞成为喜剧大师，女主角甄珍成为巨星，主唱姚苏蓉成为一代歌后，还红到香港、东南亚，电影圈则相继开拍起歌唱片来。此歌很快席卷香港音乐市场，居然卖出60万张唱片，掀起当地前所未有的热潮，随之而来的是一批台湾流行歌曲，不断打进香港市场。姚苏蓉先前曾以一曲《秋水伊人》赢得"盈泪歌后"的美誉（1967年），她演唱的《今天不回家》这一首歌在当时来说具有现代感，又加入传统河南梆子唱腔，这种与以往台湾人听的歌风格不同，也让她打开了更受听众欢迎的新歌路。

因为左宏元有深厚的音乐基础，也因为他年轻，充满激情的创作，让他成为广受欢迎的音乐人。当左宏元迁往花莲吉安乡后，与当地的阿美族人打成一片，还学会了阿美族的歌舞，这些经历让左宏元在以后的创作中能够写出《风从哪里来》、《娜奴娃情歌》、《蓝色的姑娘》等具有台湾原住民风味的歌曲，就源于吉安乡吸收的养份，这些歌曲也捧红了原本默默无闻的卑南族歌手万沙浪。左宏元成功捧红了台湾邓丽君、甄妮、凤飞飞等许多歌手，成为台湾国语流行歌坛首屈一指的大师。

难忘当年，为邓丽君写歌的日子

左宏元创作的很多歌曲都是由邓丽君主唱的，也是与众多歌星合作中留给他印象最深的歌手。邓丽君是当代一位超级巨星，从小就以天才童星身份出现的她，受过完整的音乐训练，歌唱如同来自天籁，

古月在君迷藏品故事沙龙动情讲述与邓丽君相识的日子

经历了台湾流行歌曲初期的磨练后，到香港、日本发展，歌艺一直进步，在华语歌坛的成就至今难有人企及，她甜美的歌声深受无数铁杆歌迷的喜爱和痴狂。从她1995年5月离世至今，她的魅力依然不减，在全球华人心中，她已经成为一个时代的符号，在大陆众多歌迷心中成为抹不掉的记忆。

当左宏元回忆与邓丽君相识的那段日子时，他说："我认识邓丽君的时候她才15岁，我给她写歌，她真是好可爱，声音好甜美，我跟她说面对大海可以让人感觉到大自然的呼吸，能给人新的感受，她就时常在海边唱歌、练习呼吸。台湾的第一部电视连续剧的主题曲"晶晶"就是她唱的，

当时非常轰动，卖唱片的批发商搬着现金去买唱片，后来我觉得这个女孩非常有前途，又给她写了第一部爱情电影《彩云飞》的主题歌。"

1973年，导演李行将琼瑶小说《彩云飞》搬上银幕，由甄珍、邓光荣主演，片中的插曲全部由左宏元负责，除了主题曲"彩云飞"外，还有"千言万语"、"我怎能离开你"等插曲。当时左宏元提出让充满青春气息的邓丽君来演唱，但琼瑶认为邓丽君不满20岁，无法演绎歌词的深意，但左宏元认为邓丽君有潜力，替她拍胸脯作保证。事实上，邓丽君没有恋爱经验，对表现歌词中的浓情蜜意无法把握，于是，左宏元让邓丽君幻想着遇到一个自己心仪的男子，藉着歌声把那种恋爱的甜蜜和幸福的期待表露出来。有着歌唱天赋的邓丽君果然不负众望，准确地抓住了歌曲中的情感。这张电影插曲唱片横空出世后，不但在台湾大卖，在东南亚各国也受到歌迷的热烈欢迎。邓丽君唱第二部电影中的"海韵"时，就能很快投入其中，准确领悟歌词内涵，邓丽君在左宏元和庄奴两位音乐界泰斗的引领下，终成一代歌后。

那时，左宏元为琼瑶影视剧创作了大量的曲子，经邓丽君演唱后，准确地把剧中人物的情感表现了淋漓尽致，恰逢台湾流行歌曲盛行的大好时光，她成为台湾流行音乐的开创者。直到今天，邓丽君已过世10年，这些歌曲仍在歌迷间传唱不止。

"此曲只应天上有，人间能得几回闻。邓丽君非常有语言天赋，也是非常刻苦努力的歌星。她自学了多种语言，也拓宽了自己的歌唱领域，她给众人的感觉都是积极乐观向上的，让人们能从她的歌声中感受到愉悦，我想她内心一定也有苦闷、烦恼，但她从不把悲伤的情绪在人前流露。假如这辈子身边有人好好照顾她，她现在应该是歌唱顶峰时期，我想老天叫她到人间也许就是为了让她把美妙的歌声留下。"

左宏元提起与邓丽君相识的那一幕幕情景时，眼睛里充满了一片柔情，仿佛爱徒仍在人间。

流行音乐，将中国文化元素融入其中

在台湾光复之前，人们大多会唱日本歌曲或是用日本曲调的旋律配上台湾的歌词，到了上世纪60年代，台湾流行乐也可以说台湾经典中文流行乐产生的基点，正是在台湾积累了30年的民谣以及传统民歌基础上建立的。从上世纪70年代中期开始的民谣运动中造就了一批台湾最具影响力的歌手、创作人（词曲作家）、制作人，他们最大限度挖掘了民谣以及它背后的传统民歌的潜力，几乎所有的流行曲都在依靠现代民歌寻找灵感，台湾现代民歌像是一个资源丰富的音乐矿藏，让无数后来者从中汲取着营养。

台湾流行歌曲与文艺电影紧密结合，那时左宏元与刘家昌、骆明道，并称为电影、作曲、背景音乐创作的三大家，他也是三大作曲家中唯一一位对民歌运动有贡献作品的名家。而左宏元（作曲）、琼瑶（作词）和凤飞飞（演唱）组成的铁三角在上世纪70和80年代风靡之极，更是雄霸台湾国语歌坛长达5年之久，在市场行销中属于最成功的典型案例。

左宏元在创作中期赶上了民歌风潮，他的作品风格也变得更为清新、毫无压力，结合涌现出来新歌手的特质，他创作了不少成名金曲，如银霞的"你那好冷的小手"、陈淑桦"娃娃的故事"、沈雁"踏浪"、"在这里"等等旋律明快、颇有妙趣、记忆点强烈的歌曲，深受歌迷们的喜爱，歌手走红也是情理之中的事。同时，左宏元与庄奴在后民

古月在君迷藏品故事沙龙接受主持人采访

华语流行音乐学术研讨会后留影

歌时期成为黄金组合。

据左宏元先生介绍，上世纪30、40年代，香港和上海的歌曲都是中国传统文化的精髓，还有许多是从中国传统地方戏曲中提炼出来的，经过改良后变成时代曲。著名影星周旋曾经有首歌《秋水伊人》中的歌词有点像地方戏，但经过现代元素的包装，就很容易被人们所接受，尤其是一个中国字能唱出七八个音调，这是西方语言无法相比的。歌手只要经过这种特殊训练，就能把歌词唱得出神入化。为了提高歌手们演唱的兴趣，左宏元在台湾搞创作时，把中国这种特有的文化融入其中，清晰简单流畅，希望能在人们中普遍流行。

在研究黄梅戏和京剧等地方戏曲方面左宏元都有着独到之处，独创了具有现代风格的"新黄梅戏"，制作了许多戏曲影视作品。台湾经典电视剧《新白娘子传奇》曾红遍海峡两岸，最著名的就是片头曲《千年等一回》和片尾曲《渡情》了，片中所有歌曲的作曲者都是左宏元创作。当时他写这首曲子时，是以杨三郎的台语歌谣"孤恋花"为蓝本，意在写出接近台湾本土的优美旋律，所以台湾观众听到的旋律似曾相识，这也是左宏元擅长的创作路线，歌词部分由庄奴填写，很白话、浅显易懂，成为该年畅销金曲之一。

左宏元在后期创作中，开始为大型历史影视剧作曲，尤其在琼瑶清装电视剧的主题曲、配乐的创作及唱片监制上，都有不俗的体现。在他的作品中，有一部分最特别，他擅长加入台湾传统歌谣的元素（如歌仔戏）及中国传统的五声音阶，配合千回百折的转音，让他创作的小调歌曲，十足充满了韵味，当然也充分考验着演唱者的歌唱技巧。这种创作手法是别的作曲家所无法取代的，发挥最淋漓尽致的歌手，应为邓丽君、凤飞飞与蔡幸娟。左宏元的歌几乎每位畅销歌手都演唱过，他对于华语流行音乐的贡献，就是他走出了一条完全与当年东洋或西洋歌曲不同的路线，创造了真正属于台湾风格的流行音乐。

左宏元笑称自己当初写歌完全是个人兴趣，没什么报酬，他写的歌没有本省及外省歌手之分，像歌星凤飞飞原本是唱台语歌的，但她妈妈希望左宏元帮女儿从台语改变成国语。左宏元很热情，根据她略带沙哑的声音及本土的转音、转腔的特质，写了很多具有中国文化元素的流行歌曲，并把一些台语歌的旋律改成国语歌，逐渐脱离了日本统治时期留下的痕迹。

追忆起年少时对音乐的梦想与激情，左宏元说："生活中如果没有音乐，人生真的很寂寞。当时穷得连想吃一碗牛肉面的钱也很紧张，但是我与流行音乐结缘，那是我生命中最丰富，最幸福，也是最快乐的时候。"

浪漫音乐，在琼瑶影视剧中升华

当时最走红的男女歌手与庄奴、左宏元、刘家昌等音乐人在创作方面的成就，离不开六七十年代最重要的一种文艺电影——琼瑶电影的传播。

因琼瑶的电影广受欢迎，不仅捧红了甄珍、林青霞、吕绣菱等多位影坛巨星，也使演唱电影主题曲与插曲的歌手们成为歌迷们追捧的对象。凤飞飞演唱的《我是一片云》就曾经在当年度创出10万张的销售佳绩。

那时琼瑶的书以及影视剧在大陆曾风靡一时，引发无数琼瑶迷们的热捧。左宏元回忆起他与琼瑶第一次见面的情景："那年9月的一个下午，让我一直铭记在心的是，在台北仁爱路最美的地方遇到了台北最美丽的女人。"那时，琼瑶还不会写剧本，为了让她尽快上手，左宏元请著名编剧张永祥帮忙。但是，琼瑶不喜欢别人大量删改她的原文和念白，所以每逢遇到编剧删稿，她就不高兴。左宏元每次都出面协调，几乎原封不动保留她的文字，也许是这个原因，琼瑶很信任左宏元。

左宏元在1967年至1968年期间，自组大有影业公司发行制作国语片，投资制作了大量台湾电影，长期与琼瑶等著名电影人合作，最著名作品包括：《月朦胧鸟朦胧》、《我是一片云》、《一颗红豆》、《金盏花》、《雁儿在林梢》、《聚散两依依》等，至今拥有数十部电影版权，俩人携手开创了台湾地区言情剧的黄金时代，联合推出的9部电影全部成为时代经典片。由林青霞主演的数部电影全部获得成功，包括红极一时的《还珠格格》（1、2部），幕后的策划推手均是左宏元。"从《彩云飞》开始，一直到《海鸥飞处》、《窗外》、《庭院深

会议结束后，许多参会者纷纷与左宏元合影

深》、《烟雨濛濛》至今让许多观众记忆犹新。

当左宏元谈及琼瑶影视剧在大陆热播时的盛况时，他开心地说："我看到大陆同胞如此喜爱我创作的歌曲，心里很欣慰，不管在大街上、音像店还是KTV里，都能感受到台湾流行歌曲的魅力。"

热爱电影的琼瑶在夫婿平鑫涛所属皇冠杂志的帮助下，与盛竹如等人合资成立了自己的电影公司"巨星影业"，专拍自己写的中篇小说。同时她每年只拍两部戏，档期放在春节以及青年节期间，左宏元通常以书中现有的歌词来谱曲，因此同一个歌词，可能出现好几个曲调的版本，如"我是一片云"就有两个版本、"奔向彩虹"也有（A）（B）两个版本，还有更多的插曲亦同，往往一快一慢，相互辉映。左宏元擅长以三拍子华尔滋的旋律，相当口语化，编织琼瑶如梦如幻似的电影情节，大多由凤飞飞演唱电影歌曲，这样的"铁三角"联手合作好几年，许多歌曲成为经典之作。1977年1月由左宏元创作的歌曲"我是一片云"达到最高峰，这张唱片卖座超过10万张，刷新了当时的记录，台湾最早的电影音乐在左宏元时代就已经成型了。

跨海踏浪，让歌声传递两岸心声

两岸亲情割不断，踏浪跨海传歌声。当记者问左宏元先生："当初您听说自己创作的歌曲，不仅备受台湾人的喜爱，而且在大陆还拥有众多的歌迷时，是一种什么样的心情时？"左宏元不假思索笑着说："当然是很高兴喽，那时处于两岸隔绝时期，我常常观望着海峡对岸，思念着祖国，很希望能在有生之年为中国流行文化传播海外多做些事。"

左宏元回忆当年创作歌曲《海韵》、《踏浪》的感受时，动情地说："那时两岸局势紧张，似乎随时能打起来，打仗总是有死亡的，我们都是中国人，不希望自己人打自己人，那一刹间我很怀念自己的故乡，希望有一天能重回故乡。所以我把'踏浪'的旋律写的很轻松活泼，歌曲

左宏元与作者合影

'海韵'也是那样，其实海浪很高，天边有黑雾，就像战争一触即发，如果我们把海峡看成我们穿着美丽的衣服在跳舞，就像歌中唱到'啊……不是海浪，是我美丽的衣裳，飘荡，飘荡……'让我们在歌声中感受和平，经过邓丽君、姚苏蓉、凤飞飞演唱后，变成抚慰大家共同心灵的歌曲，尽管两岸人的感情有着隔阂，但同为中国人的心在拥抱着，踏浪过海欢快地唱着歌。"

提到台湾的经典电视连续剧《新白娘子传奇》中的主题歌，左宏元也对中国音乐的发展有着自己独特的想法，他说："有很多年轻朋友问我，里面有个'嘿嘿嘿，吼吼吼……是谁唱的？我说是我唱的，好开心啊，我当时就想有个创新。最重要的是把中国流行音乐国际化，我希望一方面跟国外流行音乐多交流，另一方面我们不能只用普通话或地方语言唱自己的歌，还要用外国语唱，把我们的好歌用音乐介绍到国外去，跟他们在国际上竞争，不要让他们的音乐文化大量给我们。中国地域广阔人口众多，如果我们的音乐创作队伍发展起来，发挥的力量会叫他们刮目相看，还要把我们许多优秀的歌手推向国际，要注重让青少年传承和发扬中国音乐，多读唐诗三百首，多思多消化，从中汲取中华文化精髓，有好声音就要大力去宣扬，充分利用网络、电视及平面等媒介，让向全世界都能听到来自中国的好声音。"

叶落终归根，难忘故乡情。现在，年过八旬的左宏元先生担任巨星影业集团董事长、中华电影制片协会理事长等职，常年往来于台湾、大陆及东南亚地区，事业涵盖影音制作、推广、新星培养等。子承父业，如今，左宏元的女儿左安安也成了词作家，SHE演唱的《我不想长大》和莫文蔚《不能没有你》都是左安安创作的。

庄奴与古月在重庆留影

随着一批批新星的诞生，左宏元感慨地说："看到如今中国流行音乐的蓬勃发展，我很欣慰，这么多年来一直忙碌着，我打算再过5年退休后到家乡养老，落叶终要归根的，毕竟在外飘泊的人很想念自己的家乡。"

左宏元说这番话时，眼神中充满了一种渴望，陷入了往昔的回忆之中，我想他此时的心境犹如波涛般翻涌着，如同他当年创作的《踏浪》，愿那朵朵浪花化做美丽的衣裳在海峡中翩翩起舞，给两岸的人们带来一片欢乐。

台湾词坛泰斗的炽热情怀

——访台湾著名词作家庄奴

采访札记：

  30年前，我经常沉醉于邓丽君那一首首轻柔曼妙的歌声里，每当听到这些歌时，我的心情也格外舒畅，我仔细品味这些看似简单内涵丰富优美的歌词时，我也注意到了曲作者是古月，词作者庄奴，心中暗自赞叹：真是珠联璧合，婉若仙曲！由两位大师创作的歌曲，再

作者与庄奴合影

经邓丽君的演唱，传遍祖国大江南北，这些经典歌曲历经多年依然有众多狂热的追随者，当然，我也是其中的一个。

  去年5月，我幸运地采访到了邓丽君的三哥邓长富和台湾著名曲作者古月，那时，我想如果能采访庄奴老师了，就圆满了。凡事心想事成，这句话还真是应验啦，2014年春，经多方打听，我终于找到了庄奴老师的联系方式，真是开心极了！但我无数次看着那个熟悉的手机号，却始终没拨出，一是那段时间有很多事急需做；二是担心庄奴已有93岁高龄了不愿接受采访，三是担心被庄奴的夫人邹麟婉拒。9月底，我终于鼓足了勇气给

邹麟女士发了条短信，然后就是忐忑不安的焦急等待中，因为，我很想见见这位令我仰慕已久声名远扬的作词家，因为他写过无数动听的歌词，因为他富有传奇色彩的爱情，因为他永久的魅力——

让我惊喜的是，在我的短信发出5分钟后，很快就接到邹麟打来的电话，电话中她略带着重庆语调很温和询问我到重庆的日期以及采访的主题，我很激动，一时竟然不知说什么才好。她说过完国庆节，就可以了。因为我担心国庆节车票不好买，当即确定过国庆后，就到重庆，她很关切地说："你定好车票告诉我一声，我们可以晚走几天到璧山县，等着你。"听到她的一席话，让我心里轻松许多，原本的担心全被她温柔的话释然了。

在去往重庆庄奴家的路上，我满脑子都在想像着与庄奴老师和邹麟女士见面的情景，当我满怀激动的心情按响了庄奴家的门铃时，开门的是一位身材适中温文儒雅的中年妇女，她正是令人敬佩的邹麟女士，她热情地把我让进家门，连声歉意地说："庄老师有些感冒，我这就叫他起来，你先坐沙发上稍等啊！"

我坐在客厅的长沙发上静静等候着，环顾室内四周，室内整洁简单有层次，长方形客厅内有一组沙发，宽屏超薄电视机，一张餐桌旁摆着四把椅子，在通往卧室的的右边主墙是一组书柜、一张书桌，桌上摆放着十余个像框，那是庄奴老师和夫人以及粉丝的合影，看上去是那么的亲切。

没一会儿，庄奴在邹麟女士的搀扶下，走出卧室。我大步迎上前，只见庄奴步履缓慢，银白的头发和眉毛依然茂密，面含微笑，戴着近视镜，身着一件红底夹着红丝儿的中式小袄，黑色的裤子和运动鞋，跟我在电视上看到的庄奴没什么两样，他对我微笑着伸出手，用一口标准的北京话说："谢谢你，欢迎你啊！"我紧紧握着那双温暖有力的手，正是这双有力的大手，用炽热的才情给无数歌迷们写出了3千多首脍炙人口的优美歌曲，这双手让无数人崇拜已久，正是这双手给人们传递着快乐。

面对已经93岁高龄的庄奴老师，我心中突然升腾一种愧疚感：真不好意思，前来打挠他，暗想采访时间一定要短，不能影响他的休息。

正思忖着，邹麟女士已经抚着庄奴坐在宽大的椅子里，她歉意地对我说："去年10月4日，他听说儿子快到家了，心里着急，不小心摔了一跤，手术后，听力减弱了，你问他话时要靠近他，需要大点声。如果不出事，他的状况会更好。"言语中，她的神情带着愧疚，似乎是她没照看好。其实，这些年来，庄奴的身体及精神状态能保持如此好，与邹麟在身边精心照顾分不开的，那种互敬互爱的高尚品德让无数歌迷所传颂，他们真心相爱的事迹诠释了真情。

90多年历经风霜并没有磨灭他那双明亮深邃的眼眸，声音依旧硬朗干脆，不时笑声朗朗，庄奴谈兴甚浓，访谈中他情不自禁地清唱着一段段动听怀旧的旋律，全然不像一位耄耋老人，原本约定的近一个小时采访，竟然延长了两个多小时。临别时，庄奴应笔者之邀，特意写了几个字：海峡之声，温暖了两岸。笔法苍劲有力，全然不像93岁的老人。

采访结束时，我依依不舍跟庄奴夫妇合影，庄奴那慈祥的面容也永久地留在我的镜头里，并微笑着目送我到门口。当我整理采访录音时，发现庄奴丰富的人生阅历太多太多，却非在我文章中能一一体现，我只能从他对爱国、爱乡、爱情、爱歌迷、爱生活方面截取部分片段，给读者呈现出他内心的那份炽热情感。

台湾著名词作家庄奴，原名王景羲(抗战时候，曾改名为黄河)，1921年出生于北京，1943年加入抗日队伍，1949年到台北后在某军队媒体当记者，后成为一名词作家。庄奴曾创作出不同风格的歌词3000余首，涉及儿歌、广告歌、政治歌乃至佛教歌曲，至今他年已93岁高龄，笔耕不辍，被称为"与时间赛跑的老人"。邓丽君演唱的《小城故事》、《甜蜜蜜》、《又见炊烟》以及费翔演唱的《冬天里的一把火》等歌词均出自庄奴之手，这些歌曲曾传遍祖国大江南北，拥有众多不同年龄段的歌迷。庄奴与大陆的乔羽、香港的黄沾并称"词坛三杰"，成为中文流行乐坛的一个奇迹。第六届百事音乐风云榜将终身成就奖颁发给庄奴，并被誉为"词坛泰斗"。尤其是近20多年来，庄奴与邹麟演绎的"银发之恋"更是被人们称颂。这位已过耄耋之年的老人，作为一个音乐时代的见证人，不仅在华人世界里缔造了一个音乐奇迹，还推动了整个华语流行音乐的发展。

抗日青年，一路漂泊到台湾

1921年2月22日，庄奴（王景羲）出生在北京，他的童年是在北京灯市口度过的。庄奴的父亲曾是冯玉祥的部下，是抗日名将，后从政做过县长和专员。庄奴有一个姐姐、一个妹妹和一个弟弟，四人就读于育英中学（现北京25中），是当时有名的教会学校，他们的母亲琴棋书画样样精通，家里还专门请了私塾先生教唐诗宋词。

相依相伴恩爱夫妻

忆起青少年在北京生活以及投身抗日的那段日子，庄奴的双眼立刻有了精神："由于我们兄弟姐妹读的教会学校学费高昂，那时候家中生活拮据，我在1941年考大学时，凭成绩原本能到清华、北大、燕京和辅仁这些一流的大学深造，但考虑到家中境况，我最终选择到中华新闻学院读书，因为每个学员每月可以领一袋面，用以养家糊口。"

当北平（北京）沦陷之后，国难当头，热血青年纷纷投笔从戎，庄奴和大多数同学怀着满腔抗日热情，也不管是什么党派，只要看到是抗日的军队，就积极要求扛枪打鬼子。庄奴跟着大家向西安进发渡过黄河的时候，他被滔滔奔流不息雄浑气势的黄河所震撼，大家一起合唱《游击队进行曲》和《黄河大合唱》，庄奴也写了许多鼓舞士气的诗歌，希望这诗能调动大家的抗日热情。由于当时的汉奸出奇得多，庄奴为保护家人不受迫害，他把本名"王景曦"改成"黄河"，后来，随国民党军队撤退台湾后，至现在身份证上的名字就是"黄河"。

回忆起那段峥嵘岁月，庄奴无限感慨地说："那时一心想抗日，跟随队伍急行军，睡茅草屋，用稻草当被褥，手中的枪比我个头还高，尽管生活条件艰苦，但大家抗日热情很高。当年为了参加抗日，离开北京的时候，我把身上穿的皮袄、戴的手表和戒指，拿到委托行卖了用于生活费。那时我不敢跟妈妈说，是偷着跑出家门的，如果跟家人说明情况，就出不了家门了。"

抗战结束后，庄奴在赴台前曾回北京看望家人，当他母亲看到多年不

庄奴和儿子合影

见的儿子穿着军棉衣回家时，愣了许久，才喃喃地说："你回来了，回来就好。"母亲抱住儿子流泪痛哭，但庄奴随部队再次离开北京，一路撤退到台湾。这一走，竟然是四十多年，一海之隔，隔断了与家人的团聚，却隔不断彼此的思念。

上个世纪八十年代末海峡两岸刚开放，庄奴想方设法托去北京寻亲的台北朋友们帮忙寻找自己的亲人，经多方查找，终于联络到了妹妹。两岸通航后，庄奴立刻从台湾乘飞机经香港转机飞往北京。庄奴回北京前，给妹妹写信相约：我们这次见面是久别重逢，是个喜事，见面后谁都不许

哭！当飞机起落架刚触地的刹那间，庄奴的眼泪再也止不住了，见到妹妹的时候，才得知与父母已经阴阳之隔了，两人抱头痛哭。

庄奴回忆当时的复杂心情激动地说："哪能不哭呢？那真是生离死别啊！多少年没与家人见面了，也不知家庭变成什么样子，不知这些年家人过的如何？五味杂陈的感觉在心中翻滚着，眼泪不停地落下来。但一想到回到熟悉的北京，心里有一种回家的感觉。"

"念故乡，念故乡，故乡真可爱，天升起，风声亮，响声阵阵来，故乡人听我说……"庄奴随口唱起了儿时学的一首歌《念故乡》，让他没想到的是当年为了抗战，真的离开了故乡。为此，庄奴写了十首见证海峡两岸封闭，思念亲人，思念故乡的歌曲，这些歌曲

庄奴与古月在重庆喜相逢

于1994年在重庆出版，里面有《思乡曲》、《芒花》、《中国人中国心》等。一首首表达海峡两岸亲人隔海相望思故乡的情怀，句句歌词拨动思乡人的心弦。

迷恋古诗，驰骋词坛铸就耀眼辉煌

当眼前这位被誉为中国词坛泰斗的庄奴跟笔者忆起当初如何走上这条路时，他停顿了片刻，整个神情也陷入了对往昔的回忆中，青少年的庄奴时常和同学们畅游西山、颐和园、北海等文化古迹，冬天打雪仗、秋天赏枫景、夏天观莲花；为了看书，他还翻越北平图书馆的石栏杆，跳到隔壁

南海公园的草地里，他找株垂柳，席地而坐，静心与"文学"约会，无形中打下了他日后写歌词的深厚基础。庄奴读中学的时候，就写过小说、诗歌、散文、小品，与同学演过话剧，并给报刊投稿。

1949年庄奴到了台湾，在台北一家军队报社开始了他的记者生涯，他负责副刊的采访和编辑工作，闲暇时，他写的许多散文诗歌在当地报刊发表，赚点稿费。

那时，曾以《绿岛小夜曲》走红台湾岛的著名作曲家周蓝萍经常在报上读到庄奴写的诗词，尽管两人素未谋面，但周蓝萍非常欣赏庄奴的才气，大为赞赏，并鼓励他从事歌词创作。当时台湾天南电影公司开拍歌舞片《水摆夷之恋》，周蓝萍主动向导演唐绍华推荐庄奴写词。庄奴很快写出《愿嫁汉家郎》、《姑娘十八一朵花》等作品时，唐绍华也大为赞赏，请庄奴写了其中的10首歌词，一经传唱，大受欢迎，从此，庄奴在词坛的发展一发不可收拾，因而正式成为国语歌曲的"专业词人"。

许多人对庄奴的名字感觉很好奇，当然也包括笔者，庄奴的脸上露出了一丝笑容，他说："我自幼喜欢背诵古诗的，走上文学创作之路后，依据宋朝诗人晁补之《视田五首赠八弟无斁》中的诗句有感而发，'庄奴不入租，报我田久荒'故起笔名为'庄奴'。"按照庄奴的理解："庄奴"意指为地主耕作的佃户，他把自己成果的10分之8给地主，其余的留给自己。因此，以庄奴为笔名发表作品，意在为他人笔耕。当时，有人在报纸上点名批评庄奴写的作品好，名字却不好听，有着小奴家、小奴隶的意思。说到这里庄奴笑出了声，他坦称自己起的笔名其实是自谦之意。

六十年来，庄奴在半个多世纪的创作生涯中，都使用这个笔名，果真如寓意的那般，置身于繁华背后，默默耕耘着自己的那方土地，所写歌词清馨淡雅，境意温情而美妙，弥漫着田园的气息。人生如梦，庄奴原本投身抗日救国，却难料与亲人海峡相隔，能踏上写歌词这条路，也许他有太多的情愫需要表达吧。

当年整个东南亚地区电影业势头最为迅猛之时，来自马来西亚、新加坡和中国香港的片商都跑到台湾来请庄奴写歌，好多公司都请他写歌词，他不管谁要，都会尽心去写。由此，同在台北的庄奴、古月（台湾著名作曲家，本名左宏元）成为词曲合作的最佳搭档，俩人写歌最忙的时候，为了"躲债"，他们只能躲到片商们找不到的地方工作，把电话号码只留给各自的太太，在中华路的旅馆开个房间，将门锁起来，两人写歌常常废寝忘食，从早上9点到深夜12点，天气火热，他们常穿着短裤、打着赤膊写歌奋战，有时一天最多要写六七首歌，

庄奴参加活动

经两人妙笔生花，谱写出一曲曲动听的歌来。有着共同喜欢流行音乐的爱好，从未因为创作而吵过架红过脸，多年后，经常回想当年两人那段创作时光，两人的情谊依旧。

在众多弟子当中，庄奴对邓丽君的评价最高，邓丽君成为华语乐坛唯一可以真正称为超级巨星的歌星，身处幕后的庄奴创造出了属于邓丽君的奇迹，同时也创造出了属于他自己的奇迹，庄奴对她的评价是前无古人后无来者。庄奴常常谦虚地说："没有邓丽君，就没有庄奴"，当年他为邓丽君创作《甜蜜蜜》只用了五分钟，邓丽君的经典歌曲，大部分出自庄奴的手笔，《小城故事》、《甜蜜蜜》、《又见炊烟》、费翔演唱的《冬天里的一把火》等脍炙人口的流行歌曲都是庄奴的代表作。

庄奴的歌词创作生涯中，音乐早已融入生命和人生，"半杯苦茶半支烟，半句歌词想半天；半夜三更两点半，半睡半醒半无眠……"一首打油诗，道出庄老从不轻易流露的写歌的苦与乐。

今生结缘，诠释人间爱情真谛

在庄奴创作的歌曲中，有许多都是缠绵的情歌，因此，在台湾号称"情歌圣手"，人们猜想庄奴一定有着浪漫的情感经历，而真正知道庄奴婚恋的人，都会被他令人垂泪的婚恋而感动。庄奴先后有两次婚姻，前者让他爱之深，痛之切，后者，则让他重新焕发了青春。

庄奴也许前世与重庆有缘，抗战期间，他曾在重庆培训入伍，而如今，成为重庆女婿的他，重庆已成为安享晚年的宝地。庄奴回忆起他的结发妻子时，往事如同昨日般清晰。

庄奴初到台湾的时候还是个上尉，他一心想着回大陆，并没有想在台湾娶妻生子的念头，但比庄奴小十多岁的将门之女陈孟华深深爱慕着他。庄奴回忆初识陈孟华的情景时，仿佛就发生在昨天，他说："她是个温柔秀美、富有青春气息，很有灵性的姑娘，美而不俗、美而不艳，她虽然是将门之女，却没有一点骄狂之气。"当时陈孟华在电台当播音员，常自己撰写播音词，有时客串主持晚会，小有名气。说来有趣，当时陈小姐只知道庄奴叫黄河，过了一阵才知道大街小巷都在传唱的《姑娘十八一朵花》、《愿嫁汉家郎》的词作者就是身边才华横溢、幽默风趣的男子。

庄奴在重庆的寓所内

那时庄奴已经39岁，陈孟华才20多岁，她并不嫌庄奴穷。婚后不久，台北的经济慢慢繁荣起来，陈孟华看好美容业，开店后生意很红火，港台许多歌星都请她化妆。过度的劳累，导致她得了尿毒症，唯一的儿子还在念小学，那些年，庄奴几乎停止了创作，不惜把家底都拿出来，能卖的都卖了，又一次性买断军龄退役，但还是没能留住陈孟华的生命。没有了爱情，但他对生活仍充满了激情，却难忘太太的音容笑貌，庄奴把精力完全沉浸于歌词创作中。

当庄奴谈起自己的第二段婚姻时，双眼饱含温暖的笑意，1991年初，庄奴应作曲家李鹏远邀请到重庆，由于其爱人是邹麟的朋友，让庄奴为其带一些生活用品，这样遇到了邹麟。庄奴在音乐上显现的才华，博得邹麟的好感，而庄奴也被她淡然恬静的气质深深吸引。尽管两人年龄悬殊，邹麟46岁，而庄奴已经70岁了，但两人第一次见面聊的话题越来越多，竟然莫名泛生出亲切的感觉。庄奴离开重庆后，不敢有非分之想，毕竟自己没什么钱，年龄也大她许多，两人只是通过写信、打电话互相问候，相处久了，彼此间的好感与日俱增。

此时，善解人意的邹麟及时为我们端来热茶，我随即问她："当时您与庄奴老师结婚的勇气从何而来？您真的不在意年龄的差距吗？"也许我的问话有些直白，年近七旬的邹麟女士脸上露出羞涩的笑容，她很温柔地笑着说："刚开始见庄奴老

邹麟的精心照顾，让庄奴能静心读书写作

师，我很敬佩他的才华，因为他给邓丽君写的歌词在大江南北一经传唱，引得无数歌迷们追捧，我也非常喜欢庄奴写的歌词，当我听说他不惜变卖所有家产给妻子治病时，感觉他真是一位重情重义的人，他这么有才华的好人，不应该孤独的生活，需要有人好好照顾，希望他能给歌迷们写出更多更好的歌词。"

邹麟的话还没讲完，坐在书桌旁的庄奴忍不住激动地说："那时我虽

然在音乐界有名气，但没什么积蓄，认为她这么年轻娴慧温柔善良体贴的女子，不嫌我穷，不嫌我年纪老，真担心她跟着我吃不少苦头呢！"

我又转向邹麟女士接着问："当时您的家人或朋友如何看待你们的婚事？"

邹麟说："周围有些朋友不理解，说我太冲动了，我妈也对我说，庄奴这么大年龄了，要想清楚，别遇到困难后再嫌弃他，那时我也单身，两个儿子也大了，一直没再婚，完全有精力照顾他，当时我的态度很坚定，家人也就认可了。如果他既有名气，也很有钱，那我反而不找他了。"

两颗真挚相爱的心在不经意间相遇结缘了，1993年两人婚后一年，就经历着一次磨难，似乎上天有意考验他俩，庄奴突然患了先兆中风，手拿东西放不进嘴里，右腿几乎不能行动，面临瘫痪的危险。庄奴心中十分着急，而邹麟深情而坚定的目光给了他莫大的安慰，他暗下决心："我一定要站起来，不能拖累她，我们新的生活刚刚开始。"经过一个多月的治疗及邹麟精心照顾，庄奴的症状开始缓解。

这次相依为命的住院经历，庄奴更加敬重邹麟了，他动情地说："是邹麟给了我第二次生命，遇到她是我前辈子修来的福份。"庄奴出院后右腿还有点不大方便，需要借助手杖。邹麟陪庄奴回台湾的路上，庄奴由感而发即兴做词一首《手杖》送给邹麟，说到动情处，庄奴不禁轻声哼唱起来："你就是我的手杖，生命里时刻不离的手杖，这辈子有了你才懂得相依为命地久天长……"一晃21年过去了，邹麟如同手杖般搀扶着庄奴享受着幸福时光。

当提及2013年10月份庄奴意外住院手术时，邹麟指着客厅与厨房的位置跟笔者讲述了当时那一幕情景：4日那天，庄奴知道儿子和媳妇从上海到重庆看望我们，他很高兴，我也忙着筹备家庭聚会的饭菜，下午两点多，他在客厅急着不停地问：怎么还不来呀？我正在烧开水，准备给他们泡茶，水还没开，就听见他叫我。我跑到客厅，才发现他摔倒了，我和妈妈把他抬到床上，10分钟后，儿子和媳妇到家了，全家人急忙将他送到附近的大坪医院。原本是在家欢聚的，不料却在医院了。"

原来，20多年前庄奴右腿中风后，基本上靠左腿使劲，但这次他一着急就忘记了，经医院专家们诊断，庄奴左腿股骨颈骨折，如果躺在床上进行保守治疗，很可能出现严重的并发症，最好的办法是进行手术，作人工关节置换。但庄奴已经92岁的高龄，手术难度很大。庄奴听说后，他很乐观地接受手术，10月9日，手术顺利完成，10多天后回到台湾继续休养。经过一年多的恢复与邹麟的看护，他不仅能下床走动，又恢复了老顽童的性格，视力、听力、记忆力都有一定程度的恢复，这让邹麟悬着的那颗心才算放下。

"过去他的记忆力语言表达都很好，比我都强，每天早上6点起床后他就写歌，有时突发灵感，想起什么好的诗句很快写下来，电视上有什么新闻，有感而发，也会写成歌。这次他做全身麻醉的手术后，听力有所下降，现在跟他说话需要大声说，他才能听见。"说这话时，邹麟面带愧疚之情，也看得出庄奴在她心中的位置是如此重要，她不希望庄奴有任何的闪失。

情牵故乡，行走于海峡两岸

"当我年幼时，知道的不太多，我问妈妈要什么，妈妈就给我什么；当我长大后，知道的已够多，妈妈从不要什么，我也没给她什么；我给她的那样少，她给我的那样多，——妈妈活在这个世界上，总是想着我为了我，为什么为什么，妈妈始终没有告诉我为什么——。"这是庄奴于1949年刚到台湾不久，思念故乡和母亲的庄奴写下这首小诗，以寄托对家乡的思念。没想到55年后，庄奴从箱子底翻出了这首已经泛黄的小诗《为什么》，并谱了曲，由重庆南岸区珊瑚小学的孩子们演唱，还在国际上屡获大奖。

当海峡两岸文化交流日趋升温时，庄奴多次应邀回大陆参加活动。尤

庄奴与邹麟夫妇与幼儿园小朋友在一起

其庄奴成为重庆女婿后，经常往返于重庆与台湾这两座城市，积极推动两岸的文化交流。他在重庆生活的日子里，创作了《钓鱼城》、《长江三峡》、《号子有家在三峡》等60多首与重庆有关的歌曲，2012年5月，庄奴还获得了"重庆市荣誉市民称号"。

1993年庄奴与邹麟结婚后的一个时期，因条件所限，俩人如同鹊桥般相会，不过他们比传说中的故事幸运的是，庄奴每年到重庆能住半年，邹麟若去台湾只能是两年一次，而且赴台手续很繁琐。

邹麟谈及当年的情景时，感慨地说："那时海峡两岸还没有开放'小三通'，他突发中风住院治疗，出院后不久，刚好我们结婚满两年了，我才能陪他到台北疗养，不像现在两岸同婚的人数越来越多，也实现了'大三通'，台湾还开通了大陆居民赴台自由行，两岸民众往来的渠道也非常畅通！"

庄奴在台湾有很多热心的朋友和歌迷，邹麟随庄奴第一次到台北时，每当看到朋友们经常登门看望时，股股暖流在她心中激荡着，也让她更加感到庄奴不仅是她的，还是社会的，更属于广大歌迷的。邹麟对庄奴的敬意与爱意交织在一起，从那时，她更加精心照料庄奴的饮食起居，在生活上精神上成为庄奴强有力的支柱。

近些年，随着海峡两岸关系的逐步升温，庄奴和邹麟大部分时间是在重庆度过的，他在重庆生活的消息一经传出，立刻引来众多媒体的关注以及一些城市的厚爱，庄奴应邀参加活动越来越多，如同小伙子般焕发着青春的活力。他先后接受中央电视台、重庆电视台、天津电视台等百余家媒体采访，并应邀赴大陆各大

庄奴与邹麟夫妇与作者合影

城市参加相关活动，吸引了许多大陆歌迷的追捧。青年时代的庄奴很希望饱览祖国大好河山，没想到这一梦想却在八旬后得已实现了，他先后走访了厦门、漳州、龙岩以及北京、上海、天津等一些大小城市。游览途中，被喜爱他的游客们一眼认出，纷纷请他拍合影、签字，并真诚地祝愿他健康长寿。庄奴也为遇到这么多的知音而备感高兴，同时感受到具有中华文底蕴的歌词所蕴含的无穷魅力。

2003年09月11日晚，庄奴应邀参加了中央电视台在三峡工地举办了"高峡平湖月正明"中秋晚会，当他接受采访时，激动地说："这次在长江大坝上过盛大中秋节的情景让我很感动，在台湾想都没想，当主持人黄安让我讲话时，我只讲四句：地足三峡，望眼天涯，明月乐见，游子归家。1949年我去台湾至今60年没回大陆过中秋了，在台湾的日子里，每到中秋月圆时，一想到无法回家，我就忍不住落泪。"

在华语词坛上，庄奴、乔羽和黄沾三人并称为"三杰"，在1996在中央电视台举办的晚会上，庄奴和乔羽特意合写了一首《月儿圆》的主题歌，词中写道：我读过"床前明月光，疑是地上霜"，为什么"举头望明月，低头思故乡"。2003年三峡在秋晚会上，演唱了作品《芒花》和《原

乡人》。

2012年4月27日庄奴先生应邀到重庆璧山县游览，县里安排专门的解说员为其解说，已经90多岁高龄的庄奴在两天时间里，一路领略中国面积最小的璧山县城风光，一路吟诗赋词，面对如此精致怡人的县城，庄奴略加思索，赠予璧山雅号：中国的"小而美"。璧山县领导非常喜欢这个称呼，特意请人把这个美称刻县城显著石头上。庄奴夫妇陶醉于此，也成为璧山县的常客。

优美的歌词能赋予歌曲永久的魅力，这也充分体现出词作者有着深厚的文学素养以及人生丰富的阅历。每当庄奴听到人们对他的称赞时，他很认真地说："写词讲究情感、主题和意境，要有起承转合，有情节，既要有古典文学的基础，更要有新文艺表达的技巧。一首歌不可能面面俱到，但至少得让人有点回味的东西，想写好词，不仅肚子里必须有货，同时还有三大难关：首先要让公司赚钱，其次要让歌星能唱红，最后还要万千听众都喜欢。"

近年，庄奴把创作范畴延展到大陆，从长江、三峡、黄河、嘉陵山水到万里长城、重庆古都、奇山胜岩等等纷纷成为他笔下内容。希望短短数分钟能感受祖国美好江河的壮丽，感受中华民族深厚的文化底蕴，让后人传诵铭记。

庄奴是众多歌迷心中的偶像

淡泊名利，只为歌迷传递快乐

庄奴在60余年的词作生涯中，为歌迷创作了3000余首经典之作，面对歌迷们热情的赞誉，庄奴则格外谦虚地说："我写词兢兢业业，能有成绩，是占了作曲、演绎和歌星的便宜。"

就是这样一位享誉世界华人圈的著名词作家，让歌星影星们大红大紫、在演艺圈捧红了众多歌星，能让少男少女陶醉在温馨、甜蜜的歌曲中的词作家，也许大多数人会认为名气如此大的他，一定是腰缠万贯的土豪金人物，然而，说起来恐怕没人相信，现实中的庄奴从来不去舞厅，也没到过夜总会，不与歌星影星私下来往，更没沾惹上什么绯闻，他把大部分时间用来写词、读书看报、养花种草上，至于经济上，更是一贫如洗！

如今，对于年已93岁高龄的庄奴来说写词需要心静如水，需要保持清醒的头脑，笔下才能流淌出一首首平和、自然、甜美、质朴的歌词，都是倾心尽力的付出。每当庄奴写出一首好的歌词时，第一个就是与老伴邹麟分享。庄奴每次把挣得的稿费交给太太邹麟处理，而邹麟能买50元一件的衬衫就不买一百元的，用她的话说：没必要买太贵的，能避寒穿着温暖就可以了。

当笔者环顾居室顺口提及这套房子的价格时，他们的回答让我大为吃惊，原来这套房子是庄奴最喜爱的弟子贺方知道他经济困难的情况后，特意借给庄奴夫妇居住，并对这套房子进行了装修，配备了适宜老人用的家具、轮椅等。

谈到这里，庄奴满怀感激地说："我们住这套房子两年多了，当初那位弟子想把房子赠送给我们，但我们坚决以借住的方式，至今他从没要过我们一分钱。过去，我写的歌能被很多人传唱、走红，

庄奴为作者签名

尽管没得到什么版税，经济上也不富裕，但我没必要跟别人解释什么，因为，我很感谢这些歌星，只要他唱的快乐，能把快乐带给大家就行了，我就知足了！能把自己的才华奉献给社会，这辈子等于没白来！"

2014年国庆节期间，庄奴在家不慎摔倒住进医院，住院期间，一些医护人员和病友慕名找他合影、签名，庄奴来者不拒，在他的病房内传出的笑声感染年轻病友，他以乐观的态度对待病痛，手术后，恢复得比年轻人还快。

作者与左宏元（左一）庄奴（中）合影

也许庄奴看到笔者惊诧的表情，他以长者的口吻笑着说："让人快乐是应该的，如果别人喜欢和我合影，那是人家喜欢我的作品，我会百分之百的欢迎，说明我有存在的价值，做人要有人格，要以礼待客，如果连这点礼貌也做不到，还配作人吗？"

常言说：活到老学到老。庄奴成为这句名言最忠实的践行者，他每晚睡前仍然坚持读古典文学诗词歌赋，8年前，他在第六届百事音乐风云榜荣获终身成就奖，谈到这个奖项，老人脸上漾出微笑："至于能得什么榜只是一种鼓励，学无止境，如果我活到100岁，就让我再'战斗'7年，每天都要读书、写词！只要有饭吃，我的笔就不会停。"据邹麟女士介绍说："他有时候像个老小孩，灵感来了，抓起笔就开始写，进入创作状态后，谁都不要打扰他。"

夜幕降临，我们的访谈也近尾声，他那亲切和蔼的态度，为人处事的谦逊与乐观，对生活充满的热爱，对音乐的痴情，令人肃然起敬，对眼前这位女性致敬，正是邹麟默默的付出，才使得庄奴以炽热的情怀为无数歌迷演绎着快乐的音符，为人世间无怨无悔播撒着快乐。这也证实了庄奴常说的那名话：我活着就是为了写

采访结束后，庄奴夫妇与作者合影

歌，让歌声传递快乐，把快乐留给他人，他人快乐了，我就快乐。

后 记：

那山，那海，那人

　　自古高山流水遇知音，精湛而又传统的书画艺术，让人如品美食，优美动听的音乐，让人如置身名山大川，与大自然交融，陶醉其中，心旷神怡。近些年来，我有缘与许多才华横溢德艺双馨的台湾文化界知名人士相识，他们通过艺术表现形式，给人们的生活增添了许多乐趣，也让我深深感受到了中华文化深厚积淀在他们身上的呈现。他们对艺术的那份执着与热爱，让我内心顿生美慕敬佩情愫。每次如遇知音般的相识，是缘分让我与这些德高望重的艺术家结缘，是缘份让我有了为他们书写一笔的愿望，是缘份让我亲耳聆听一次艺术欣赏课，是缘分让这些生活在海峡对岸的艺术家们欢聚在本书中。

　　当我整理完这本书稿时，窗外正飘着2015年第一场春雨，驱走了北京多日的雾霾天，清新怡人，在我家门不远处的公园，散发着各种鲜花盛开后的芳香，闻一下，沁人肺腑，心情轻松了许多。在这充满希望又美好的季节里，我想起那些曾采访过的艺术家们，若在此时此境下，他们一定能创作出好的作品。

　　说起来，这本书是我关于海峡两岸文化交流方面的第三本书，在当今图书业界日趋竞争激烈的今天，周围的朋友对我执着写此类书疑惑不解，有朋友好心建议我多写能赚钱的书，但我被这些艺术家们感人的故事深深打动着，那些来自心底最深刻的体验，都是真实的，他们都有着坚强、执着、聪明，勇敢面对困难与挫折的人生态度，我从中也找到了自己从未发现的正能量。有时我常想，每个人来到世间，都会寻找到属于自己的一个位置，只是各自所处的位置不同罢了。我喜欢写作，喜欢做些有意义的事，就当是我在完成上苍交给我的一个使命吧，我相信，我今后还会继续写下去！

　　掩卷回思，我常常被书中艺术家们战胜困难，一步步走向成功的经历所感动，他们背后折射出的每一个动人故事，也成为鞭策我继续写作的动力，每当我回想起曾采访过的人物时，那一幕幕情景依然历历在目：为了让大陆的版画与世界接轨，早在上世纪八十年代，现代版画艺术家廖修平来到南京，开班办学，并拿出自己的钱资助大陆学生，培养了一大批至今仍活跃在祖国各地的现代版画家；令人最为尊敬的台湾著名国画家江明贤先生，当年冲破台湾当局种种阻力，成为第一位到大陆办画展的台湾本土画家，20多年来，他被人们誉为行走于海峡两岸的画坛使者；上下求索于中国历代名家书画精品中的中国美术史学家、著名书画鉴评家傅申先生，如今年岁已高，但他仍以高度的责任感与热情在中国书画研究上不断跋涉着；提起台湾著名漫画家蔡志忠先生，更是让我兴奋不已，也许和蔡老师有缘，早在20多年前，我就买过由三联出版社出版的关于他通过漫画形式诠释中国哲学，尽管我搬家多次，但那些书始终是我书柜里的宝贝；还有陆蓉之女士，她早年到国外留学，是具有国际眼光的著名策展人，我相信见到她的人，都会被她那种快乐积极的心态所感染；台湾南美会理事长、启村雕塑工作室负责人陈启村先生，是我采访的艺术家里，第一位来自台南的艺术家，他的才智与胆略着实让我敬佩，他给木雕作品赋予了美的生命向观者绽放着光彩；第一位赴沈阳故宫办画展，而且是来自台湾的著名国画家"泼彩行者"韩训成先生，将台湾秀美的山水倾注于笔端，带给大陆观众一种全新的感受，也让更多的大陆人萌生了赴台湾自由行的念头；台南才女刘蓉莺是台湾台南大学师培中心长荣大学美术系教授，她创作的一幅幅具有台南风韵的花鸟画隽永悠长，近画观赏，如闻花香；还有令人尊敬的中国现代琉璃艺术奠基人和开拓者杨惠姗、张毅夫妇，他们原本在演艺界有着如日中天的事业，但他们为了自己的理想，转而不惜投巨资，在琉璃世界里演绎出的精彩伉俪人生。

　　在本书里，我特意将采访的关山月艺术基金会理事长关怡女士回忆其父关山月的文章放于其中，也是惟一一篇关于大陆艺术家的文章，虽然她不是来自台湾的艺术家，但她父亲对台湾艺术家张大千的情愫让我感怀，对加快海峡两岸艺术交流步伐的渴望让我感动，尤其是关山月笔下的梅花是台湾人的最爱，人不能赴台办展，我只是希望这篇文章能给台湾读者带来一些慰籍；提到台湾流行音乐作曲家古月（原名左宏元）先生，他为拥有众多大陆歌迷的邓丽君谱写了无数的优美动听的歌，至今仍在传唱；邓丽君文教基金会董事长邓长富，是邓丽君的三哥，虽然他年已六旬，言谈中，仍然气宇轩昂，看到他，就能看到邓丽君的影子，让我欣喜让我感伤；台南孔庙有着300百年的历史，有着台湾"全台首学"之称，因机缘巧合，让我有幸采访到了台南文庙乐局以成书院理事长石荣峰先生，他向我讲述了台南雅乐十三音的发展历程，雅乐余音绕梁，儒家文化绵延悠长；在北京还有与其它城市一样的"北漂"族，来自台湾的当代"根"雕艺术家范姜明道先生，为了执着追求艺术，他常年居住在北京，感受着在北京的点点滴滴；一位有着90多岁高龄的台湾音乐人庄奴先生，一生创作了3千余首在海峡两岸流传甚广的歌曲，在晚年，本应该享受生活，但他笔耕不辍，焕发着青春的活力，他是一位与时间赛跑的音乐老人，他那快乐年轻的心态，打动着无数人的心！

　　深深乡愁味，浓浓艺海情。其实，这么多年来，热衷于海峡两岸交流的艺术家还很多很多，在过去的那些年里，虽然海峡两岸因着政治原因，让两岸同胞隔海相望近40年，却割不断连接华夏儿女的血脉之情，忘不了的是故乡情结。近些年，随着海峡两岸文化艺术交流的不断深入，彼此打破了心中那道"篱笆"，一批批台湾艺术家活跃在大陆各个城市里，犹如使者般向两岸传递着彼此的信息，心与心的沟通让两岸人民增加了一份了解，加深了一份感情。他们对大陆改革开放以来取得的巨大成就，发自内心的赞叹，有的艺术家欣喜的将自己的生活与工作融入到大陆之中，为大陆的文化市场注入了新鲜的血液。我想在以后的日子里，我还有缘能采访到更多的台湾艺术家，与大陆读者一起感受他们闪光的艺术之路，让他们的作品永远保留着特有的风采与韵味，像清新的海风吹到我们的心坎上。

　　每当我想到我所采访的活跃在海峡两岸乃至世界各地的台湾艺术家时，发现他们都有一个共同特点，中华五千年灿烂文化之魂已在他们心中根深蒂固，他们对中华文化的传承倾注了大量的心血，弘扬中华传统文化也成为海峡两岸艺术家们共同的心声。他们犹如一颗颗璀璨的珍珠闪耀在宝岛的每一个角落，形成一道迷人的风景线。

　　翻过一座座壮观的高山，跨越波涛翻滚的海峡，让我与本书的人物结缘，让我难忘，我投入了大量的时间、精力和感情，真实地记录了书中主人公们走上艺术之路的心历路程，同时也表达了他们浓浓的中华情结，也成为连接我与台湾艺术家之间的缘分。希望本书的每一位读者能与我同样通过分享艺术家们对工作生活的感悟，给自己的人生寻找一个积极的姿态，从而让自己的人生更加精彩。通过此书我想表达一份对他们深深的敬意，书中照片除我在采访时拍摄外，其它的都由书中被采访者自愿提供，在本书付梓之际，我想真诚地对他们道一声谢意！感谢天津市滨海新区区委党校张剑的支持与策划！感谢台湾著名国画家江明贤先生为本书题写书名！同时也非常感谢出版社及朋友们对我的大力支持！

　　在我的人生旅途中，与你们有缘相识，并促成此书，请让我真诚地道一声：谢谢！

仇秀莉

2015年10月